LES FONDEMENTS CACHÉS DE LA THÉORIE ÉCONOMIQUE

La science économique à l'épreuve des sciences sociales

Collection ***Logiques Sociales***
fondée par Dominique Desjeux
et dirigée par Bruno Péquignot

Dernières parutions

J.-Y.MÉNARD, Jocelyne BARREAU, *Stratégies de modernisation et réactions du personnel*, 1997.
Florent GAUDEZ, *Pour une socio-anthropologie du texte littéraire*, 1997.
Anita TORRES, *La Science-fiction française : auteurs et amateurs d'un genre littéraire*, 1997.
François DELOR, *Séropositifs. Trajectoires identitaires et rencontres du risque*, 1997.
Louis REBOUD (dir.), *La relation de service au coeur de l'analyse économique*, 1997.
Marie Claire MARSAN, *Les galeries d'art en France aujourd'hui*, 1997.
Collectif, *La modernité de Karl POLANYI*, 1997.
Frédérique LEBLANC, *Libraire de l'histoire d'un métier à l'élaboration d'une identité professionnelle*, 1997.
Jean-François GUILLAUME, *L'âge de tous les possibles*, 1997.
Yannick LE QUENTREC, *Employés de bureau et syndicalisme*, 1998.
Karin HELLER, *La bande dessinée fantastique à la lumière de ; l'anthropologie religieuse*, 1998.
Françoise BLOCH, Monique BUISSON, *La garde des enfants. Une histoire de femmes*, 1998.
Christian GUIMELLI, *Chasse et nature en Languedoc*, 1998.
Roland GUILLON, *Environnement et emploi : quelles approches syndicales* ?1998.
Jacques LAUTMAN, Bernard-Pierre LÉCUYER, *Paul Lazarsfeld (1901-1976)*, 1998.
Douglas HARPER, *Les vagabonds du nord ouest américain*, 1998.
Monique SEGRE, *L'école des Beaux-Arts 19ème, 20ème siècles*, 1998.
Camille MOREEL, *Dialogues et démocratie*, 1998.
Claudine DARDY, *Identités de papiers*, 1998.
Jacques GUILLOU, *Les jeunes sans domicile fixe et la rue*, 1998.
Gilbert CLAVEL, *La société d'exclusion. Comprendre pour en sortir*, 1998.
Bruno LEFEBVRE, *La transformation des cultures techniques*, 1998.
Camille MOREEL, *1880 à travers la presse*, 1998.
Myriame EL YAMANI, *Médias et féminismes*, 1998.

ISBN : 2-7384-6709-1

Jean-Louis Corriéras

LES FONDEMENTS CACHÉS DE LA THÉORIE ÉCONOMIQUE

La science économique à l'épreuve des sciences sociales

Éditions L'Harmattan
5-7, rue de l'École-Polytechnique
75005 Paris

L'Harmattan Inc.
55, rue Saint-Jacques
Montréal (Qc) – CANADA H2Y 1K9

Tu as refermé le livre de ta vie
au moment où ce livre voyait le jour.
Il te doit beaucoup.
En hommage à toi
en guise de cadeau d'au revoir...

INTRODUCTION

L'objectif de toute théorie scientifique est d'expliquer les phénomènes observés, disons la réalité. De ce point de vue, nous ne voyons pas de différence essentielle, en terme d'objectif, entre une science comme la physique et la science économique. La démarche utilisée en physique et plus généralement dans les sciences de la matière, comme le montre Jean Gadisseur (1), peut se résumer de la façon suivante. Le réel, ou plus précisément les objets que nous y distinguons, présente des régularités de comportements que nous appelons lois ou faits scientifiques. Ainsi, une loi scientifique constitue une généralisation à partir d'un nombre jugé suffisant d'observations empiriques. Ces lois, en tant que description empirique des comportements du réel, sont très nombreuses. La loi de la chute des corps, la loi d'Archimède ou encore celle de Pascal, apparaissent comme autant de comportements distincts du réel. Elles concernent toutes une même catégorie d'objets : les corps. Ces lois ne sont pas capables d'expliquer le réel dans sa généralité, elles permettent seulement d'en décrire des comportements particuliers. Ainsi, la loi de la chute des corps permet de prévoir la chute de tout corps mais n'est pas en mesure d'expliquer pourquoi tous les corps tombent, à défaut de pouvoir rapporter cette loi à une théorie.

Une théorie est une construction abstraite dont la fonction est de fournir aux lois ou faits scientifiques une explication logique. Le réel, déjà simplifié par ces propositions générales que sont les lois, subit ainsi une ultime simplification dans l'explication de ces propositions à partir de quelques principes ou axiomes. Ainsi, une théorie est-elle conduite à simplifier le réel, par définition complexe, pour en proposer une explication. La connaissance en général et la connaissance scientifique en particulier poursuivent donc un objectif de simplification des représentations du réel. Une théorie scientifique est un corpus de propositions abstraites, simples et cohérentes permettant d'expliquer les observations empiriques. Une telle définition peut s'appliquer à la théorie économique. Certes, l'économiste peut difficilement faire des expériences comme le physicien ou le chimiste dans leur laboratoire, mais il peut s'appuyer sur des

---

(1) Jean Gadisseur, "Histoire, structures scientifiques et théories économiques", colloque d'Economie Historique, décembre 1994, Paris, p. 7 8.

observations ou exploiter des informations statistiques. Son objectif est d'expliquer les phénomènes et les comportements économiques, disons la réalité économique.

L'incapacité de la théorie économique moderne à rendre compte du réel, qu'elle est censée expliquer, apparaît de plus en plus évidente. Pourtant, ce ne sont ni les moyens ni les techniques ni la quantité des observations qui doivent être mis en cause. Depuis les années soixante, les progrès fulgurants de l'informatique et de la statistique ont permis d'accumuler une masse considérable d'informations et de leur appliquer des traitements de plus en plus sophistiqués comme l'extraction des composantes principales ou la réalisation de régressions multiples. De tels moyens ont-ils permis de mieux cerner la réalité économique ? En fait, nous ne sommes guère plus avancés. Nous produisons actuellement tellement de données qu'elles constituent une gêne plutôt qu'une aide. Bien entendu, on pourrait considérer qu'elles sont de mauvaise qualité, qu'elles sont erronées ou encore mal traitées. Mais comme le fait remarquer Jean Gadisseur (2), il faudrait alors supposer que les vérités scientifiques recherchées sont fort subtiles si elles peuvent se cacher depuis si longtemps derrière de simples erreurs. Les fautes d'orientation nous semblent être plus significatives. Il serait plus pertinent de considérer que nous n'effectuons pas les bonnes observations. Tout le problème est là : pour voir, il faut déjà savoir.

La théorie de l'équilibre général (courant libéral) constitue encore de nos jours le noyau dur de l'enseignement et de la recherche dans la plupart des pays occidentaux. Sans doute parce que leur domaine concernait à priori des relations matérielles, et donc en apparence quantifiables, les économistes libéraux ont voulu construire des théories comparables à celles élaborées en physique, notamment celles qui décrivent les propriétés de la matière allant de la mécanique classique ou quantique à la thermodynamique. Comme le note l'historien Serge Latouche (3), cette volonté de ramener l'économie à une physique sociale définit le noyau dur de la science économique. En tant que physique, l'économie se devait de prendre la forme

(2) Jean Gadisseur, art. cit., p. 1-2

(3) Serge Latouche, "Histoire et Economie : d'un mariage raté à un divorce impossible. Les malentendus d'une cohabitation conflictuelle", colloque d'Economie Historique (Bilan et perspectives), décembre 1994, Paris, p. 2.

d'un corpus de lois transhistoriques. C'est pourquoi la philosophie morale originelle s'est scindée au XVIIIe siècle en deux parties : la science économique d'une part, et les sciences historiques, sociales ou politiques d'autre part. La science économique en tant que physique sociale s'est fixée pour objectif de *"découvrir les lois éternelles, a-spatiales et transhistoriques de la gravitation universelle des marchandises au sein de l'univers social et d'en donner des formulations rigoureuses, si possible sous forme d'équations mathématiques"* (4). Cette scission avec l'histoire et avec les autres sciences sociales comme la sociologie ou l'ethnologie, révèle bien l'état d'esprit des économistes libéraux qui ont voulu doter l'économie de la même élégance formelle et de la même simplicité théorique que les sciences de la matière.

Comme le souligne Jean Gadisseur (5), la raison essentielle d'une telle orientation repose sur un mythe. Celui qui veut que la théorie scientifique idéale, achevée, doive forcément ressembler à celle élaborée en physique et plus précisément dans cette partie de la physique qui étudie les propriétés de la matière élémentaire. Sans doute parce que notre civilisation est avant tout matérielle et technicienne et qu'elle a produit des réalisations spectaculaires, des plus enthousiasmantes aux plus terribles, la mécanique physique apparaît, tant dans ses méthodes que dans ses constructions, comme ce modèle de cohérence, d'efficacité et de simplicité, auquel les autres sciences devraient se référer. Selon Jean Gadisseur, l'épistémologie elle-même a succombé à la tendance générale en se focalisant sur les développements observés dans les sciences de la matière et notamment de la physique. Elle est presque toute entière entre les mains des physiciens et des mathématiciens, leurs voisins de palier. Que la physique soit si nettement mathématique est sans doute la principale cause de sa séduction épistémologique. Cette préséance de la physique et des disciplines qui lui sont le plus apparentées relègue les autres disciplines, notamment les sciences humaines, à un rang inférieur.

De ce point de vue, force est de constater que le statut de la science économique dominante, celle qui repose sur le modèle d'équilibre walrasien et ses prolongements, est original au sein des sciences humaines. Lors de l'attribution des prix Nobel

(4) Serge Latouche, art. cit., p. 2.
(5) Jean Gadisseur, art. cit., p. 4-5

scientifiques, la seule science humaine retenue est l'économie. Elle doit ce privilège à la forme de ses contributions qui semble la rapprocher des sciences de la matière. Les économistes libéraux ne l'assimilent-ils pas à une physique sociale ? Ne se targuent-ils pas d'avoir engendré une discipline autonome qui n'a pas besoin de se commettre avec ces "sciences inférieures" que sont l'histoire, la sociologie, la psychologie ou l'ethnologie ? Nous caricaturons à peine.

Cette prétention à la scientificité, à l'image de la physique, est-elle justifiée ? Nous ne le pensons pas. Pour une discipline qui s'est fixée pour objet l'étude de comportements humains spécifiques (comportements économiques), cette volonté de prendre pour modèle la physique n'est pas adaptée sur le plan épistémologique. L'application à cette discipline de méthodes qui avaient donné des résultats incontestables dans les sciences de la matière a produit des résultats inadéquats en économie. L'ambition de scientificiser l'économie sur le modèle de la physique a conduit les économistes libéraux à ne pas prendre en compte sa nature sociale, c'est à dire ses dimensions à la fois humaine et historique. Nous voyons là deux erreurs d'orientation essentielles. Nous allons tout d'abord préciser en quoi la théorie libérale ne prend pas suffisamment en compte la question des rapports humains (première erreur d'orientation), et montrer ensuite en quoi elle néglige l'histoire (deuxième erreur d'orientation).

Première erreur d'orientation : la science économique dominante méconnaît la dimension humaine des comportements économiques. Elle assimile l'individu à un homo oeconomicus, c'est à dire à un être rationnel dont le comportement est caractérisé par la poursuite de l'intérêt individuel. Les économistes libéraux défendent l'idée d'une autonomie du désir, c'est à dire la notion de désir objectal. Une flèche part du sujet et vient se fixer sur l'objet. Le comportement économique rationnel consiste à détenir ou à consommer le plus de biens possible pour maximiser la satisfaction individuelle. Ainsi, tous les comportements humains sont ramenés à des relations sujet-objet, le sujet étant toujours supposé désirer l'objet de façon autonome.

Cette loi de la gravitation universelle des marchandises est comparable à celle établie dans le cadre de la physique. En effet, la représentation du réel que propose la physique reste dans tous les cas d'une simplicité extrême : un monde seulement composé de corps. Ainsi, la théorie de la gravitation universelle ou celle de la relativité s'adressent à des corps considérés du point de vue de leur mouvement. Ces corps peuvent être quelconques. Peu importe qu'il s'agisse de planètes ou de grains de poussière, l'essentiel est que ces objets soient des corps, c'est à dire qu'ils soient dotés d'une localisation dans l'espace, d'une masse et d'un mouvement. Ces corps, disons la matière élémentaire, possèdent une caractéristique qui leur est propre : la séparabilité des comportements. Par exemple, les comportements gravitationnels peuvent être séparés des phénomènes électromagnétiques. On peut ainsi construire, de manière indépendante, deux théories distinctes qui décrivent des effets simplement superposables. Les conséquences d'une telle caractéristique sont immenses. C'est pour cette raison que l'univers physique est qualifié d'isotrope. L'indépendance des comportements garantit leur permanence, quelles que soient les conditions de leur réalisation.

Nous retrouvons un principe similaire au sein de la théorie économique libérale, fortement inspirée des modèles élaborés en physique. En vertu du postulat de l'autonomie du désir (désir objectal), les comportements individuels sont supposés être indépendants les uns des autres. Les agents sont considérés comme des unités rationnelles et autonomes cherchant à maximiser leur satisfaction. Les comportements individuels étant considérés comme rationnels, utilitaristes et autonomes, les économistes libéraux estiment qu'il est possible de les traduire par des formules mathématiques. A l'image de la physique, l'indépendance des comportements individuels (autonomie) garantit leur permanence et la possibilité de les formaliser.

Le postulat de l'accumulation autonome des biens pour maximiser la satisfaction individuelle révèle que les économistes libéraux centrent leur approche sur les relations hommes-choses. Cependant, dans leur souci de copier la physique, ils assimilent ces relations hommes-choses à des relations entre des choses. En effet, le postulat de l'autonomie du désir (désir objectal) les conduit à assimiler l'homme à une chose accumulant ou attirant des biens rares en fonction de son échelle de préférences. Ce comportement rationnel est supposé formalisable à partir d'équations mathématiques. Les économistes pensent ainsi avoir découvert la loi de la gravitation universelle des marchandises au sein de l'univers social. La rigueur de l'économie, son degré de formalisation mathématique, sa capacité à "chosifier" les relations hommes-choses apparaissent, à leurs yeux, comme autant de preuves de sa qualité scientifique.

Il y a là une erreur d'orientation. La science économique libérale ne parvient pas à intégrer la question des rapports humains. Elle ne tient pas compte du rôle que peut jouer l'Autre dans le désir et dans les comportements économiques. Selon nous, elle se fourvoie quand elle considère le désir comme autonome. En effet, ce qui devrait importer à l'économie en tant que science humaine, ce ne sont pas les relations entre les hommes et les choses, mais bien les relations entre les hommes. Dans notre perspective, c'est la nature des relations entre les hommes qui explique la présence de relations économiques. Si les relations économiques jouent un rôle si important dans les sociétés modernes, c'est sans doute parce qu'elles apportent une solution au problème des rapports humains, parce qu'elles constituent une façon de gérer le désordre potentiel que ces rapports intègrent. Selon nous, le thème central de la science économique, en tant que science humaine, devrait donc être l'influence que les individus exercent les uns sur les autres. Or, ce thème est pratiquement absent de la science économique. Dans son souci de "copier" la physique, elle autonomise et chosifie les comportements économiques.

Deuxième erreur d'orientation : la science économique libérale gomme la dimension historique des phénomènes économiques. De par sa prétention à construire une physique, elle a pris le parti de négliger l'histoire. En tant que physique, l'économie prend la forme d'un ensemble de lois transhistoriques, valables en tout temps et en tout lieu, et se révèle donc incapable d'expliquer le caractère historique et contingent, c'est à dire fondamentalement évolutif, de la totalité sociale. Serge Latouche, dans un article récent intitulé *Histoire et Economie : d'un mariage raté à un divorce impossible*, considère que l'ambition d'historiciser la théorie économique ou symétriquement de "scientificiser" l'histoire économique est une tentative constante qui traverse l'histoire de l'économie mais qu'il s'agit là d'un programme inéluctable et impossible. Selon lui, en voulant scientificiser l'économie sur le modèle de la physique, les économistes étaient inéluctablement contraints de gommer l'histoire. En effet, pour prétendre à la scientificité, les lois mises en évidence se doivent d'être universelles, c'est à dire être valables en tout temps et en tout lieu.

Nous adhérons à la position de Serge Latouche sur un point. Par contre, sur un autre point, nous sommes en désaccord avec lui. Tout d'abord, nous reconnaissons comme lui que les économistes libéraux, dans leur volonté de scientificiser l'économie, ont effectivement gommé l'histoire. Leur théorie repose sur une approche ordinaliste qui autonomise l'ordre économique. Elle néglige le rôle du contexte socio-historique. Selon Alain Caillé (6), dans le domaine des sciences sociales, on peut répartir les théories en deux catégories : les théories de l'efficace des ordres et les théories de l'efficace du contexte. La théorie économique dominante prétend à la scientificité en posant que l'économie obéit à des lois propres universelles, c'est à dire indifférentes aux contextes sociaux, politiques ou historiques dans le cadre desquels elles fonctionnent. Pour Hayek, par exemple, le marché est un ordre spontané, autonome, qui émerge indépendamment de son contexte. La Grande Société, la société de marché, s'auto-engendre. L'approche contextualiste, au contraire, considère qu'on ne peut comprendre l'émergence d'un ordre en dehors du contexte socio-historique au sein duquel il s'institue.

Pour Alain Caillé, le camp de l'orthodoxie ordinaliste occupe les plus solides bastions académiques, mais celui de l'hérérodoxie contextualiste, auquel il convient de rattacher l'école historiciste allemande, les institutionnalistes américains et, en France, l'école dite de la régulation, semble gagner du terrain. Il considère fort justement que l'échec manifeste de la théorie libérale provient de son incapacité à faire la théorie d'un ordre radicalement coupé de son contexte socio-historique. En effet, il n'est possible d'adopter une théorie des ordres (approche ordinaliste) que si on postule que ceux-ci sont dotés d'une autonomie et d'une universalité. Le problème que pose cette conception, c'est qu'il est pratiquement impossible de distinguer la logique propre à un ordre indépendamment de son contexte, c'est à dire indépendamment du rapport qu'il entretient avec les autres ordres. Par exemple, ce que nous, modernes, rangeons sous les rubriques du technique, de l'économique ou du monétaire, était imputé par d'autres sociétés aux domaines du religieux, du politique ou de la magie. Cela suggère que l'économique, contrairement à ce qu'affirment les libéraux, n'est pas indépendant du contexte socio-historique. Il n'est pas un pur

---

(6) Alain Caillé, "Embedded ou Disembedded ? Contextualité et indépendance des ordres", *La Revue du MAUSS*, n° 3, 1er trim. 1989, p. 111-150.

commencement, il n'est pas autonome. Nous proposerons ultérieurement une hypothèse quant au fondement de l'économique, quant à son essence. Cette question est essentielle.

Contrairement à ce qu'affirme Serge Latouche, il nous semble qu'il est non seulement possible mais nécessaire d'historiciser la théorie économique si on veut lui reconnaître un caractère scientifique, à savoir une certaine capacité à rendre compte de la réalité économique. L'entomologiste qui veut analyser l'organisation sociale des fourmis ou des abeilles prend généralement comme modèle des fourmilières ou des ruches en activité et en déduit des principes universels. En effet, on sait que ces dernières ont toujours eu le même type d'organisation depuis leur apparition sur Terre. Lorsque les économistes libéraux veulent déterminer les lois universelles de fonctionnement de l'économie, ils se comportent comme l'entomologiste. Mais, ce qui constitue une démarche appropriée pour l'entomologiste n'en est pas une pour l'économiste. Ce dernier a pour objet d'étude des sociétés humaines dont une des caractéristiques essentielles est le changement. Il doit prendre en compte cette caractéristique. Faute de quoi, ignorant la diversité spécifique de son objet d'étude, jamais il ne pourra rendre compte correctement de la réalité économique. Ainsi, contrairement à Serge Latouche, nous ne pensons pas que le projet d'historiciser la théorie économique constitue un programme inéluctable et impossible. Il suffirait pour cela que l'économiste mette en évidence un principe universel qui soit capable d'intégrer la notion de changement historique, qu'il parvienne à expliquer la diversité à partir du même.

En résumé, un examen rapide de la démarche et des postulats propres à la science économique dominante fait apparaître que son choix de prendre pour modèle la physique est à l'origine de deux erreurs d'orientation essentielles. Elle ne prend en compte ni la dimension interpersonnelle de l'économie ni sa dimension historique. Elle méconnaît sa nature sociale. Cela nous conduit à remettre en cause la démarche des économistes libéraux qui, dans leur volonté de scientificiser l'économie, évacuent la question des rapports humains et l'histoire. Nous pensons que des insuffisances aussi graves remettent en cause le caractère scientifique de leur théorie, c'est à dire sa capacité à expliciter les phénomènes économiques. Selon nous, pour prétendre à la scientificité, la théorie économique doit mettre en évidence des principes universels qui soient capables d'intégrer la question des rapports humains, notamment l'influence que les individus exercent les uns sur les autres, ainsi que la notion de changement historique inhérente à ce matériau humain.

Pourquoi la théorie économique libérale a-t-elle choisi une autre voie ? Comment la connaissance, qu'elle est censée apporter, peut-elle intégrer des insuffisances aussi notoires ? Comment a-t-elle pu, dès lors, accéder au statut de théorie dominante ? D'une façon plus générale, nous souhaitons aborder la question de la fonction de la théorie économique. Faut-il considérer qu'elle a uniquement un objet scientifique, disons expliquer le mieux possible les phénomènes économiques, ou remplit-elle une autre fonction dans la société ?

Le thème de l'ordre et du désordre peut constituer une première piste de recherche. Marc Guillaume compare le désordre à la peste (7). La peste est d'abord un fléau qui a tué massivement : environ 50 millions de morts suite à la peste noire du XIVe siècle. C'est un fléau insaisissable par ses origines et ses formes diverses : toutes sortes de pestes ont été décrites. Insaisissable aussi par sa transmission souvent mystérieuse et fulgurante : 180 000 hommes de l'armée assyrienne tués en une nuit, nous rapporte la Bible. Selon Marc Guillaume, l'épidémie est un trouble révélateur, un temps de grande transparence des mécanismes sociaux, non dans leur fonctionnement qui, en l'occurrence, se dérègle mais dans leurs structures profondes. Dans cette situation de crise, de désordre, surgissent des vérités cachées et la possibilité de développements ultérieurs : *"la peste établie dans une cité, les cadres réguliers s'effondrent, il n'y a plus de voirie, d'armée, de police, de municipalité... Des rues entières sont barrées par des entassements de morts. Dans les maisons ouvertes, la lie de la population immunisée semble-t-il par sa frénésie cupide, entre et fait main basse sur des richesses dont elle sent bien qu'il est inutile de profiter"* (8). Ainsi Marc Guillaume assimile-t-il la peste à un désordre qui pénètre dans la société et peut la faire succomber.

Selon un règlement de la fin du XVIIe siècle, voici les mesures qu'il fallait prendre quand la peste se déclarait dans une ville : *"D'abord un strict quadrillage spatial : fermeture, bien*

(7) Marc Guillaume, *Eloge du désordre*, Gallimard, 1978, pp. 17- 33.
(8) Artaud, *Le théâtre et son double*, Gallimard, Collection Idées, 1964, p. 31. Cité par Marc Guillaume.

entendu, de la ville, interdiction d'en sortir sous peine de la vie, mise à mort de tous les animaux errants; découpage de la ville en quartiers distincts où on établit le pouvoir d'un intendant. Chaque rue est placée sous l'autorité d'un syndic; il la surveille (...) L'inspection fonctionne sans cesse (...) Un corps de milice considérable, commandé par de bons officiers et gens de biens, des corps de garde aux portes, à l'hôtel de ville, et dans tous les quartiers pour rendre l'obéissance du peuple plus prompte, et l'autorité des magistrats plus absolue, comme aussi pour surveiller à tous les désordres, voleries et pilleries" (9). On voit ainsi comment chaque habitant est soumis à un dispositif disciplinaire qui va jusqu'à contrôler ce qui lui appartient. Au désordre extrême que porte la peste s'oppose la tentative de mettre en place un ordre renforcé qui a pour objet de faire échec au désordre, de le gérer. Le désordre provoqué par la peste semble faire émerger un ordre extraordinaire, plus fort que l'ordre ancien.

Les propos de Marc Guillaume suggèrent la présence sur le plan social d'un véritable mécanisme de gestion du désordre ayant pour finalité de sauvegarder l'ordre. Et si un mécanisme du même type était à l'oeuvre dans la théorie économique ? Et si la théorie économique avait pour fonction de gérer un désordre "social" ? Dans cette optique, sa fonction première ne serait pas l'élaboration d'une connaissance scientifique, mais la gestion d'un désordre. Pour gérer efficacement ce désordre, pour remplir sa fonction cathartique, la théorie économique pourrait alors être conduite à élaborer une représentation empreinte de méconnaissance et d'erreurs, voire de mensonges. Cette hypothèse s'accorderait bien avec l'analyse précédente postulant la présence d'erreurs d'orientation au sein de la théorie libérale.

Pour tester une telle hypothèse, il convient de couvrir un champ théorique suffisamment large et diversifié. Nous avons choisi comme base d'investigation les théories économiques de penseurs théologiens du bas Moyen Age, comme Adalbéron de Laon, Gérard de Cambrai ou Thomas d'Aquin, et celles d'économistes "libéraux" du XVIIe au XXe siècle, comme Hume, Bentham, Mandeville, Constant, Smith, Walras ou Hayek. Le terme "théologiens" renvoie au fait que les penseurs retenus sont d'abord des hommes d'Eglise, ce qui influence fortement

(9) Michel Foucault, *Surveiller et punir*, p. 197. Cité par Marc Guillaume, op. cit..

leurs conceptions économiques. Le terme "libéraux" regroupe des auteurs qui ont pour point commun de croire aux effets positifs d'une conduite comme la poursuite de l'intérêt individuel et au rôle régulateur du marché. Il s'agit de confronter les conceptions des théologiens et des libéraux relatives à l'organisation sociale, à la production et à la répartition des biens, aux besoins et aux échanges, ou encore à la monnaie. Il n'est pas question de faire une analyse détaillée des conceptions de chaque auteur, mais plutôt de mettre en évidence les caractéristiques de chaque "système de pensée", de chaque paradigme.

Dans une première partie, nous essaierons d'appliquer la thématique ordre-désordre aux conceptions économiques des théologiens et des libéraux. Nous verrons que théologiens et libéraux ont des conceptions de l'ordre et du désordre qui sont divergentes et que leurs théories peuvent effectivement être appréhendées comme des modes de gestion du désordre. Après avoir formulé leurs conceptions de l'ordre et du désordre, ils exposent quels sont les moyens permettant de faire échec au désordre. Cette lecture des théories économiques à partir de la thématique ordre-désordre nous conduira à mettre en évidence le caractère antinomique des conceptions économiques des théologiens et des libéraux. Comme nous le verrons, tout les oppose : leurs conceptions de l'ordre et du désordre, comme les moyens préconisés pour gérer le désordre. C'est ainsi que les penseurs théologiens prônent la recherche du bien commun et le respect par les individus d'un ordre imposé de l'extérieur (ordre divin), alors que les économistes libéraux préconisent la poursuite de l'intérêt individuel aboutissant à un ordre qu'ils considèrent comme spontané. Recherche du bien commun et poursuite de l'intérêt individuel peuvent ainsi être perçus comme deux modes opposés de gestion du désordre. Théologiens et libéraux ont donc des positions diamétralement opposées : leurs conceptions économiques apparaissent antinomiques.

Cette opposition radicale suggère que toutes les représentations ou conceptions économiques sont possibles, même les plus antinomiques, mais peut-être aussi arbitraires les unes que les autres. C'est ce caractère arbitraire des représentations et des conceptions économiques que nous tenterons de mettre au jour dans la deuxième et dans la troisième partie. Cela permettra de déceler ce qui unifie les théories économiques plutôt que ce qui les oppose. La réalisation d'un tel projet nécessite de se référer à un principe universel capable de rendre compte de la nature des comportements humains. Par exemple, on pourrait concevoir qu'un principe bien déterminé, source de désordre, caractérise les comportements humains et que la nécessité de gérer cette "nature humaine" violente engendre différentes formes d'organisations sociales, différentes théories économiques, qui ne seraient alors rien d'autre que des solutions diverses pour gérer ce désordre potentiel. On pourrait ainsi considérer qu'il existe différentes façons de maintenir l'ordre, mais le fait d'avoir repéré une origine commune au désordre et la présence d'un véritable mécanisme de gestion de ce désordre, permettrait d'unifier et d'harmoniser ces différentes "solutions".

Une telle démarche suppose d'avoir des hypothèses à proposer quant à la nature des comportements humains qui agissent l'histoire et quant à la façon de gérer le désordre potentiel que ces comportements intègrent. Nous verrons que de telles hypothèses, issues de travaux menés dans d'autres sciences sociales, existent. Nous les confronterons aux hypothèses véhiculées par les théories économiques des théologiens et des libéraux. Dans cette optique, l'apport à la science économique d'autres sciences sociales comme la psychologie, l'ethnologie, la sociologie, l'histoire ou l'anthropologie paraît indispensable. Nous confronterons les théories économiques des théologiens et des libéraux à des extraits d'oeuvres littéraires, des récits historiques, des textes relatifs à la psychanalyse, des passages de textes religieux ou encore des récits d'ethnologues ou de sociologues. Nous ferons référence à des travaux récents qu'on peut classer dans le domaine de l'épistémologie économique, de l'anthropologie religieuse ou de la philosophie politique. Nous tenons à mentionner plus particulièrement les travaux de Jean-Pierre Dupuy (économiste-philosophe), fréquemment cités dans cet ouvrage, ainsi que ceux de Lucien Scubla (anthropologue) et de Mark Anspach (anthropologue). Ces chercheurs du Centre de Recherche en Epistémologie Appliquée (CREA-Ecole Polytechnique) nous ont également beaucoup apporté par leurs encouragements et leurs critiques constructives.

En dépit de son apparente diversité, nous pensons que le monde humain est profondément un et que toutes les disciplines "sociales" devraient être convoquées pour mener à bien une entreprise d'unification. Le splendide isolement de la science économique, son indifférence hautaine à l'encontre des autres sciences sociales sont la conséquence du haut niveau scientifique qu'elle pense avoir atteint. Cette prétention à la scientificité explique son absence d'intérêt pour les autres sciences sociales. Notre propos est de montrer qu'il y a là erreur de perspective et méconnaissance.

PREMIERE PARTIE

L'antinomie des théories économiques des théologiens et des libéraux

"Chercher un point fixe dans un tel flux de phénomènes est aussi difficile que de planter un clou dans un jet d'eau; pourtant il doit y avoir quelque chose, dans le mouvement, qui demeure égal à soi-même."

Robert Musil,
L'Homme sans qualités.

Le thème de l'ordre et du désordre va nous servir de fil conducteur pour présenter les théories économiques des penseurs théologiens du Moyen Age et des auteurs libéraux modernes. Il s'agit dans cette première partie, d'une part, de repérer ce qui évoque les notions d'ordre et de désordre dans les théories économiques, et d'autre part, de mettre en évidence comment les auteurs conçoivent la gestion du désordre. Nous présenterons les conceptions économiques respectives des théologiens et des libéraux en déclinant successivement cinq thèmes : l'égalité des conditions (chapitre 1), la poursuite de l'intérêt individuel (chapitre 2), la nature de l'ordre (chapitre 3), la gestion du désordre économique (chapitre 4), et enfin, la conception du désir et des comportements (chapitre 5).

CHAPITRE 1

De l'égalité des conditions

Dans un premier temps, nous verrons que l'égalité des conditions est synonyme de désordre pour les théologiens Adalbéron de Laon et Gérard de Cambrai qui sont à l'origine de la théorie des trois ordres (1.). Nous montrerons ensuite que ce même principe de l'égalité des conditions est perçu par les économistes libéraux comme une source d'ordre (2.).

1. L'égalité des conditions : une source de désordre pour les théologiens

Deux phrases (1).

"Triple donc est la maison de Dieu que l'on croit une : ici-bas les uns prient (orant), d'autres combattent (pugnant), d'autres encore travaillent (laborant)".

"(...) depuis l'origine, le genre humain est divisé en trois, entre les gens de prière (oratoribus), les cultivateurs (agricultoribus) et les gens de guerre (pugnatoribus)".

La première phrase est énoncée dans *Carmen*, oeuvre poétique et politique rédigée vers 1020 pour le roi Robert le Pieux par l'évêque de Laon, Adalbéron. La seconde apparaît dans *Gesta episcoporum* rédigée par l'évêque Gérard de Cambrai vers 1023-1025. Adalbéron et Gérard étaient tous deux évêques, formés à Reims et membres de l'aristocratie carolingienne. Lothaire, le roi carolingien de la France occidentale, fit d'Adalbéron son chancelier et l'établit en 977 sur le siège de Laon. Gérard, quant à lui, "fit carrière" non pas à l'ouest mais à l'est. L'empereur Henri II, qui travaillait à restaurer le pouvoir des rois de Germanie en Lotharingie lui confia en 1012 la fonction d'évêque de Cambrai à laquelle la fonction de comte était adjointe.

(1) Georges Duby, *Les trois ordres ou l'imaginaire du féodalisme*, Gallimard, 1978, p. 15.

A partir des deux citations précédentes, il est possible de montrer que la représentation en trois ordres renvoie à une conception hiérarchique et différenciatrice de l'organisation sociale. Aux environs de l'an 1000, Adalbéron et Gérard présentent la société comme divisée en trois catégories, trois ordres pour reprendre le langage ecclésiastique : les prêtres, les guerriers et les paysans. Trois ordres qui doivent assumer respectivement trois fonctions : la prière, la guerre et le labeur. On peut s'appuyer sur un fait bien établi : les recherches effectuées par les historiens font apparaître qu' *"aucun texte ne fait état d'une vision trifonctionnelle de la société avant ceux qui rapportent les propos d'Aldabéron de Laon et de Gérard de Cambrai"* (2). La masse importante d'écrits laissés par la renaissance carolingienne ne fait aucune allusion à une représentation trifonctionnelle de la société. C'est donc dans la France du Nord qu'est proposée pour la première fois cette représentation aux alentours de 1020.

Pour les deux évêques rappelant les préceptes de la loi divine, l'ordre sur la terre repose sur des divisions, des partages répartissant les charges. Il y a deux offices, l'un communiquant directement avec le ciel et énonçant les règles, l'autre tourné vers la terre et ayant pour mission de faire appliquer ces règles. C'est pourquoi lorsqu'on parle du social, on ne peut utiliser le mot *ordo* qu'à propos de ceux qui remplissent ces fonctions. Au sens strict, il y a donc seulement deux ordres, l'ordre des évêques (oratores) et l'ordre des rois (bellatores). Chaque ordre, pour mener à bien son office, doit déléguer. Ainsi, le clergé, comprenant tous ceux qui sont ordonnés par les évêques, peut-il être perçu comme un ordre. De même, les rois vont instituer des rectores, les nobles, élargissant ainsi leur parenté. Les deux offices ne se délèguent donc pas de la même façon. L'office d'oraison se transmet par un sacrement, relevant de la loi divine, conduisant les évêques à "ordonner" leurs auxiliaires. L'office de la guerre, du "militaire", quant à lui, est délégué par le sang et relève donc du génétique, de la "nature". Les prêtres, ordonnés par les évêques, et les nobles, descendants des rois, constituent deux groupes dominants. Les auxiliaires subalternes des deux ordres, comme les moines qui n'ont pas été élevés au sacerdoce ou les chevaliers, sont appréhendés comme de simples agents.

(2) G. Duby, op. cit., p. 18.

Ils font partie de la domesticité de ceux que Dieu a chargés de prier ou de combattre (3).

En définitive, parmi les hommes, il existe seulement deux conditions déterminées par la "nature". Certains naissent libres et d'autres "serfs". Cette conception place en état de soumission une troisième catégorie, le "vulgaire", que les oratores et les bellatores ont pour mission de conduire. Ceux qui sont assujettis, *"ceux qui servent"*, c'est à dire les paysans et les esclaves, sont dans l'obligation de travailler. Le "labeur" constitue donc la troisième fonction. Pour les deux évêques, ce terme évoque la sueur, la misère. La présence de cette troisième fonction renvoie au principe de l'inégalité nécessaire. A l'image de l'univers où règne l'inégalité, certains doivent commander et d'autres obéir (4).

Cette représentation de l'organisation sociale en trois ordres spécialisés apparaît nouvelle, inédite, mais ni Adalbéron ni Gérard ne l'ont créée de toutes pièces. Un système de représentation ne s'invente pas : il est déjà là diffus dans la conscience des hommes. L'idée selon laquelle l'ordre social est fondé sur la différence n'est pas nouvelle. Repérer les "sources" de cette représentation conduit à remonter à des penseurs comme Grégoire, saint Augustin, Gélase, Boniface, Zacharie, Agobard...etc. Tous affirment, à leur manière, que l'ordre est fondé sur la différence.

Grégoire, dans le préambule d'une lettre adressée en 595 aux évêques du royaume de Childéric, écrit : "*La Providence a institué des degrés (gradus) divers et des ordres (ordines) distincts afin que si les inférieurs (minores) témoignent de la déférence (reverentia) aux supérieurs (potiores) et si les supérieurs gratifient d'amour (dilectio) les inférieurs, se réalise la vraie concorde (concordia) et conjonction à partir de la diversité. La communauté (universitas) ne pourrait en effet subsister d'aucune manière si l'ordre global de la disparité (differentia) ne la préservait. Que la création ne puisse être gouvernée dans l'égalité, c'est ce dont nous instruit l'exemple des milices célestes : il y a des anges, il y a des archanges, qui, manifestement ne sont pas égaux, les uns différant des autres en puissance (potestas) et en ordre (ordo)"* (5). On ne saurait être plus explicite. Comme en témoignent les divisions ordonnant la

(3) Cf. G. Duby, op. cit., p. 79.
(4) Cf. G. Duby, op. cit., p. 80.
(5) G. Duby, op. cit., p. 18.

société des anges, l'ordre ne peut être fondé que sur la différence, l'inégalité, la hiérarchie. Grégoire affirme très clairement que l'égalité serait source de désordre. Adalbéron et Gérard ne font que transposer à l'organisation sociale cette conception d'un ordre fondé sur la division, la hiérarchie et l'inégalité.

En 833, l'évêque de Lyon, Agobard, recommande de veiller *"face aux troubles de ce temps, à ce que soit prêt chacun des ordres, le militaire et l'ecclésiastique, c'est à dire ceux qui servent dans la milice du siècle et dans le ministère du sacré, les uns combattant avec le fer, les autres disputant avec le verbe"* (6). Environ deux siècles avant Adalbéron et Gérard, la séparation des deux fonctions et des deux ordres dominants est déjà affirmée : *"les uns combattent, les autres prient"*. Cette séparation, cet ordonnancement se retrouvent dans les cérémonies de sacrement des rois. Au IXe siècle à Reims, les dignitaires laïcs se positionnent à la gauche du roi et les dignitaires ecclésiastiques à sa droite, comme le Christ qui siège à la droite du Père.

Adalbéron et Gérard sont les héritiers de cette façon de concevoir le social, recommandant simplement une partition de la société en trois ordres et non en deux. En effet, la conception léguée par la morale politique du IXe siècle conduisait à distinguer les détenteurs de l' "autorité" qui ont pour mission de mener le combat spirituel et les détenteurs de la "puissance" tenus de mener le combat temporel. Ces deux fonctions sont des fonctions de commandement. Pour la haute culture carolingienne, le champ du pouvoir est divisé en deux parties bien distinctes. Mais cette bipartition fonctionnelle ne répartit que les "dirigeants". Elle laisse dans l'ombre les sujets, la plèbe, le peuple. Toutefois, la présence de cette troisième catégorie, de ce troisième ordre, découlait implicitement de la partition du pouvoir en deux aires distinctes. L'originalité de la conception d'Adalbéron et de Gérard consiste à affirmer de façon explicite la présence de ce troisième ordre constitué par tous ceux qui restent, les plus nombreux. Ils n'ont pour mission ni de prier ni de combattre, mais de "labourer". En définitive, selon la conception d'Adalbéron et de Gérard, l'égalité des conditions est synonyme de désordre car elle est source d'indifférenciation.

---

(6) G. Duby, op. cit., p. 102.

2.
L'égalité des conditions : une source d'ordre pour les libéraux

La démocratie américaine, première démocratie du monde occidental moderne, est fondée sur une doctrine juridique de l'égalité. Dans les premiers paragraphes de la déclaration d'indépendance rédigée par Thomas Jefferson, on peut lire : *"Nous tenons pour évidentes par elles-mêmes les vérités suivantes : tous les hommes sont créés égaux ; ils sont dotés par le créateur de certains droits inaliénables; parmi ces droits se trouvent la vie, la liberté et la recherche du bonheur..."*. Ainsi, la démocratie libérale américaine est fondée sur la doctrine des Droits de l'Homme. Comme l'a montré Elie Halevy dans un essai consacré à la théorie anglaise (7), la conception philosophique de l'homme développée par le libéralisme de Bentham ou de Stuart Mill commence par une critique, empruntée à Burke et à Dumont de Genève, de cette doctrine des Droits de l'homme. Cette critique place au coeur de sa théorie de la nature humaine la notion de besoin. Elle considère que l'homme est un être de besoin, non un être de droit, car il cherche en priorité l'utilité. D'où le nom d'utilitaristes donné à ces libéraux. En Angleterre, comme les droits individuels avaient été garantis à l'avance par la construction préalable d'un Etat de droit, l'influence du libéralisme a surtout consisté à attirer l'attention sur l'économie de marché et sur la sphère des besoins.

Alexis de Tocqueville, l'auteur de *La démocratie en Amérique*, est sans doute un de ceux qui a le mieux perçu les caractéristiques de l'individualisme démocratique (8). Selon lui, l'individualisme trouve sa source dans ce qu'il appelle "démocratie". Il s'agit d'un état social caractérisé par *"l'égalité des conditions"*. Il ne s'agit pas seulement d'une égalité juridique entre les individus mais du sentiment éprouvé par chacun d'eux d'être vraiment semblable aux autres par delà les différences visibles. Pour Tocqueville, "*les hommes qui habitent les pays démocratiques n'ayant ni supérieurs, ni inférieurs (...) se replient volontiers sur eux-mêmes et se considèrent isolément*". La

(7) Elie Halevy, *La formation du radicalisme philosophique*, Félix Alcan, Paris, 1900-1903.
(8) Alexis de Tocqueville, *De la démocratie en Amérique*, Livre 2, 4ème Partie. Toutes les citations sont empruntées à cet ouvrage.

démocratie "*ramène (chaque homme) sans cesse vers lui seul et menace de le renfermer enfin tout entier dans la solitude de son propre coeur*". La démocratie pose les individus les uns à côté des autres comme des êtres séparés, indépendants et égaux.

On pourrait contester ce principe d'égalité entre les hommes en faisant remarquer que les inégalités sont très importantes dans les sociétés modernes. Mais, il s'agirait là en fait d'une confirmation de la validité de l'hypothèse selon laquelle nous sommes dans des sociétés foncièrement égalitaires. En effet, on ne peut voir des inégalités que là où on compare et la comparaison suppose toujours la commensurabilité, c'est à dire l'identité de nature ou d'essence. Comme le souligne Tocqueville, s'il y a des différences de salaires entre les professions, il n'y a plus entre elles de différence de nature, et cela parce qu'il "*n'y a pas de profession où l'on ne travaille pas pour de l'argent*" (9). A mesure que le libéralisme se développe, les différences entre les hommes se réduisent de plus en plus et se résument à ce qu'on appelle aujourd'hui les inégalités. Ces inégalités au niveau de l'avoir manifestent que les penseurs libéraux raisonnent dans un monde caractérisé par l'égalité de droit ou des conditions par opposition aux penseurs théologiens. Pour les libéraux, l'égalité des conditions est source d'ordre : elle constitue un des fondements du libéralisme.

En résumé, théologiens et libéraux ont des positions antinomiques sur la question de l'égalité de droit et des conditions. Synonyme de désordre chez les théologiens, car source d'indifférenciation, l'égalité de droit et des conditions est synonyme d'ordre chez les libéraux.

---

(9) Alexis de Tocqueville, *De la démocratie en Amérique*, in Oeuvres complètes, Paris, Gallimard, Tome 1, 2ème volume, p.159.

CHAPITRE 2

De la poursuite de l'intérêt individuel

Dans un premier temps, nous présenterons la conception de Thomas d'Aquin qui assimile la poursuite de l'intérêt individuel à un facteur de désordre économique (1.). A l'inverse, nous verrons que les auteurs libéraux considèrent la poursuite de l'intérêt individuel comme une source d'ordre (2.).

1. La poursuite de l'intérêt individuel : un facteur de désordre pour les théologiens

Thomas d'Aquin (1227-1274) est l'un des principaux représentants du courant scolastique qui apparaît à la fin du XIIe siècle. Ce courant comporte deux traits caractéristiques.

Premièrement, il se développe avec les écoles urbaines qui suivent l'essor des villes et du commerce. Constituées en université, ces écoles ont pour fonction de diffuser un savoir chrétien et de former les cadres nouveaux nécessaires à la société laïque. Les maîtres de l'université qui enseignent dans ces écoles développent leur pensée sous forme de questions et de disputes. Cette évolution marque une rupture par rapport aux écoles monastiques caractérisées par l'unique recherche de spiritualité et inspirées par la pensée d'Augustin. C'est ainsi que Thomas d'Aquin, soucieux des réalités de son temps, écrit à l'intention du roi de France *Du gouvernement royal*, traité dans lequel il fixe les orientations morales à suivre par tout gouvernant.

Deuxièmement, il s'agit d'une approche théologique nouvelle inspirée par la pensée chrétienne, mais avec de constantes références à la pensée d'Aristote. La pensée aristotélicienne et la pensée scolastique se rejoignent sur un point essentiel, la croyance en l'existence de dieux ou d'un Dieu, ce qui les conduit à une approche transcendante de la réalité. Pour Thomas d'Aquin comme pour Aristote, le fait que les hommes vivent en société n'est pas le produit de leur volonté, mais celui d'une volonté divine. La façon dont ils décrivent l'organisation sociale renvoie à cette conception d'un ordre transcendant, imposé de l'extérieur par une volonté divine. Leur approche de l'organisation sociale est finaliste.

Cela conduit à une étude transcendante et normative des faits réels. La prédétermination d'une fin vers laquelle tout homme doit tendre (la béatitude ou la vertu) permet de fixer le cadre de la loi applicable à l'ordre civil. Il s'agit pour eux de fournir une morale, de fondre l'économique et le politique dans une science morale fondée sur la reconnaissance d'une loi d'essence divine. Il convient toutefois de ne pas exagérer le rôle de l'influence d'Aristote. Les scolastiques sont d'abord inspirés par la culture chrétienne et monastique. Ils ont tendance à interpréter les textes d'Aristote à partir de leurs propres orientations. Si Aristote sert souvent de référence, c'est moins pour restituer son savoir que pour légitimer leur propre pensée.

Pour Thomas d'Aquin : "*la nature a préparé aux autres animaux la nourriture, un vêtement de pelage, des moyens de défense (...). L'homme, au contraire, a été créé sans que la nature ne lui procure rien de tout cela ; mais à la place, la raison lui a été donnée, qui lui permet de préparer toutes ces choses par le travail de ses mains*" (10). L'homme est conçu comme un être libre doté de raison ce qui lui permet, bien qu'étant dépourvu des qualités naturelles propres au règne animal, de satisfaire ses besoins vitaux par le travail. Toutefois "*un seul homme ne pourrait pas par lui-même, s'assurer les moyens nécessaires à la vie. Il est donc dans la nature de l'homme qu'il vive en société (...) afin que chacun soit aidé par le prochain et que tous s'occupent de découvertes rationnelles diverses, par exemple, l'un en médecine, l'autre dans tel domaine, un autre dans tel autre...*" (11). La raison de l'homme le conduit donc à vivre en collectivité : "*il est dans la nature de l'homme d'être un animal social et politique, vivant dans une multitude, ce que montre la nécessité naturelle*" (12). L'échange est perçu comme un acte naturel. L'homme étant "*un animal social*", il a naturellement recours aux autres pour satisfaire ses besoins. Chacun doit se spécialiser dans l'activité pour laquelle il a le plus de dons. La division des tâches est une bonne chose

(10) Thomas d'Aquin, *De Regno*, Liv. I, Chap. I
(11) Thomas d'Aquin, *De Regno*, Liv. I, Chap. I
(12) Thomas d'Aquin, *De Regno*, Liv. I, Chap. I

pour la collectivité (13). Cette division du travail conduit naturellement les individus à entretenir des relations, à communiquer.

Thomas d'Aquin adopte donc une conception de l'ordre qui est différente de celle énoncée par Adalbéron et par Gérard. Pour ces derniers, l'organisation sociale est obligatoirement fondée sur la hiérarchie et l'inégalité. Thomas d'Aquin considère que l'homme, animal social, s'intègre naturellement dans une communauté d'individus, suivant en cela sa raison. Il n'aborde pas la question de la structure de l'organisation sociale et ne distingue pas des catégories sociales d'un point de vue hiérarchique.

Selon Thomas d'Aquin, l'intérêt qu'éprouve l'individu à vivre en société renvoie à la loi naturelle: *"Le mot loi vient du verbe qui signifie lier par ce fait que la loi oblige à agir, c'est à dire qu'elle lie l'agent à une certaine manière d'agir. Or (...) c'est la raison qui est le principe premier des actes humains (...). Il suit de là que la loi relève de la raison"* (14). Le pourquoi de l'existence d'une société, d'une communauté organisée, renvoie donc à un principe logique, à une loi naturelle liée à la raison humaine. Cette loi naturelle fait prendre conscience aux hommes qu'ils ont intérêt à vivre en communauté. Mais cette loi naturelle dérive elle-même de la loi éternelle ou divine : "*la lumière de notre raison naturelle, nous faisant discerner ce qui est bien et ce qui est mal, n'est rien d'autre qu'une impression en nous de la lumière divine. Il est donc évident que la loi naturelle n'est pas autre chose qu'une participation de la loi éternelle dans la créature raisonnable*" (15). Ainsi, l'ordre social communautaire n'est pas le seul résultat de la raison humaine, prise dans le sens où l'individu trouverait certains avantages à vivre en communauté, mais s'inscrit dans le cadre d'une volonté divine qui doit permettre à l'homme d'atteindre sa béatitude à partir des relations nouées avec ses semblables.

La raison naturelle est toute empreinte de morale chrétienne qui commande à l'homme de rechercher le bien pour

(13) Sur l'analyse économique de Thomas d'Aquin, cf. notamment Victor Brants, *Esquisse des théories économiques professées par les écrivains des XIIIe et XIVe siècles*, éd. Peeters, Louvain, 1895.
(14) Thomas d'Aquin, *La Somme théologique*, traduction Abbé Drioux, Edition Belin, Paris, 1855, I, II, 90, 1 (Livre 1, Chapitre 2, Question 90, Article 1). Loi vient du verbe latin *ligare* qui signifie "lier".
(15) Thomas d'Aquin, *La Somme Théologique*, I, II, 91, 2.

atteindre sa béatitude (16). Aussi, l'échange n'a-t-il pas uniquement une dimension économique, mais également et surtout une dimension religieuse. La commutation des biens est souhaitable car elle conduit à la communication entre les hommes. Selon le sens que le latin médiéval donne à ce terme, il s'agit d'entrer en communion ou d'entrer dans une communauté d'intérêts (17). C'est pourquoi le commerce est considéré comme une activité positive. Il permet l'échange de biens naturels et une meilleure allocation des ressources.

Il en va de même des notions de besoin et de prix chez Thomas d'Aquin. Nous allons nous appuyer sur l'analyse de Claude Dupuy qui a consacré une partie de son travail de recherche sur la monnaie médiévale à la pensée de Thomas d'Aquin (18). Chez Thomas d'Aquin, la notion de besoin recouvre tout d'abord la nécessité de se procurer des richesses : "*Pour atteindre sa vertu, l'homme peut agir sur son environnement, gérer, organiser cette nature créée par puissance divine pour en tirer les fruits nécessaires à sa subsistance de lui-même et de sa famille. L'économique est donc licite car elle mène l'homme à son Dieu*" (19). Toutefois, cette tendance naturelle et légitime de l'homme à rechercher des biens pour satisfaire ses besoins ne doit pas le conduire à "*un amour immodéré de l'avoir*" (20) qu'il qualifie d'*avaritia*. La notion de besoin a donc également un contenu religieux. L'accumulation individuelle de richesses ou de monnaie empêcherait la communauté d'atteindre sa fin fondée sur la recherche du bien commun.

Comme le montre Claude Dupuy, sur le plan monétaire la formation du prix constitue une question essentielle. Tout d'abord, c'est le besoin de l'homme ou plus exactement l'aptitude

---

(16) Sur l'analyse sociale de Thomas d'Aquin, cf. Michel Villey, *La formation de la pensée juridique moderne*, Monchrétien, Paris, 1975, p. 116 et suiv.

(17) Claude Dupuy note la proximité étymologique des termes *communicatio* (communication) et *commutatio* (commutation-échange). C. Dupuy, *La monnaie médiévale - Une lecture des faits et de la pensée*, Thèse de doctorat, Université Lumière Lyon 2, 1988, p.180, note 34.

(18) Claude Dupuy, *La monnaie médiévale - Une lecture des faits et de la pensée*, Thèse de doctorat, Université Lumière Lyon 2, 1988, p. 176-202.

(19) Thomas d'Aquin, *Du Gouvernement Royal*, traduction Claude Roguet, Collection les maîtres de la politique chrétienne, Paris, Librairie du Dauphin, 1931, I, 15.

(20) Thomas d'Aquin, *La Somme Théologique*, II, II, 118, 1 (Livre 2, Chapitre 2, Question 118, Article 1).

à satisfaire le besoin de l'homme qui doit servir de base à la fixation du prix. Le risque est que certains échangistes, guidés par leur propre intérêt, essaient de tirer profit de l'échange dans le but de s'enrichir personnellement. Il faut donc introduire la notion de justice dans l'échange : "*les relations du tout aux parties et aussi de partie à partie relèvent réciproquement d'une justice distributive et d'une justice commutative*" (21). Si des individus veulent tirer un profit personnel de l'échange, la justice commutative qui "*règle les commutations qui peuvent se faire entre deux individus*" (22) ne sera pas respectée. Il n'y aura pas égalité dans l'échange. La justice distributive qui "*règle les répartitions*" au sein de la communauté ne sera pas non plus respectée, il n'y aura pas équité dans la répartition globale des biens. La tendance à accumuler des richesses plus que nécessaire à la satisfaction des besoins est donc condamnable, elle constitue un péché, un vice privé.

L'homme étant une partie d'un tout, la communauté, son comportement doit être guidé par la recherche du bien commun. La justice distributive doit être l'objectif prioritaire de la communauté car atteindre la fin de la collectivité doit primer sur l'enrichissement individuel. Nous verrons que la "politique monétaire", à travers la notion de juste prix, a un rôle essentiel à jouer dans ce processus. Retenons pour l'instant sa conception du désordre. Selon lui, la poursuite de l'intérêt individuel est la cause du désordre. Ce comportement remet en cause l'existence même de la communauté en la détournant de sa fin qui est le bien commun. Ce souci de préservation de la communauté est constamment présent dans les propos de Thomas d'Aquin. Seule la communauté peut permettre à l'homme d'atteindre la béatitude par la recherche du bien commun.

2.
La poursuite de l'intérêt individuel : un facteur d'ordre pour les libéraux

Les théologiens condamnent la poursuite de l'intérêt individuel. Sur ce point, notons la différence de position des économistes libéraux comme Hume, Mandeville ou Smith pour lesquels, dans un même contexte de rareté des biens, il convient

(21) Thomas d'Aquin, *La Somme Théologique*, II, II, 61, 1.
(22) Thomas d'Aquin, *La Somme Théologique*, II, II, 61, 3.

au contraire de laisser libre cours à l'intérêt et à l'enrichissement individuels. Ce qui constituait une source de désordre chez Thomas d'Aquin devient une condition de l'ordre chez les penseurs libéraux. Un débat oppose aux XVIIe et XVIIIe siècles les partisans et les adversaires du luxe. Nous allons reprendre les principales conclusions d'un article de Jérôme Lallement qui présente ce débat (23). Au Moyen Age, le luxe public était parfaitement admis. Celui des princes, car il manifestait leur pouvoir, et celui de l'Eglise car il permettait de glorifier Dieu. Il s'agissait d'un luxe ostentatoire, affiché au regard de la foule. Le luxe privé n'existait pas. C'est surtout à partir de la Renaissance que l'enrichissement d'une classe bourgeoise va rendre possible la consommation privée de produits de luxe comme les produits exotiques ou manufacturés. Ces dépenses somptuaires suscitent l'envie et la jalousie car ces nouveaux riches sont issus du Tiers. Au tournant du XVIIIe siècle, un débat va alors opposer les détracteurs et les partisans du luxe.

Jérôme Lallement relève les principaux arguments avancés par les représentants de chaque camp. Parmi les détracteurs du luxe, on trouve par exemple Fénelon, précepteur du Dauphin et archevêque de Cambrai. Il condamne à la fois le luxe public de la cour de Versailles et le luxe privé qui sont pour lui scandaleux au regard de la misère du peuple. Au nom de l'ascétisme chrétien que défendait Thomas d'Aquin, il ne peut admettre un partage aussi inégalitaire des richesses. Rousseau condamne également le luxe au nom de la vertu primitive et de la simplicité naturelle. Toutefois, il introduit une distinction entre le luxe privé qui n'apporte rien à la société et le luxe des seigneurs qui éduquent et entretiennent une suite nombreuse. Mais l'inégalité, liée au luxe, est immorale à ses yeux : "*Il faut des liqueurs sur nos tables, voilà pourquoi le paysan ne boit que de l'eau ; il faut des poudres à nos perruques, voilà pourquoi tant de pauvres n'ont point de pain ; (...) S'il n'y avait point de luxe, il n'y aurait point de pauvres*" (24). .

Face à cette condamnation morale du luxe, ses partisans essaient de montrer que les dépenses de luxe favorisent l'emploi,

---

(23) J. Lallement, "L'économie politique et la morale : l'héritage de Mandeville", dans *Ethique des affaires et civilisation européenne*, Propos d'étape n° 2, Groupe E.S.C. Lyon, juin 1992.
(24) J.-J. Rousseau, *Oeuvres complètes*, Gallimard, Paris, 1964, vol III, p. 79. Cité par A.O. Hirschman, *Bonheur privé, action publique*, trad. fr. Fayard, Paris, 1983, p. .97. Cf. J. Lallement, art. cit.

conduisant ainsi à la prospérité, alors qu'au contraire la frugalité ruine le commerce et réduit l'emploi. W. Petty se montre favorable aux fêtes car *"leurs coûts entraient dans la poche des brasseurs, boulangers, tailleurs, bottiers et autres"* (25). Voltaire, dans son poème *Le mondain* (1736) et dans son article "luxe" du Dictionnaire philosophique, développe une position modérée qui sera reprise durant tout le XVIIIe siècle. Il prône un luxe raisonnable, sans ostentation, un luxe bourgeois. Pour lui, le progrès de la civilisation est lié en partie à la consommation de produits de luxe manufacturés. Quesnay se montre favorable à ce qu'il appelle *"le faste de subsistance"* qui permet l'entretien de nombreuses personnes, mais il condamne *"le luxe de décoration"*.

Jérôme Lallement relève qu'on oppose dans ce débat des arguments de nature différente : d'un côté, pour condamner le luxe, on se réfère à des exigences éthiques ou religieuses, à une morale ; de l'autre, pour montrer ses bienfaits, on met en avant des considérations sur le bien-être social et la prospérité économique. Ce débat est particulièrement intéressant dans notre perspective car il pose le problème de la relation à établir entre la morale et l'intérêt individuel. Certains, conformément à la position de Thomas d'Aquin, condamnent la recherche de l'intérêt individuel et le luxe privé au nom de la morale et de la vertu ; d'autres, au contraire, encouragent ce même intérêt et ce même luxe au nom de leurs effets sur la prospérité et sur le bien-être de la société.

C'est à ce niveau qu'il convient d'introduire la position de Bernard de Mandeville qui présente une synthèse originale entre ces deux conceptions. Ce philosophe-médecin publie en 1705 un pamphlet puis en 1714 un ouvrage qui constitue ce qu'on appelle aujourd'hui *La Fable des abeilles* (26). Il s'agit de l'oeuvre centrale de Mandeville qu'il complétera et justifiera tout au long de sa vie. Le poème met en scène une ruche d'abeilles qui représente une société humaine. Mandeville montre comment les vices de chacun contribuent au bien-être de la

---

(25) Cf. J.M. Keynes, *Théorie générale de l'emploi, de l'intérêt et de la monnaie*, (1937), trad. fr. Payot, Paris, p. 372. Cf. J. Lallement, art. cit.
(26) Mandeville publie en 1705 un pamphlet dont les 433 octosyllabes constituent le coeur de la fable. Il sera suivi en 1714 d'un ouvrage intitulé *La Fable des abeilles ou les vices privés font le bien public.*. Cf. J. Lallement, art. cit., p. 46.

collectivité et comment la vertu et la moralisation des comportements peuvent conduire à sa ruine. La condamnation publique de l'ouvrage (1723) lui fera une excellente publicité. Jérôme Lallement note qu'un grand nombre d'auteurs y font référence au XVIIIe siècle et plus tard : Berkeley, Hume, Smith, Bentham, Malthus, mais aussi Voltaire, Montesquieu, Rousseau, Kant, Marx, ou encore Keynes et Hayek qui sont très élogieux à propos de Mandeville.

Les économistes ont surtout retenu de Mandeville son analyse de la division du travail et le rôle moteur qu'il fait jouer à la consommation, thème qui sera repris par Malthus et les théoriciens de la sous-consommation, puis par Keynes. Selon Jérôme Lallement, l'apport essentiel de Mandeville *"concerne plutôt l'articulation qu'il met en place entre l'économie et la morale (...) en inversant l'ordre des valeurs admis jusque-là. Alors que l'éthique individuelle était affirmée comme devant primer la prospérité collective, Mandeville instaure une nouvelle hiérarchie; la prospérité prime la moralité, la vertu est subordonnée au bien-être social"* (27). On assiste ainsi à une émancipation de l'action économique par rapport à la morale et aux critères de la vertu. Selon Mandeville, les comportements spontanés des individus ne sont pas vertueux. C'est uniquement la vanité qui conduit à respecter la morale. C'est le désir d'être approuvé par les autres qui conduit à bien agir. C'est donc la vanité et la recherche de l'admiration des autres, c'est à dire des vices selon les critères de la morale, qui incitent aux comportements vertueux. D'où la conclusion principale de Mandeville : c'est la recherche de l'intérêt individuel qui guide les hommes dans toutes leurs actions, même les plus vertueuses au regard de la morale. Le vice produit le bien. L'application de ce principe le conduit à affirmer que la poursuite de l'intérêt individuel dans le domaine économique, c'est à dire un vice, est la seule cause du bien-être et de la prospérité économiques considérés comme un bien.

Les vices individuels se transforment en bienfaits pour la collectivité. C'est lorsqu'on passe de l'individuel au collectif que s'opère cette transmutation des valeurs. Le point de vue économique conduit à modifier le critère moral des actions. En effet, c'est au regard d'un critère économique, l'obtention de la

(27) J. Lallement, art. cit., p. 47.

prospérité matérielle du plus grand nombre, qu'on est conduit à considérer que des actions individuelles "vicieuses" constituent un bienfait pour la collectivité. Bien entendu, il ne s'agit pas de glorifier tous les vices. Seuls les vices économiquement utiles comme l'orgueil, le luxe, la vanité, la prodigalité ou la gourmandise, c'est à dire des vices qui conduisent à dépenser, à consommer, des vices qui stimulent l'activité, sont favorables pour la collectivité. Les autres vices, que Mandeville qualifie de *crimes*, restent condamnables car préjudiciables à la collectivité.

Mandeville donne donc raison aux moralistes. Il reconnait le caractère vicieux de tous les comportements fondés sur la recherche de l'intérêt individuel. Mais il donne également raison à ceux qui défendent le luxe et la recherche de l'intérêt individuel car de tels comportements favorisent la prospérité collective. Cette position nous semble très pertinente car elle met en évidence le caractère ambivalent du luxe et de l'intérêt individuel, vice et bienfait à la fois. Toutefois, si Mandeville met en évidence la nature ambivalente du luxe et de la recherche de l'intérêt individuel, il affirme la primauté des retombées sociales et économiques positives sur le caractère négatif des comportements individuels jugés vicieux ou immoraux. Selon lui, l'intérêt collectif, c'est à dire la prospérité de la société, prime sur la vertu individuelle (28).

En affirmant que la poursuite de l'intérêt individuel conduit à augmenter la richesse matérielle du plus grand nombre, synonyme de bonheur, Mandeville donne une formulation assez précise de ce qu'on appellera l'utilitarisme. Il estime que la poursuite de l'intérêt individuel est un vice car elle est fondée sur des sentiments ou des passions comme la cupidité, la jalousie, l'envie, le goût du lucre ou l'égoïsme. Cependant, il est le premier à affirmer clairement que ce vice constitue le ressort de tous les comportements, notamment au plan économique, et qu'il stimule la richesse globale. Cette thèse

(28) Lorsque, trois siècles plus tard, Keynes affirme : *"(...) la possibilité de gagner de l'argent et de constituer une fortune peut canaliser certains penchants dangereux de la nature humaine dans une voie où ils sont relativement inoffensifs"* (*Théorie générale de l'emploi, de l'intérêt et de la monnaie*, Payot, 1971, p. 367) ou encore : *"Il vaut mieux que l'homme exerce son despotisme sur son compte en banque que sur ses concitoyens"* (op. cit., p. 368.), il ne fait que réaffirmer que l'économie prime sur la morale et que la poursuite de l'intérêt individuel constitue finalement un bon dérivatif, un mode de gestion de la violence.

passera à l'époque pour une apologie du vice car la morale traditionnelle ne pouvait admettre une telle position. Toutefois, dès que le terme vice sera remplacé par un terme plus neutre comme avantage ou intérêt, la conception scandaleuse développée dans *La Fable* sera largement acceptée. C'est pourquoi Mandeville doit être considéré comme un auteur essentiel.

Cette conception sera reprise et approfondie par des auteurs comme Jeremy Bentham ou Adam Smith. Pour Bentham, le seul critère rationnel sur lequel on peut se fonder pour définir le bien commun est le maximum de bonheur pour le plus grand nombre. Le bonheur est défini comme la quantité de plaisir éprouvée par un individu une fois la souffrance retranchée. Selon lui, chaque individu, de par sa nature même, vise à maximiser son plaisir. Comme *"chaque part de richesse correspond à une part de bonheur"*, c'est la possession de biens matériels qui constitue la mesure générale du plaisir ou du bonheur. Il s'ensuit que *"celui qui a le plus de richesses a le plus de bonheur"*. On ne saurait être plus explicite.

De même, dans *La Richesse des nations*, Adam Smith écrit : *"Nous ne comptons pas sur la bienveillance du boucher, du brasseur ou du boulanger pour nous procurer notre dîner, mais sur l'attention qu'ils prêtent à leur propre intérêt. Nous faisons appel non pas à leur sentiment d'humanité, mais à leur amour d'eux-mêmes, et ne leur parlons pas de nos besoins, mais de leurs intérêts"*. On retrouve là encore la conception de Mandeville. Pour Smith c'est l'égoïsme, l'amour de soi (self love), qui constitue le principal ressort de l'action humaine. La poursuite de l'intérêt individuel conduit à la prospérité économique assimilée au bien commun. Smith critique cependant Mandeville qui appelle vice des désirs et des goûts non condamnables. Pour Smith, l'intérêt individuel est une vertu inférieure et non un vice. Les penseurs libéraux, notamment ceux qui reprennent la thèse utilitariste, affirment donc le caractère naturel et général d'un comportement comme la poursuite de l'intérêt individuel. Selon eux, appliqué au domaine économique, un tel comportement conduit à la prospérité matérielle et collective.

Nous ne pouvons manquer de relever l'opposition radicale qui sépare les libéraux des penseurs théologiens du Moyen Age. Les penseurs libéraux comme Mandeville, Bentham ou Smith, renversent la conception qui prévalait chez les penseurs théologiens du Moyen Age, et même encore au XVIIe siècle, selon laquelle la vertu doit passer avant l'intérêt. Thomas d'Aquin condamne l'intérêt individuel car il n'est pas compatible avec la fin transcendante de la collectivité. Cette morale du devoir est fondée sur un impératif, sur l'imposition d'une norme absolue qui évalue à la fois les intentions de l'action et ses conséquences sociales. On part du principe qu'une intention jugée mauvaise, la poursuite de l'intérêt individuel, ne peut avoir des effets positifs sur la collectivité. Le mal ne peut produire le bien. Les penseurs libéraux dissocient au contraire l'intention de l'action, la recherche égoïste de son propre intérêt, et ses conséquences sociales jugées positives. Pour les penseurs théologiens, la poursuite de l'intérêt individuel est synonyme de désordre. Elle va à l'encontre de la fin de la communauté (recherche du bien commun). Pour les penseurs libéraux, cette même poursuite de l'intérêt individuel est synonyme d'ordre, car elle conduit à la prospérité économique, assimilée au bien commun.

CHAPITRE 3

De la nature de l'ordre

Les théologiens considèrent que l'ordre a un caractère imposé (1.). A l'inverse, les libéraux estiment que l'ordre a un caractère spontané (2.).

1.
La notion d'ordre imposé chez les théologiens

Pour Adalbéron de Laon et Gérard de Cambrai, la répartition de la société en trois catégories et trois fonctions relève d'une loi divine. Ils affirment l'existence d'une corrélation entre le ciel et la terre formant en quelque sorte deux parties d'un monde homogène. Ces deux parties sont toutefois hiérarchisées : le ciel constitue un modèle pour la terre. L'ordre est un attribut de la cité parfaite, du ciel, de la Jérusalem céleste. Cet ordre procède d'une loi immuable. Il est transmis sur la terre par le groupe des ecclésiastiques, désigné précisément comme un ordre, l'ordre par excellence. Il montre dans la cité terrestre le modèle de toute organisation sociale. Dans ce système clos, d'essence divine, l'organisation sociale est supposée être imposée de l'extérieur, elle est transcendante à l'activité des hommes. Dans ce contexte, il y a bien entendu absence totale de maîtrise du social par les hommes. La différenciation et la hiérarchie sociales sont perçues comme étant imposées par une loi divine.

La conception de Thomas d'Aquin repose également sur l'idée que l'ordre est imposé par une loi divine. La pensée chrétienne de Thomas d'Aquin le conduit à reconnaître le rapport homme-Dieu comme un rapport individuel, chaque homme entretenant avec Dieu un rapport spirituel. Toutefois, dans la société "naturelle", laisser libre cours à l'intérêt individuel présenterait un grave danger. La liberté de l'individu doit être contrôlée et orientée par la loi humaine : *"parce qu'il y a des hommes pervers et portés au vice (...) il a été nécessaire que ceux-ci fussent contraints par la force et la crainte à s'abstenir du mal, de telle sorte qu'au moins en s'abstenant de mal agir, ils garantissent aux autres une vie paisible (...) Cette éducation qui corrige par la crainte du châtiment est donnée par les lois"* (29). La loi a une fonction cathartique. Elle permet de faire échec au désordre civil et à la destruction de la communauté car *"sans l'interdiction de ces vices là, en effet, la société humaine ne pourrait durer"* (30).

La fonction de la loi ne doit toutefois pas se limiter à quelques interdits permettant à l'individu d'exercer sa liberté dans un cadre fixé par le législateur. Ainsi, dans le domaine économique, la volonté de promouvoir son propre intérêt n'est pas compatible avec la fin ultime de l'homme qui est la quête de la béatitude à travers la participation individuelle à la recherche du bien commun. La fin de la loi doit donc être le bien commun : "*la fin ultime de la vie humaine, c'est la félicité ou la béatitude. Il faut par conséquent que la loi, traite surtout de ce qui est ordonné à la béatitude. (...). C'est pourquoi toute loi est ordonnée au bien commun*" (31). Pour Thomas d'Aquin, la satisfaction de l'intérêt général, c'est à dire la recherche du bien commun, est incompatible avec la promotion de l'intérêt particulier considéré comme un vice. La poursuite de l'intérêt individuel est condamnée. Si chacun recherche son propre intérêt, sans se soucier de l'intérêt commun, la communauté ne pourra atteindre sa fin.

Le terme *loi* n'a pas le sens restreint qu'il a dans les sociétés modernes. La loi ne se limite pas au pouvoir judiciaire. La fonction de la loi humaine est d'imposer aux hommes la recherche du bien commun nécessaire à leur salut. Il existe un rapport étroit entre la loi divine et la loi humaine. La loi humaine est juste si elle permet de faire respecter l'ordre voulu par la loi divine. Thomas d'Aquin voit dans la loi le moyen d'assurer la conjonction entre la raison humaine et la morale chrétienne. Les actions des hommes ne doivent pas se détourner de la morale chrétienne. Elles doivent oeuvrer en faveur du bien commun sous peine de tomber sous le coup de la loi. La loi doit condamner et châtier les porteurs de vices, c'est à dire tous ceux qui, aveuglés par leurs passions, seraient prêts à se détourner de la morale chrétienne. En condamnant les comportements individualistes, la loi permet de faire barrage au désordre.

---

(29) Thomas d'Aquin, *La Somme Théologique*, I, II, 95, 1 (Livre 1, Chapitre 2, Question 95, Article 1).
(30) Thomas d'Aquin, *La Somme Théologique*, I, II, 96, 2.
(31) Thomas d'Aquin, *La Somme Théologique*, I, II, 90, 2.

Les analyses développées par Adalbéron, Gérard et Thomas d'Aquin renvoient à une conception holiste de la société. En France, le sociologue Louis Dumont est un des principaux représentants du holisme en sciences sociales. Il s'oppose à l'emprise croissante de ce qu'on appelle l'individualisme méthodologique. Les sociétés holistes s'imaginent devoir leur ordre et leur sens à une volonté supérieure, extérieure à celle des individus qui les constituent. Cette conception holiste serait notamment présente dans les sociétés primitives et traditionnelles dominées par le fait religieux. Pour le holisme, c'est la totalité sociale qui est première par rapport à ses éléments constitutifs, tant sur le plan logique qu'ontologique. Pour Dumont, la relation entre un tout et un élément de ce tout est une relation hiérarchique. Le terme "hiérarchie" ne renvoie pas à la notion de relation de supériorité linéaire, mais à la notion de rapport d'opposition hiérarchique entre le niveau englobant (le tout) et le niveau englobé (un élément). Dumont parle d' "englobement du contraire" et considère qu'il y a dans tous les cas, une inversion de la hiérarchie à l'intérieur de la hiérarchie. Bien entendu, dans ce type de société, ce sont les notions d'égalité ou d'indifférenciation (confusion entre le niveau englobant et le niveau englobé) qui constituent la menace première pour la hiérarchie.

Les conceptions d'Adalbéron, de Gérard et de Thomas d'Aquin se rejoignent sur un point essentiel : l'idée d'une subordination du social et des individus à une loi divine. La notion de hiérarchie est déjà présente à ce premier niveau car il apparaît une différence de nature entre Dieu et les hommes qui constituent la société. L'homme doit respecter l'ordre imposé par Dieu. A partir de cette conception commune, postulant l'existence d'un ordre transcendant qu'il convient de respecter, les théologiens envisagent deux modalités différentes pour réaliser cet ordre.

Adalbéron et Gérard insistent sur la nécessité d'une organisation sociale hiérarchisée en trois ordres dans laquelle chaque ordre est investi d'une fonction précise. On retrouve bien la structure hiérarchique indiquée par Dumont : au sommet les oratores, ceux qui sont le plus proches de Dieu, ensuite les bellatores, et enfin les paysans. On retrouve également le principe de l'inversion de la hiérarchie à l'intérieur de la hiérarchie. Les bellatores dominent les oratores et les paysans au niveau de la fonction militaire. Les paysans dominent les oratores et les bellatores au niveau de la fonction économique. Toutefois, selon la conception holiste, les oratores sont au-dessus des bellatores, et ces derniers au-dessus des paysans, parce que c'est seulement à un niveau inférieur que les bellatores et les paysans sont au-dessus des oratores. L'inversion de la hiérarchie se produit à l'intérieur de la hiérarchie.

Thomas d'Aquin, quant à lui, considère que les hommes vivent naturellement en société (animal social) et que la volonté divine leur impose la recherche du bien commun. La fonction de la loi humaine doit être de condamner tout comportement individualiste qui irait à l'encontre du bien commun. Ainsi, les deux systèmes renvoient à la même conception holiste d'un ordre imposé. Le niveau englobant est représenté par la totalité sociale (société) déterminée par une volonté divine. Le niveau englobé est représenté par les individus, tenus de respecter cette volonté divine imposant une tripartition fonctionnelle (Adalbéron-Gérard) ou la recherche du bien commun (Thomas d'Aquin).

2.
La notion d'ordre spontané chez les libéraux

Les libéraux considèrent qu'il n'existe aucune fin transcendante, aucun ordre imposé de l'extérieur. Dès lors, c'est la liberté qui doit servir de cadre aux comportements des individus. Deux questions essentielles apparaissent alors. Premièrement, comment concevoir la liberté de l'individu ? Cette question renvoie à une certaine conception du pouvoir politique, les auteurs libéraux opposent liberté et pouvoir. Deuxièmement, comment expliquer qu'une multitude d'individus libres et égoïstes puissent faire émerger un ordre social, c'est à dire comment concevoir l'unité à partir de la multiplicité ?

2.1. L'opposition pouvoir-liberté

Bernard Manin considère qu'une des caractéristiques essentielles du libéralisme est d'opposer liberté et pouvoir (32). Les individus doivent avoir la possibilité d'organiser leur vie

(32) Bernard Manin, "Les deux libéralismes : marché ou contre-pouvoirs", *Intervention*, n° 9, mai-juin-juillet 1984.

comme ils le désirent. Ils doivent pouvoir choisir leurs propres objectifs et les réaliser comme ils l'entendent. La fonction des lois doit être de délimiter la latitude d'action de chacun, de telle sorte que les différentes libertés puissent coexister de façon pacifique. Il y a là une rupture essentielle avec la pensée médiévale, car partir du principe que chaque individu a le droit de choisir ses objectifs, présuppose que l'existence humaine n'a pas de fin objective et universelle. C'est considérer qu'il n'y a aucune idée du bien ou du bonheur sur laquelle les hommes puissent s'accorder. Dès lors, la société ne peut être organisée en fonction de cette idée du bien, à moins que quelques-uns n'imposent leur propre conception du bien, conduisant ainsi au despotisme. Le seul principe sur lequel les individus puissent trouver un terrain d'entente, est d'organiser la société de telle sorte que chacun puisse vivre comme il le désire, et rechercher le "bonheur" comme il l'entend. La fin du politique n'est donc pas d'imposer aux individus une certaine conception du bien, mais de leur garantir la possibilité de rechercher leur propre conception du bonheur.

De ce principe général découle un second principe. Il faut limiter l'action du pouvoir politique, de l'Etat, car exercer un pouvoir conduit toujours à imposer à autrui un objectif qui n'est pas le sien. Dans cet exercice, le pouvoir politique est redoutable en ce sens qu'il peut s'appuyer sur une contrainte légale : la loi. Une différence fondamentale apparaît donc avec la conception des penseurs théologiens. Pour ces derniers, le pouvoir politique était perçu comme un instrument permettant de faire respecter une volonté divine. La fonction de la loi devait être d'imposer aux individus certaines contraintes. Le tyran était le prince ou le roi qui détournait la loi à son profit au lieu de conduire la collectivité vers sa fin transcendante. Dans la conception libérale, le tyran ou le despote est *"cet être insidieux et rusé qu'on appelle vulgairement l'homme d'Etat ou politique, dont les avis se dirigent sur la marche versatile et momentanée des affaires"*, toujours prêt à rechercher son avantage personnel, ou celui d'un groupe quelconque, au détriment de l'intérêt général. La citation est de Smith pour qui l'injustice et la violence des gouvernants sont un mal pratiquement sans remède, si ce n'est par la limitation de leur pouvoir.

Comment limiter le pouvoir politique ? Bernard Manin relève que les libéraux proposent deux solutions. On peut tout d'abord le diviser de telle sorte que, plusieurs pouvoirs s'opposant entre eux, aucun ne puisse dominer. Il s'agit donc de créer les conditions nécessaires à la coexistence conflictuelle de plusieurs pouvoirs. Par exemple, chez Madison, l'existence de multiples factions relativement dispersées, en conflit les unes avec les autres, constitue la meilleure garantie contre le despotisme (33). De même, chez Montesquieu, pouvoir et liberté sont deux principes opposés. Il n'y a de liberté politique *"que lorsqu'on n'abuse pas du pouvoir : mais c'est une expérience éternelle, que tout homme qui a du pouvoir est porté à en abuser; il va jusqu'à ce qu'il trouve des limites"* (34). La séparation des pouvoirs en matière constitutionnelle doit permettre au pouvoir de limiter le pouvoir, de le neutraliser afin de le rendre impuissant. Montesquieu prend pour modèle la Constitution anglaise et son corps législatif composé de deux parties. Les décisions prises le sont par le jeu des procédures de négociation et la volonté d'aboutir à un compromis entre des pouvoirs rivaux. Il est tout à fait possible dans ce contexte que la décision finale ne corresponde à aucune volonté particulière, voire même soit contraire à la volonté de chaque partie. La décision est bien collective mais aucune entité n'en est le sujet. Plus tard, Tocqueville, étudiant les associations politiques en Amérique (35), estimera dans le même sens que leur pouvoir constitue dans une démocratie une des plus importantes garanties contre la tyrannie de la majorité.

Il existe une autre façon de limiter le pouvoir politique. On peut délimiter les domaines où il peut agir et imposer ses décisions de façon légitime, et ceux où il ne le peut pas. Le libéralisme de marché renvoie à une telle conception. Selon cette dernière, il existe un domaine, disons celui des échanges économiques, dans lequel l'action du pouvoir politique est illégitime. Si l'Etat s'abstient d'intervenir dans ce domaine, par exemple s'il ne règlemente pas les occupations et les revenus des individus, un ordre spontané va émerger. Selon Bernard Manin, c'est le grand apport d'Adam Smith et des philosophes économistes qui l'ont précédé aux XVIIIe siècle. Il marque la naissance de l'économie politique. Pour que cet ordre spontané

---

(33) Cf. Madison, dans Hamilton, Madison, Jay, *The federalist Papers* (1787). Cf. B. Manin, art. cit.

(34) Montesquieu, *L'Esprit des lois*, livre XI, chapitre 4. Cité par J.-P. Dupuy, op. cit., p. 14.

(35) Tocqueville, *De la démocratie en Amérique*, Tome 1, 2e Partie, chapitre IV. Cf. B. Manin, art. cit.

puisse émerger, il s'agit de fixer une règle, il faut limiter le pouvoir par la règle.

C'est également l'avis de Benjamin Constant qui se montre favorable à une délimitation stricte des domaines. La référence à la nature, en tant que principe éternel échappant à toute autorité humaine, sert de fondement à son argumentation. Selon Constant, il existe une partie de l'existence humaine qui, par nature, doit demeurer en dehors du champ d'action du pouvoir politique. Cette partie est celle de la liberté privée, de la liberté des Modernes, qu'il oppose à la liberté ancienne faite de participation à la vie de la cité et de soumission sans limite de l'individu à la collectivité.

La nature d'homme de l'individu lui procure des droits : *"la liberté individuelle, la liberté religieuse, la liberté d'opinion, dans laquelle est comprise sa publicité, la jouissance de la propriété, la garantie contre tout arbitraire"* (36). Et ce principe de la délimitation du pouvoir est bien distingué de celui de la division du pouvoir : *"Vous avez beau diviser les pouvoirs : si la somme totale du pouvoir est illimitée, les pouvoirs divisés n'auront qu'à former une coalition et le despotisme est sans remède. Ce qui nous importe, ce n'est pas que nos droits ne puissent être violés par tel pouvoir sans l'approbation de tel autre, mais que cette violation soit interdite à tous les pouvoirs"* (37). La première garantie de la liberté nécessite donc de reconnaître qu'il existe une sphère de la vie des individus dans laquelle le pouvoir politique ne doit pas intervenir. C'est seulement ensuite qu'intervient le problème de la division du pouvoir ; les pouvoirs doivent être organisés de telle sorte qu'ils se tempèrent réciproquement.

En définitive, l'objectif de tous ces auteurs est de limiter le pouvoir politique. Seul le moyen diffère. Pour les uns, il s'agit de faire en sorte qu'il existe des contre-pouvoirs ; pour les autres, il s'agit de délimiter le champ d'action du gouvernement. En fait, la limitation par la division du pouvoir et la limitation par la distinction des domaines sont deux principes qui sont souvent associées chez les penseurs libéraux.

---

(36) B. Constant, *Principes de politique*, Chapitre 1, dans *De la liberté chez les Modernes*, édition M. Gauchet, Pluriel, 1980, p. 275. Cité par B. Manin. Les citations se réfèrent à la réédition des écrits politiques de Constant par Marcel Gauchet.
(37) B. Constant, op. cit., édition Marcel Gauchet, p. 274. Cité par B. Manin.

2.2. Comportements individualistes et ordre social

La deuxième interrogation qui traverse la doctrine libérale est la suivante : comment concevoir un ordre social à partir d'une multitude d'actes supposés libres et individualistes, comment concevoir l'unité à partir de la multiplicité ?

Benjamin Constant considère qu'il faut poser le problème de la façon suivante. Il s'agit de faire de la loi et du pouvoir, non pas la cause de l'ordre social, mais son expression. Le mieux est ici de reprendre l'admirable démonstration de Constant : "*Du moment où la société existe, il s'établit entre les hommes certaines relations (...) Les lois ne sont autre chose que ces relations observées et exprimées. Elles ne sont pas la cause de ces relations qui au contraire leur sont antérieures (...) Elles ne créent, ne déterminent, n'instituent rien (...) Il s'ensuit qu'aucun homme, aucune fraction de la société, ni même la société entière ne peut, à proprement parler et dans un sens absolu s'attribuer le droit de faire des lois. Les lois n'étant que l'expression des relations qui existent entre les hommes et ces relations étant déterminées par leur nature, faire une loi nouvelle, c'est seulement une déclaration nouvelle de ce qui existait précédemment. La loi n'est point à la disposition du législateur. Elle n'est point son oeuvre spontanée. Le législateur reste pour l'ordre social ce que le physicien est pour la nature. Newton lui-même n'a pu que l'observer et non déclarer les lois qu'il reconnaissait ou croyait reconnaître. Il ne s'imaginait pas sans doute qu'il fût le créateur de ces lois*" (38).

Comme le souligne Jean-Pierre Dupuy, il convient d'interpréter correctement la position de Constant et du libéralisme en général afin d'éviter certains malentendus. Lorsqu'on affirme que l'ordre social ne renvoie qu'à lui-même, cela ne signifie évidemment pas qu'on le considère comme une totalité close qui se constituerait indépendamment des actions des hommes, extérieure à elles. Si c'était le cas, on en reviendrait à la conception traditionnelle de la société dite "holiste" (du grec holos "tout"). Cette conception donne à la totalité sociale une priorité logique et ontologique sur les groupes ou individus qui la composent. Dans la perspective libérale, on considère au contraire que l'ordre social se nourrit de l'action des hommes,

(38) Cité par Marcel Gauchet dans sa Préface à *De la liberté des Modernes*, p. 57-58.

mais qu'il est antérieur à leur volonté et à leur conscience. Il faut concevoir, comme l'affirme Adam Ferguson, contemporain d'Adam Smith, que l'ordre collectif est *"le résultat de l'action des hommes mais non de leurs desseins"* (39). Les hommes contribuent à l'ordre collectif sans le savoir ni le vouloir. L'ordre collectif est le produit d'actions individuelles accomplies indépendamment les unes des autres et n'ayant pas cet ordre comme fin.

L'individualisme moderne repose donc sur la reconnaissance des propriétés auto-organisatrices de la société. Les penseurs libéraux considèrent que laisser libre cours à la liberté individuelle dans le domaine économique conduit à l'émergence d'un ordre spontané. C'est peut-être l'idée la plus fondamentale du libéralisme. L'ordre et le bien de la société émergent d'eux-mêmes, sans que personne n'ait à les vouloir ni à les imposer. C'est l'idée de marché, d'organisation autonome des intérêts échappant à toute emprise humaine, synonyme d'ordre spontané. On retrouve dans cette conception la notion de hiérarchie au sens de Dumont, mais il y a inversion de la hiérarchie. Le niveau englobant se situe du côté de l'individu, des comportements individuels.. Les individus (niveau englobant), par des comportements libres et autonomes, produisent un ordre social (niveau englobé). Toutefois, ce dernier n'est pas le produit de leur volonté. Cet ordre émerge de façon spontanée comme le résultat non voulu d'une multitude de comportements autonomes caractérisés par la poursuite de l'intérêt individuel. Dans la conception libérale, aucune volonté (qu'elle soit transcendante ou interne) n'impose cet ordre.

En conclusion, comme le résume le schéma ci-après, il apparaît que théologiens et libéraux ont des conceptions opposées. L'ordre a un caractère imposé pour les théologiens et un caractère spontané pour les libéraux. Pour les théologiens, la notion d'ordre renvoie à la présence d'une volonté divine qui impose une fin transcendante aux individus : le respect d'une structure sociale différenciée chez Adalbéron et Gérard ; la recherche du bien commun chez Thomas d'Aquin. La loi divine et l'ordre social (niveau englobant) imposent aux individus (niveau englobé) des comportements en harmonie avec la fin

---

(39) Cité par J.-P. Dupuy, *Introduction aux sciences sociales*, Ellipses, 1992, p. 12.

transcendante de la communauté (ordre imposé). Pour les libéraux, il n'existe pas de fin transcendante ou d'idée commune du bien sur laquelle les hommes puissent se mettre d'accord. Il faut laisser libre cours à la liberté et à la poursuite de l'intérêt individuel dans le domaine économique. Cela conduit à l'émergence d'un ordre spontané. Les individus (niveau englobant), mus par leur propre intérêt, produisent sans le vouloir un ordre social (niveau englobé) prospère et harmonieux.

ORDRE IMPOSE ET ORDRE SPONTANE : DEUX CONCEPTIONS ANTINOMIQUES

LA NOTION D'ORDRE IMPOSE CHEZ LES THEOLOGIENS

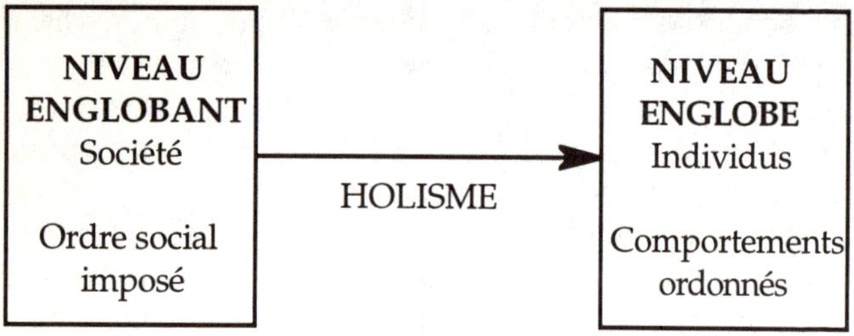

LA NOTION D'ORDRE SPONTANE CHEZ LES LIBERAUX

CHAPITRE 4

De la gestion du désordre économique

Pour les théologiens, c'est le respect de la loi divine, synonyme de recherche du bien commun, qui permet de gérer le désordre économique (1.). A l'inverse, les libéraux considèrent que la poursuite de l'intérêt individuel constitue le mode de gestion du désordre économique par excellence (2.).

1. Respect de la loi divine et gestion du désordre chez les théologiens

Nous présenterons la conception d'Adalbéron et de Gérard (1.1.), puis celle de Thomas d'Aquin (1.2.).

1.1. Hiérarchie sociale et répartition imposée

Adalbéron et Gérard insistent sur la dépendance réciproque des trois ordres et des trois fonctions, sur la nécessité de se rendre des services mutuels. Ecoutons Gérard de Cambrai : *"Si les prêtres peuvent demeurer dans le loisir sacré que requiert leur office, ils le doivent aux guerriers assurant leur sécurité, aux agriculteurs produisant par le labeur le produit de leur corps. Défendus par les guerriers les cultivateurs doivent aux prières des prêtres de recevoir le pardon de Dieu. Quant aux gens de guerre, ils sont entretenus par les serfs et sont par l'entremise des gens de prière délivrés des fautes qu'ils commettent en usant des crimes"* (40). Ainsi, pour Gérard, les trois ordres sont caractérisés par des liens de dépendance réciproques, par des obligations de solidarité nécessaires. La spécialisation des fonctions induit une cohésion, synonyme de dépendance. Chacun reçoit une part des trois produits sociaux que sont la spiritualité, la sécurité et la nourriture. Ces échanges réciproques permettent d'aboutir à une cohésion, à une communion, conformes à la volonté divine.

(40) Gérard de Cambrai, *Episcoporum*, cité par G. Duby, op. cit., p. 57 58.

Comme le fait remarquer Georges Duby : "*Depuis le règne de Charles le Chauve, il semble bien que, dans l'esprit de ceux qui, dans le Nord de la France, réfléchissaient sur le social, l'image de la famille, dont Dieu serait le père, ou plutôt le senior, tende à recouvrir l'image processionnelle et militaire. La tendance s'est sans doute affirmée pendant le Xe siècle, alors que les structures lignagères se renforçaient dans la noblesse, alors que l'armée des rois se désagrégeait en petites bandes adverses de camarades*" (41). L'unité de la société humaine que le poème d'Adalbéron appelle à rétablir doit résulter, comme la prospérité de la "mesnie" (la maisonnée), d'une complémentarité et d'une réciprocité des services.

L'expérience de la vassalité, relation entre un groupe de guerriers et son chef, fondée sur la mutualité des échanges, renvoie à la même image. L'évêque Fulbert de Chartres définit à la même époque le contenu de la relation vassalique. Selon lui, la position de l'homme qui, par les gestes de l'hommage, devient le "garçon" (vassalus) d'un "ancien" (senior) est identique à celle du fils devant son père : il doit "servir" ; mais il sera payé en retour car la dilection répond à sa révérence, le "bienfait" à son "service". Les deux hommes doivent en tout se rendre la pareille (42). Parce que le seigneur dont la position est comparable à celle d'un père est généralement le plus sage et le plus riche, parce que le vassal dont la position comparable à celle d'un fils est le plus fort, il est normal que le vassal apporte l'aide militaire au seigneur en compensation des fiefs procurant de la nourriture reçus de ce dernier.

Si Adalbéron et Gérard soulignent tous deux le rôle essentiel que doit jouer la réciprocité, c'est sans doute parce que ces deux évêques sont également des "seigneurs", nourriciers et justiciers, entourés de chevaliers qui leur font hommage. Progressivement, la très haute noblesse dont ils étaient issus s'était transformée en une juxtaposition de lignages, de compagnies vassaliques, de "maisons". Dès lors, ne nous étonnons pas de voir l'image des relations de famille pouvant unir un père et ses fils, fondée sur les notions d'entraide, de services mutuels, de bienveillance et d'allégeance, s'imposer et s'appliquer aux relations politiques et sociales. Les trois ordres, à l'image du seigneur et de ses hommes, se doivent une affection et des

(41) G. Duby, op. cit., p. 93.
(42) Cf. G. Duby, op. cit., p. 93.

services mutuels permettant d'aboutir à une cohésion sociale. Selon Adalbéron et Gérard, une communauté socialement divisée et hiérarchisée comme celle des trois ordres ne pourrait fonctionner sans obligations de solidarité, sans services mutuels. L'inégalité est source d'ordre. La hiérarchie entre les hommes produit une cohésion sociale car elle provoque une dépendance réciproque.

Le terme *ordo* désigne non seulement ce corps privilégié chargé d'une fonction toute spirituelle, et par extension chacun des différents degrés d'une hiérarchie, mais également l'organisation juste et bonne de l'univers que la loi a pour mission de promouvoir. Puisqu'il existe un plan immuable auquel il convient de se conformer, il s'agit de placer convenablement les hommes les uns par rapport aux autres, conformément à la place qui leur est prédestinée. Chacun a une place en fonction de ses mérites : celui qui sait être proche de Dieu aura pour tâche de prier, celui qui sait combattre aura pour mission de guerroyer, et enfin celui qui ne sait que labourer devra travailler. Les tâches sont réparties en fonction des préceptes de la loi divine. Toute la morale socio-économique d'Adalbéron et de Gérard découle de l'adhésion à cette conception d'une ordonnance établissant des relations de soumission et d'autorité parmi les hommes. En définitive, on aboutit à une répartition imposée des trois produits sociaux que sont la nourriture, la sécurité et la spiritualité.

1.2. Juste prix et répartition contrôlée

Nous avons noté que Thomas d'Aquin condamnait la poursuite de l'intérêt individuel (avarice) et qu'il attribuait à l'échange un contenu religieux (commutation-communion). Cette condamnation n'est pas uniquement motivée par une prise de position théologique, elle a également un contenu économique. Selon Thomas d'Aquin, il *"ne peut pas se faire qu'il y ait une foule d'individus qui possèdent simultanément des biens temporels"* (43). En effet, les biens de la nature sont en quantité limitée. Si des individus, guidés par l'avarice, prennent plus que ce à quoi ils ont droit, d'autres hommes seront privés. Ces derniers ne pourront pas satisfaire leurs besoins et atteindre le

(43) Thomas d'Aquin, *La Somme Théologique*, II, II, 118, 2.

bien-être suffisant nécessaire à l'obtention de la béatitude. Dans ce contexte de rareté des biens, la volonté de certains de privilégier leur intérêt personnel (avarice) risque donc de produire une situation de désordre. La "politique monétaire" du prince aura pour fonction de faire échec à ce désordre potentiel.

Claude Dupuy présente la conception de Thomas d'Aquin relative à la monnaie (44). Comme l'analyse sociale, l'analyse monétaire est construite à partir d'un commentaire d'Aristote. Thomas d'Aquin reprend la conception d'Aristote relative à l'apparition de la monnaie. La monnaie est présentée comme le prolongement naturel de l'échange. Au début, les hommes vivaient en petites communautés et réalisaient peu d'échanges. Ils n'avaient donc pas recours à la monnaie. Puis, la communauté s'élargissant, les échanges se développèrent et le recours à la monnaie s'imposa par commodité : *"Le philosophe dit que dans la première communauté qui est la communauté domestique, la commutation n'était pas nécessaire parce que toutes les choses nécessaires à la vie appartenaient au Pater familias qui fournissait tout. Mais dès que la communauté s'était agrandie, qu'il y a eu des villages et des cités (...) les hommes établirent qu'ils se donneraient et recevraient les uns des autres des deniers (...)"* (45).

Dans les *Commentaires de l'Ethique*, le denier est présenté comme un instrument de mesure des biens échangés : *"Les deniers ont été inventés pour la mesure des biens vraiment nécessaires qui sont échangés"* (46). Dans les *Commentaires de la Politique*, le denier est présenté comme un instrument d'échange facilitant le grand commerce : *"Les deniers ont été inventés par nécessité pour l'échange des biens venant de loin"* (47). Pour Thomas d'Aquin, c'est le développement naturel des échanges et du commerce qui explique l'apparition de la monnaie. La raison a conduit à l'invention de la monnaie. Cette

---

(44) Claude Dupuy, *La monnaie médiévale - Une lecture des faits et de la pensée*, Thèse de doctorat, Université Lumière Lyon 2, 1988, p. 187-202. Les citations qui suivent sont tirées de ce travail.

(45) Thomas d'Aquin, *Commentaires de la Politique* (*Commentaris in octo libros politicorum Aristotelis*), Stephan Mickael, Lyon, 1581, I, 7, d-f. Cité par Claude Dupuy.

(46) Thomas d'Aquin, *Commentaires de l'Ethique* (*Commentaris in decem libros ethicorum Aristotelis*), Mundis Paris, 1644, V, 9, c. Cité par Claude Dupuy.

(47) Thomas d'Aquin, *Commentaires de la Politique*, I, 7, f. Cité par Claude Dupuy.

dernière, en facilitant la commutation entre les biens, favorise la communication entre les hommes. Ainsi, : *"la monnaie témoigne d'une convention de raison"* (48).

Toutefois, les biens étant en quantité limitée, une rivalité et une compétition entre les hommes risquent d'apparaître. Dans l'optique de Thomas d'Aquin, cette rivalité est synonyme de désordre car la tendance à l'accumulation individuelle de biens ou de monnaie (avarice) empêcherait certains de jouir du nécessaire indispensable à l'obtention de la béatitude. Dès lors, il convient d'étouffer le moteur de la compétition, il faut empêcher la rivalité de naître. Telle sera la fonction de la "politique monétaire" chez Thomas d'Aquin. A partir de la théorie du juste prix, il va faire jouer à la monnaie un rôle essentiel : faire barrage au désordre économique.

Pour Thomas d'Aquin, la monnaie est un instrument de communication entre les hommes, elle facilite les échanges. C'est pourquoi les échanges de biens contre monnaie ne doivent pas être réalisés en fonction du seul intérêt individuel, ce qui conduirait par exemple un co-échangiste à profiter du *"besoin impérieux"* de l'autre. Il faut qu'il y ait égalité dans l'échange, c'est à dire qu'on applique, dans le cadre d'une justice commutative, la règle de proportionnalité dans l'échange. L'échange doit permettre à chaque co-échangiste de satisfaire son besoin. Mais il faut surtout respecter une justice distributive, celle qui règle les relations entre le tout et les parties. Elle vise une répartition proportionnelle et équitable des richesses. Le "juste prix" est avant tout celui qui permet d'assurer l'équité au niveau de la répartition globale des biens. Comme la recherche de l'intérêt individuel risque de détourner les individus du bien commun, il faut imposer le juste prix. Cette priorité accordée à la justice distributive signifie que le juste prix est d'abord celui qui permet à la communauté d'atteindre sa fin. De façon secondaire, le juste prix peut être assimilé à une agrégation de prix permettant de réaliser l'équilibre dans les échanges entre les individus (justice commutative).

Chez Thomas d'Aquin, les fonctions de la monnaie découlent de la théorie du juste prix (49). Selon lui, le denier est

(48) Thomas d'Aquin, *Commentaires de la Politique*, I, 7, f. Cité par Claude Dupuy.
(49) Thomas d'Aquin n'utilise pas le terme *moneta* mais le terme *denarius* ou *pecunia*.

à la fois une richesse naturelle et une richesse artificielle. En tant qu'étalon des prix, le denier est une invention de l'homme, une richesse artificielle. En tant qu'instrument d'échange, le denier est une rondelle de métal choisie pour ses qualités intrinsèques. Le métal contenu dans la pièce est une richesse naturelle permettant la commutation d'un bien entre deux personnes. Ces deux fonctions de la monnaie doivent aboutir à la réalisation conjointe d'une justice distributive et d'une justice commutative.

En tant que richesse artificielle, le denier a pour fonction d'atteindre une justice distributive : *"Il convient qu'il y ait une seule chose qui puisse tout mesurer et cette chose ne mesure pas de par sa nature mais parce qu'il en a été décidé ainsi entre les hommes"* (50). Pour réaliser une justice distributive, le prince devra fixer le juste prix de chaque bien en utilisant le denier comme un étalon des prix : *"Le denier est la mesure selon la loi établie"* (51). Le denier-mesure en tant que monnaie de compte est conçu comme un instrument au service du politique pour fixer le juste prix et assurer le bien commun. Cela doit permettre d'imposer un système de prix visant une répartition équitable des biens. Le denier, en tant qu'unité de mesure abstraite (étalon des prix), joue donc un rôle essentiel.

Il reste alors à résoudre la question de l'instrument de paiement. Une pièce comme le denier est composée de métal qui est une richesse naturelle. Selon Thomas d'Aquin, c'est grâce à des qualités propres comme la rareté que le métal est apparu plus apte que d'autres biens à remplir la fonction d'instrument d'échange. D'abord pesé, le métal a été ensuite monnayé, l'autorité publique garantissant que la pièce contenait un certain poids de métal. Ainsi, le denier-espèce n'est pas une chose naturelle, il a fallu l'inventer : *"les deniers n'ont pas été inventés par la nature mais par l'expérience et par l'art"* (52). Le denier est bien plus qu'une simple rondelle de métal, bien plus qu'une simple richesse naturelle : *"Les deniers s'appellent numisma qui vient de nomo, la loi, car les deniers ne sont pas mesurés par*

---

(50) Thomas d'Aquin, *Commentaires de l'Ethique à Nicomaque* (*Commentaris in decem libros ethicorum Aristotelis*), Mundis Paris, 1644, V, 9, i. Cité par Claude Dupuy.

(51) Thomas d'Aquin, *Commentaires de l'Ethique à Nicomaque*, V, 9, f. Cité par Claude Dupuy.

(52) Thomas d'Aquin, *Commentaire de la Politique* (*Commentaris in octo libros politicorum Aristotelis*), Stephan Mickael, Lyon, 1581, I, 7, a. Cité par Claude Dupuy.

nature mais par la loi. Il est en notre pouvoir de les transformer ou de les rendre inutiles" (53).

Lorsque l'étalon des prix, un simple nom, aura été déterminé par le prince, il devra faire en sorte que la valeur légale de la pièce soit elle-même exprimée à partir de cet étalon et que cette valeur, une fois arrêtée, reste pratiquement fixe. Le prix de l'espèce *"doit être établi pour qu'il reste plus permanent que la valeur des autres choses"* (54). Comme le prince est le seul à exercer le droit de monnaie, c'est à lui d'imposer ce prix. La pièce doit avoir une valeur légale stable. Afin que cette stabilité ne soit pas remise en cause par une variation du prix du métal, le prince devra également fixer le prix du métal.

La tarification publique est donc la règle. Le fait que le prince impose le denier en tant qu'étalon de tous les prix et qu'il fixe lui-même à la fois le prix des biens, le prix du métal et le prix du denier-espèce (valeur légale) doit permettre d'atteindre une justice distributive et une justice commutative. Le pouvoir monétaire du prince est perçu comme le moyen d'influencer la répartition des richesses afin que cette dernière soit conforme à la volonté divine. Toute situation de désordre, liée à la poursuite de l'intérêt individuel, devrait ainsi être évitée grâce à la "politique monétaire" du prince. La "politique monétaire" constitue un mode de gestion du désordre.

En résumé, pour les théologiens, la loi a pour fonction de faire respecter les préceptes de la volonté divine : une organisation sociale hiérarchisée selon Adalbéron et Gérard, la recherche du bien commun selon Thomas d'Aquin. Au plan économique, la loi doit imposer (services mutuels obligatoires) ou contrôler (justice distributive) la répartition des richesses. Il s'agit d'empêcher toute accumulation individuelle excessive.

---

(53) Thomas d'Aquin, *Commentaires de l'Ethique à Nicomaque,* V, 9, c. Cité par Claude Dupuy.
(54) Thomas d'Aquin, *Commentaires de l'Ethique à Nicomaque,* V, 9, g. Cité par Claude Dupuy

2.
Poursuite de l'intérêt individuel et gestion du désordre chez les libéraux

Tous les auteurs libéraux affirment à leur manière que la poursuite de l'intérêt individuel est source d'ordre, qu'elle permet de gérer la violence ou le désordre. Selon Paul Dumouchel, la notion de rareté joue un rôle essentiel dans la construction de la pensée libérale (55). Pour les économistes libéraux, la rareté consiste en ceci : les biens et ressources accessibles à l'homme existent en quantité limitée, en quantité insuffisante pour satisfaire les besoins de tous. La rareté est donc une idée simple qui renvoie à la parcimonie de la nature. Paul Dumouchel note que les économistes de la tradition libérale expliquent généralement la violence, le vice et la misère par une cause unique : la rareté. La parcimonie de la nature condamne les hommes à la "guerre". Elle force les désirs à converger vers les mêmes objets et dresse les hommes en des rivalités nécessaires. Ainsi, pour les libéraux, c'est la rareté des biens qui est la cause de la violence et du désordre économique. Les hommes ne sont pas responsables de cet "état de choses". Pour eux, la loi de la rareté est la contrainte première des systèmes économiques, le fait économique fondamental.

Simultanément, cette interprétation désigne l'augmentation de la production et le développement des échanges comme les moyens de l'abondance future et comme les fondements de la paix. L'économie, en instaurant la prospérité universelle, possède par rapport aux autres moyens de conjurer la violence le privilège de la rationalité. En effet, l'économie, en tant que moyen de lutter contre la rareté, s'attaque à la cause du mal. La croissance de la production et des échanges, en réduisant la rareté, garantit une paix durable et apporte une solution au problème de la violence et du désordre.

Telles sont les prémices de l'étude de Paul Dumouchel. Le lien qu'il établit entre la rareté et le désordre nous semble particulièrement pertinent car cela permet de comprendre pourquoi les économistes libéraux assimilent la poursuite de l'intérêt individuel à un mode de gestion du désordre économique. En effet, selon eux, la poursuite de l'intérêt conduit

(55) P. Dumouchel et J.-P. Dupuy, *L'enfer des choses,* Seuil, 1979, p. 135 et s.

les individus à chercher à améliorer leur situation matérielle et ce comportement égoïste provoque l'augmentation de la production, de la richesse globale de la société, ce qui réduit la rareté. Les économistes qui venaient de découvrir les moyens de vaincre la misère et les causes de la richesse des nations ne pouvaient que se réjouir de la complémentarité naturelle de l'abondance et de la paix. Pour eux, l'effet naturel de la poursuite de l'intérêt individuel est de réduire la rareté des biens et ainsi de gérer le désordre économique.

Comme le montre Patrice Rolland (56), on retrouve cette conception chez un auteur comme Benjamin Constant. Ce dernier essaie de montrer que la poursuite de l'intérêt privé permet de gérer pacifiquement la violence, car le commerce permet de satisfaire les désirs individuels. Pour Constant : "*(...) la guerre et le commerce ne sont que deux moyens différents d'atteindre le même but, celui de posséder ce que l'on désire*" (57). Il oppose la cité et l'Etat moderne, la guerre et le commerce. La seule liberté concevable dans l'Antiquité était la liberté politique qui *"consistait à exercer collectivement mais directement plusieurs parties de la souveraineté toute entière"* (58). Selon lui, la cité ne pouvait survivre que par l'action collective que constitue par excellence la guerre. La cité était caractérisée par un esprit belliqueux, un état de guerre perpétuel pour s'emparer des objets du désir. La pratique de l'esclavage donnait aux citoyens le loisir de la délibération collective et la possibilité matérielle de pratiquer la guerre. La guerre était une entreprise collective, la notion d'individu n'existait pas.

Constant définit l'Etat moderne comme la forme politique qui succède à la cité lorsque le commerce prend la place de la guerre. L'Etat moderne tend vers la paix et abolit l'esclavage, mais du même coup le loisir qui permettait au citoyen libre d'être aussi un guerrier. L'indépendance privée succède à la sûreté collective. On assiste à un développement de l'activité

(56) Patrice Rolland, "Equivoques du libéralisme. A propos de Benjamin Constant", *Commentaires*, n° 15 (automne 1981) et n° 16 (hiver 1982), Julliard, Paris. Cet article s'appuye sur le discours de 1819 "De la liberté des Anciens comparée à celle des Modernes", lequel contient les idées fondamentales de Constant sur ce thème. Il reprend dans ce discours les principaux éléments de *De l'esprit de conquête et de l'usurpation* (1814) et des *Principes de Politique* (1815).

(57) B. Constant, Tome 2, p. 544. Les citations sont tirées de l'édition en deux volumes donnée par Laboulaye en 1861 chez Guillaumin.

(58) Constant, op. cit., p. 541.

économique et commerciale privée. La disparition conjointe du citoyen et de l'esclave conduit à l'émergence d'un type nouveau : l'individu moderne. Selon Constant, la notion d'individu apparaît lorsque *"les progrès de la civilisation, la tendance commerciale de l'époque, la communication des peuples entre eux ont multiplié les moyens de bonheur particulier"* (59). C'est parce que la recherche du bonheur devient la fin de l'individu que le commerce va jouer un rôle central dans la naissance et la genèse de l'individu. Si le commerce *"inspire aux hommes un vif amour pour l'indépendance individuelle"* (60), c'est parce qu'il rend matériellement possible un bonheur et une jouissance individuels. Le commerce, en tant qu'instrument social de réalisation du désir, transforme l'homme en individu.

Pour Constant, comme le commerce a toujours les mêmes effets sur la société, il s'agit là d'une véritable loi sociologique. Ainsi, l'originalité de cette approche consiste à faire de la liberté individuelle, non une fin en soi, mais une valeur qui émerge historiquement à partir du développement du commerce. On ne trouve pas trace d'un idéalisme déiste, moral ou philosophique pour fonder une valeur comme la liberté. Elle résulte d'un processus sociologique : l'émergence de la notion d'individu liée au développement du commerce.

Le commerce permet de concevoir à la fois l'individu et la société. Il crée le désir individuel en dehors de tout contrôle social : *"Le commerce subvient à leurs besoins, satisfait à leurs désirs, sans l'intervention de l'autorité"* (61). Il rend ainsi l'homme maître de son bonheur. Comme l'écrit P. Rolland : *"Le commerce permet ce face-à-face individuel dans la satisfaction du désir que la guerre, action collective, interdisait en introduisant la nécessaire médiation de la collectivité et de l'autorité"*. Le commerce et le marché constituent une *"tentative pour obtenir de gré à gré ce qu'on n'espère plus conquérir par la violence"* (62). A partir du moment où on estime que la fonction de la société est de satisfaire le désir individuel (besoin économique), le marché va devenir l'instance sociale régulatrice majeure.

---

(59) Constant, op. cit., p. 206.
(60) Constant, op. cit., p. 546.
(61) Constant, op. cit., p. 546.
(62) Constant, op. cit., p. 544.

Dans les propos de Constant, nous retrouvons la problématique de la rareté proposée par Dumouchel. La rareté des biens est perçue comme la cause de la violence, de la guerre, car elle empêche la satisfaction des désirs dc tous. Le commerce, par opposition à la guerre, est présenté comme le moyen de satisfaire pacifiquement les désirs individuels par l'entremise du marché. Ainsi, le commerce, et de façon plus générale la poursuite de l'intérêt individuel, constituent des modes de gestion de la violence, une façon de pacifier les relations humaines. Ils permettent de réduire la rareté de façon relative. Les relations humaines sont désormais orientées vers la recherche du bonheur privé.

De la même façon, Mandeville voit dans la recherche de l'intérêt individuel un facteur d'ordre. Il démontre que la prospérité de la société est fondée sur des comportements intéressés et égoïstes, sur des vices ou des passions privées. Un comportement comme le désir d'enrichissement est source d'ordre car, lorsque chacun est occupé à rechercher le luxe, la prospérité collective en découle. C'est le point de vue économique qui transforme des vices privés, des vertus inférieures dirait Smith, en bienfait pour la collectivité. Là encore, l'économie est présentée comme le moyen d'atteindre la prospérité, c'est à dire de faire échec à la rareté considérée comme la cause de la violence.

Pour Adam Smith, "*l'effort naturel de chaque individu pour améliorer sa condition, quand on laisse à cet effort la faculté de se développer avec liberté et confiance, est un principe si puissant que, seul et sans autre assistance, non seulement il est capable de conduire la société à la prospérité et à l'opulence, mais qu'il peut encore surmonter mille obstacles absurdes dont la sottise des lois humaines vient souvent embarrasser sa marche, encore que l'effet de ces entraves soit toujours plus ou moins d'attenter à sa liberté ou d'atténuer sa confiance*" (63). Ainsi, pour Smith, la recherche de l'intérêt privé est un comportement naturel découlant de l'exercice de la liberté individuelle. Ce comportement conduit la société à une situation d'ordre caractérisée par la prospérité économique. Encore une fois, c'est bien la réduction de la rareté, synonyme de prospérité

(63) A. Smith, *La richesse des nations*, cité par P. Steiner, "L'insaisissable Etat minimal", *Cahiers Français, Les libéralismes économiques*, n° 228, oct-déc 1986, p. 9.

matérielle, qui est censée produire cette situation. On retrouve également la thèse de la "main invisible". Selon cette thèse, les seuls intérêts privés assurent le fonctionnement harmonieux de la société. Tout se passe comme si l'intérêt personnel, sans le savoir et sans le vouloir, conduisait naturellement à une situation de prospérité au niveau de la société.

En résumé, le respect de la loi divine constitue le principal mode de gestion du désordre économique chez les penseurs théologiens. Il s'agit de respecter un ordre imposé de l'extérieur. Une volonté divine fixe la fin transcendante de la communauté : adopter une structure sociale hiérarchisée en trois ordres (Adalbéron-Gérard), rechercher le bien commun (Thomas d'Aquin). Il s'agit avant tout d'empêcher l'émergence d'une compétition et d'une rivalité entre les hommes. On aboutit ainsi à une répartition imposée ou contrôlée des richesses (services mutuels, justice distributive) qui vise à empêcher toute accumulation individuelle excessive. Pour les penseurs libéraux, au contraire, c'est la poursuite de l'intérêt individuel qui permet de gérer le désordre lié à la rareté des biens. Les individus, supposés libres, maximisent leur satisfaction en accumulant des biens rares. Cela les pousse à être le plus efficace possible au niveau de leur activité productive afin d'acquérir le plus de biens possible. La volonté d'améliorer sa condition, de privilégier son propre intérêt, provoque une augmentation de la richesse individuelle et collective. Cela aboutit à une réduction de la rareté, considérée comme la cause de la violence. La poursuite de l'intérêt individuel constitue ainsi un mode de gestion du désordre économique, une source d'ordre. Elle apporte une solution au problème de la rareté. En définitive, le respect de la loi (recherche du bien commun), synonyme de partage imposé ou contrôlé des biens chez les théologiens, d'une part, et la poursuite de l'intérêt individuel, synonyme d'accumulation privée chez les libéraux, d'autre part, sont appréhendés comme deux modes opposés de gestion du désordre économique.

CHAPITRE 5

De la conception du désir et des comportements

L'opposition entre théologiens et libéraux relative à la façon de gérer le désordre intègre deux conceptions antinomiques du désir et des comportements humains. Pour les théologiens, le comportement de l'individu est déterminé de l'extérieur ; l'individu doit imiter et reproduire un modèle transcendant (1.). Pour les libéraux, l'individu est un atome social autonome qui cherche à maximiser sa satisfaction en accumulant des biens (2.).

1.
L'imitation d'un modèle transcendant chez les théologiens

Les penseurs théologiens proposent une représentation du social visant à empêcher les comportements individualistes. Pour cela, la loi doit imposer des comportements caractérisés par l'imitation d'un modèle transcendant, synonyme d'absence de conflit et de rivalité. L'objet de la loi est d'empêcher la poursuite de l'intérêt individuel de faire des ravages. On rencontre deux façons différentes d'exprimer et de réaliser cette loi : la reproduction d'une différenciation originelle chez Adalbéron et Gérard (1.1.), la recherche du bien commun chez Thomas d'Aquin (1.2.).

1.1. La reproduction d'une différenciation originelle

La représentation en trois ordres proposée par Adalbéron et Gérard repose sur l'imitation d'un modèle transcendant. Il s'agit de se conformer à un ordre imposé de l'extérieur. Souvenons-nous des paroles d'Augustin au sujet de l'Eglise : *"un ordre est établi, les uns précèdent, les autres suivent, et ceux-ci imitent les premiers. Mais ceux qui donnent l'exemple à ceux qui viennent après, ne suivent-ils personne ? S'ils ne suivent personne, ils s'égarent. Ils suivent donc eux aussi quelqu'un, et c'est le Christ lui-même"*. Ce système repose sur l'imitation et reflète la hiérarchie des mérites. La conception de l'organisation sociale d'Adalbéron et de Gérard découle d'un tel système. Chacun semble investi d'une mission en fonction de ses qualités propres. Dans la représentation en trois ordres, la différenciation est posée comme "naturelle", elle est présente dès l'origine. Elle est synonyme d'ordre.

Inversement, l'indifférenciation et l'égalité sont assimilées au désordre. Aux Xe-XIe siècles, deux mouvements proposent une conception différente du social : le monachisme, à travers la doctrine clunisienne, et le mouvement hérétique. Penchons-nous quelques instants sur la doctrine hérétique. Elle va nous permettre de mieux comprendre le lien établi par Adalbéron et Gérard entre indifférenciation et désordre. Les meneurs étaient essentiellement des clercs et parmi les plus savants d'entre eux. Ainsi, l'hérésie se propagea-t-elle à Orléans dans la chapelle royale qui était un centre de recherche aussi actif et passionné que Reims, Laon ou Cambrai. La plupart des convertis étaient des chrétiens, religieux ou laïques, que l'enseignement traditionnel de l'Eglise ne satisfaisait plus. Ils rêvaient d'une société ordonnée de façon différente. Ils rejetaient toutes les "pratiques rituelles". Selon eux, la grâce et l'esprit n'ont pas besoin de tous ces rites que sont l'eucharistie, le baptême, l'absolution ou l'onction pour pénétrer dans les coeurs. Ces "pratiques magiques" encombrent les pratiques religieuses.

Ils professaient le mépris du charnel. Le sang, le sexe, la procréation les répugnaient. Toute distinction dans la société leur paraissait infondée. En accueillant les femmes dans leur communauté, ils voulaient abolir une des barrières primordiales érigées dans l'espace social et idéologique. En refusant de distinguer le clerus et le populus, ils invitaient tous les chrétiens à se conduire de la même façon, plus de rangs donc. En remettant en cause la hiérarchie et la différenciation entre les ordres, la doctrine hérétique refusait également l'idée de services mutuels et d'échanges réciproques, synonyme pour Adalbéron et Gérard de solidarité nécessaire. L'égalité parfaite qu'ils préconisaient n'était pas compatible avec l'idée qu'une partie de la société puisse être chargée de nourrir l'autre. Selon eux, personne ne devait être nourri par autrui.

En résumé, les hérétiques proposaient l'égalité parfaite car elle leur paraissait conforme à la réalité d'une identité essentielle entre les hommes. Une seule distinction était admise, toute spirituelle. Les "parfaits" doivent constituer un modèle pour les "imparfaits". Plusieurs caractéristiques communes rapprochaient le mouvement hérétique et le monachisme. Les moines, eux aussi, voulaient atteindre à la perfection des anges par une ascèse rigoureuse synonyme de chasteté, de jeûne, de travail. Les hérétiques souhaitaient en quelque sorte étendre l'esprit monastique au peuple chrétien tout entier.

La représentation en trois ordres va s'imposer et conduire à l'exclusion des systèmes concurrents. En définitive, pourquoi Adalbéron et Gérard rejettent-ils la doctrine hérétique ? Pour les tenants de cette doctrine, toute distinction dans la société est arbitraire. Il convient d'abolir toutes les barrières primordiales érigées dans l'espace social et idéologique. Les hérétiques proposaient l'égalité parfaite. Cette doctrine défiait l'idéologie dominante. Pour Adalbéron et Gérard, l'intention providentielle n'est pas l'égalité car tout est hiérarchisé dans la création, la société des anges comme la société des hommes. L'indifférenciation est synonyme de violence, de désordre. La différenciation, la distinction entre l'homme et la femme, entre les serviteurs de Dieu et les laïcs, entre ceux qui obéissent et ceux qui les protègent les armes à la main, les conduit à affirmer une ternarité des fonctions. Il y a ceux qui prient, ceux qui combattent et ceux qui travaillent. Selon eux, ce modèle est transcendant.

La défaite des hérétiques était inévitable. Ils remettaient en cause la différenciation, c'est à dire le fondement même du social et de la représentation sociale. Voilà bien un crime "contre culture" car il brouille les règles du jeu social, fondées sur la différenciation comme ne cessent de le répéter Adalbéron, Gérard et leurs prédécesseurs. La société, la vraie, celle qui existe, celle qui fonctionne, celle qui est fondée sur la domination de la femme par l'homme, du paysan par le seigneur, du peuple par le clergé avait tout intérêt à expulser ces fauteurs de troubles. Ils furent éliminés par le fer ou par le feu. Comme le précise Duby, il n'est plus guère question d'eux après 1030.

1.2. La recherche du bien commun

Chez Thomas d'Aquin, la condamnation de l'intérêt individuel n'est pas uniquement motivée par une prise de position théologique. Elle a également un contenu économique. Thomas d'Aquin raisonne dans un contexte de rareté des biens : "*il ne peut pas se faire qu'il y ait une foule d'individus qui possèdent simultanément des biens temporels"*. Dès lors, si des individus guidés par l'avarice (accumulation de biens ou de monnaie) prennent plus que ce à quoi ils ont droit, d'autres hommes seront privés et ne pourront pas atteindre le bien-être suffisant nécessaire à l'obtention de la béatitude. A ce niveau, il semble intéressant de confronter les propos de Thomas d'Aquin et ceux de penseurs libéraux comme Mandeville ou Smith, lesquels défendent l'idée qu'il faut au contraire laisser libre cours à l'intérêt individuel dans un même contexte de rareté. La contrainte rareté conduit Thomas d'Aquin à condamner la poursuite de l'intérêt individuel car elle n'est pas compatible avec la notion de justice distributive ; elle amène les libéraux à encourager la poursuite de l'intérêt individuel car cette dernière permet de stimuler la production des richesses, de réduire la rareté.

Thomas d'Aquin raisonne dans une économie caractérisée par la rareté. Il introduit les notions de justice distributive et de juste prix pour parvenir à une répartition des richesses qui soit conforme au bien commun. Son raisonnement serait-il le même dans une situation d'abondance ? Ecoutons Hume dans son *Enquête sur les principes de la morale* qui essaie de démontrer que seule l'utilité sociale de la justice justifie son existence : *"Supposez que la nature ait accordé à la race des hommes une si généreuse abondance de tous les biens extérieurs, que sans incertitude aucune, sans soins, ni industrie de notre part, chaque individu soit pleinement comblé de tout ce que peuvent vouloir ses appétits les plus voraces.... Il semble évident que dans un aussi heureux état toutes les vertus sociales fleuriraient et se seraient accrues par dix, mais de la prudente, jalouse vertu de justice, nul n'eût jamais rêvé"* (64).

Ce passage est intéressant car la situation d'abondance que décrit Hume le conduit à démontrer l'inutilité sociale de la justice économique dans un tel contexte. Thomas d'Aquin pourrait tenir le même raisonnement puisque, chez lui, la justification de la justice économique (justice distributive) est liée à la situation de rareté des biens. Pour atteindre le bien commun, il faut une répartition qui ne soit pas trop inégalitaire. Dès lors, on peut penser qu'une situation d'abondance permettrait à chacun de

(64) David Hume, *An inquiry concerning the Principles of Morals*, Indianapolis, Bobbs-Merrill, 1957, p. 15. Cité et traduit par J.-P. Dupuy, *L'Enfer des choses*, p. 212.

prendre autant qu'il le désire et que la justice distributive n'aurait plus de raison d'être. Toutefois, une telle situation d'abondance n'est pas envisagée par Thomas d'Aquin (65). On peut supposer qu'il se réfère à la situation décrite dans la Bible. Au commencement, l'abondance régnait. Dieu énonce la loi en dictant sa conduite à l'homme : tu peux te nourrir avec ceci ; tu ne dois pas manger cela. Mais Adam désobéit. Pour Thomas d'Aquin, c'est cette faute originelle qui explique notre histoire et ses larmes. Avant le pêché originel, un législateur, Dieu, avait édicté une loi qui n'a pas été respectée. Selon Thomas d'Aquin, un procès ancien condamne l'homme au travail, activité rendue nécessaire par la parcimonie de la nature, par la rareté naturelle des biens.

Il convient de gérer au mieux cette contrainte rareté. Pour cela, il faut respecter la volonté divine qui commande de rechercher le bien commun. La poursuite de l'intérêt individuel conduirait à une rivalité et à une compétition entre les hommes pour l'appropriation de ces biens rares. Cette conduite empêcherait d'atteindre la fin transcendante de la communauté. Selon Thomas d'Aquin, il convient d'étouffer ce qui constitue le moteur de cette rivalité et de cette compétition : la poursuite de l'intérêt individuel. Il faut contraindre l'homme à une conduite conforme au bien commun. La loi doit fixer et imposer le juste prix. Le respect du juste prix permettra d'obtenir une répartition des richesses conforme à la justice distributive.

En conclusion, les théologiens supposent la présence d'un modèle transcendant qu'il convient de reproduire. Les comportements individuels doivent être fondés sur l'imitation de ce modèle transcendant, sur le respect de la volonté divine. Cette imitation imposée par la loi est source d'ordre car elle évite toute situation de conflit (reproduction d'une différenciation sociale, recherche du bien commun).

(65) On peut toutefois considérer que sa position favorable aux marchands et au commerce est en rapport avec l'idée de rendre les produits plus abondants. Le commerce constitue un moyen de réduire la rareté de façon relative.

2.
Autonomie de l'individu et désir objectal chez les libéraux

Les propos d'auteurs comme Mandeville, Bentham ou Smith renvoient à une conception objectale du désir dans un contexte de rareté. Chez ces auteurs, maximiser l'intérêt ou le bonheur passe par un comportement économique consistant à accumuler des richesses. C'est pourquoi, comme l'affirme Mandeville, seuls des vices comme l'orgueil, l'envie, la vanité, la prodigalité ou encore, le luxe et la gourmandise, c'est à dire des vices qui conduisent à dépenser, à consommer, des vices qui stimulent l'activité, sont utiles pour la collectivité. De même, pour Smith, c'est l'égoïsme, l'amour de soi (self love), qui conduit l'homme à accumuler des richesses pour maximiser le bonheur.

La conception des penseurs libéraux repose sur l'idée que l'individu, disons le sujet, désire l'objet ou qu'il a besoin de lui. C'est pour satisfaire des besoins liés à des "sentiments" comme l'orgueil, l'égoïsme ou le goût du luxe que les hommes sont conduits à désirer des biens. Selon cette conception, le besoin ou le désir est objectal : une flèche part du sujet et vient se fixer sur l'objet. Définir le désir comme objectal, c'est privilégier le lien sujet-objet. Pour ces auteurs, le principal objet des regards du sujet, c'est lui-même. L'accumulation de biens matériels pour maximiser le bonheur est présentée comme une conduite individualiste et autonome renvoyant à des sentiments comme le narcissisme ou le culte du Moi.

Certains économistes libéraux semblent toutefois se référer à la présence des Autres pour expliquer les comportements individuels. Ainsi, selon Mandeville, des comportements comme l'envie, l'orgueil, le goût du luxe, l'égoïsme ou la prodigalité peuvent être motivés par la recherche de l'admiration des autres. Tout se passe comme si le sujet cherchait à faire converger les regards sur lui en considérant que la compétition et la rivalité n'auraient pas de sens si les succès remportés étaient destinés à être cachés. Comme chez Hegel, le désir fondamental s'apparente ici à un désir de reconnaissance, c'est à dire un désir du désir de l'Autre. On rejoint la théorie des effets de signe ou la théorie de la mode proposées par les sociologues. Selon ces théories, le regard principal part des Autres et se dirige vers le Sujet dont l'ambition est d'être admiré.

Toutefois, même si les termes utilisés sont parfois proches (bonheur, prestige, statut), la conception de l'individu véhiculée par les économistes n'est pas identique à celle des sociologues. Pour ces derniers, la "reconnaissance par autrui", synonyme de prestige ou de statut pour l'individu, renvoie à une forme de déterminisme. L'individu est le "jouct stupide" des normes sociales (coutumes, habitudes, mentalités, modes) qui le poussent à agir comme il le fait. Il n'est pas autonome. Dans le phénomène de mode, par exemple, il est "poussé" à faire comme les autres, à les imiter. Les économistes, au contraire, se représentent la société comme un ensemble de bulles solipistes et autonomes, accumulant spontanément des biens rares pour atteindre le bonheur. Même lorsqu'ils font référence à la présence de l'Autre pour expliquer les comportements individuels, ils en restent à cette conception objectale du désir.

Voici par exemple comment les économistes analysent un sentiment comme l'envie qui fait partie des "vices" énumérés par Mandeville. Nous nous trouvons en présence d'un triangle : le sujet, l'objet et l'autre, celui qui possède l'objet. C'est dans l'objet que les économistes libéraux vont rechercher l'existence du triangle envieux. Si le sujet désire l'objet possédé par l'autre, s'il éprouve de l'envie, c'est parce que les objets désirables sont rares. En effet, si l'abondance imaginée par Hume régnait, si le sujet pouvait se procurer sans difficulté l'objet, l'envie n'aurait pas de raison d'être. La source principale de l'envie réside donc à la fois dans les qualités de l'objet qui le rendent désirable (utilité) et dans la conscience que les hommes ont de la rareté de cet objet. Pour les libéraux, l'insuffisance ressentie par l'envieux est la conséquence du succès de l'autre qui possède l'objet rare tant convoité. Elle n'est en aucun cas le produit d'une relation interpersonnelle. Dans ce cas, il faudrait considérer que le désir de l'objet est la conséquence d'un sentiment d'admiration vis à vis de l'autre (imitation). L'individu ne serait plus autonome. Selon les économistes, la rareté est la cause principale de l'envie. On ne peut avoir plus qu'aux dépends des autres. Cette conception conduit à faire de l'envie, et plus généralement de la rivalité et de la compétition, un produit de la rareté. C'est parce que les biens désirables sont rares que les hommes entrent en concurrence pour obtenir la meilleure position possible.

En résumé, l'approche des penseurs théologiens repose sur l'idée que les individus doivent imiter et reproduire un modèle transcendant (volonté divine). Ce modèle impose une structure sociale différenciée (Adalbéron-Gérard) ou la recherche du bien commun (Thomas d'Aquin). L'imitation est source d'ordre car elle manifeste le respect de la volonté divine. Quant aux libéraux, ils adoptent une conception objectale et autonome du désir dans un contexte de rareté. L'imitation, selon eux, ne joue donc aucun rôle dans les comportements. C'est le désir autonome de posséder des objets rares qui explique les comportements individualistes caractérisés par l'accumulation de richesses.

CONCLUSION PREMIERE PARTIE

Le thème de l'ordre et du désordre constituait le fil directeur de cette première partie qui avait pour but de présenter les théories économiques des théologiens et des libéraux. Une "lecture" des théories à partir de cette thématique révèle que théologiens et libéraux ont des conceptions antinomiques :

- pour les théologiens, la notion d'égalité de droit ou des conditions est synonyme de désordre car elle est censée produire une situation d'indifférenciation ; pour les libéraux le même principe d'égalité de droit ou des conditions, associé au principe de liberté, constitue une des conditions de l'ordre. Pour les théologiens, un vice comme la poursuite de l'intérêt individuel ne peut conduire qu'au désordre; pour les libéraux le même "vice" débouche sur la prospérité collective, sur un ordre.

- pour les théologiens, l'ordre repose sur le respect d'une loi divine qui impose une fin transcendante aux individus : respect d'une structure sociale différenciée chez Adalbéron et Gérard ou recherche du bien commun chez Thomas d'Aquin. La loi et l'ordre social (niveau englobant) doivent imposer aux individus (niveau englobé) des comportements en harmonie avec la fin transcendante de la communauté (ordre imposé). Pour les libéraux, comme il n'existe pas de fin transcendante, il faut laisser libre cours à la liberté et à la poursuite de l'intérêt individuel dans le domaine économique. Cela conduit à l'émergence d'un ordre spontané. Les individus (niveau englobant), mus par leur propre intérêt, produisent sans le vouloir un ordre économique (niveau englobé) prospère et harmonieux. On relève ici l'opposition entre la conception holiste d'un ordre imposé et la conception individualiste d'un ordre spontané.

- le respect de la loi et la poursuite de l'intérêt individuel constituent deux modes opposés de gestion du désordre économique. Ils conduisent respectivement à une répartition imposée ou contrôlée des richesses et à leur accumulation privée. Cette façon de gérer le désordre intègre deux conceptions opposées du désir. Chez les théologiens, c'est l'imitation-reproduction d'un modèle transcendant, imposé par la loi, qui caractérise la conduite des individus contraints de respecter un partage déterminé des richesses. Chez les libéraux, le désir est considéré comme utilitariste et autonome. Il conduit à une accumulation individuelle de biens pour maximiser la satisfaction. Ce comportement "égoïste" stimule la production. Il gère ainsi le désordre économique issu de la rareté des biens.

Cette opposition radicale entre les conceptions économiques des penseurs théologiens et celles des auteurs libéraux nous interpelle quant à la signification d'un tel phénomène. Les penseurs théologiens du Moyen Age, comme les penseurs libéraux modernes, sont dans la position de l'observateur qui doit rendre compte de ce qu'il perçoit. Or, la société ne peut se voir, se représenter, qu'en se coupant d'elle-même : une partie qui voit et l'autre qui est vue. L'acte d'observation conduit toujours à une séparation, à une distinction. L'observateur détient donc un pouvoir énorme car il opère des incisions là où il veut. L'opposition radicale que nous venons de relever suggère que toutes les représentations économiques sont possibles, même les plus antinomiques, mais peut-être aussi arbitraires les unes que les autres. C'est ce caractère arbitraire qu'il s'agit de débusquer pour déceler ce qui unit les théories économiques plutôt que ce qui les oppose.

Partant de l'intuition qu'il est impossible d'effectuer une véritable comparaison des théories économiques des théologiens et des libéraux sans une référence historique, mais surtout fondatrice, nous avons trouvé dans les thèses de l'anthropologue René Girard une problématique qui répondait à cette orientation. En effet, ses travaux nous apprennent qu'on ne peut analyser l'organisation et le fonctionnement des sociétés "modernes", et donc appréhender les théories économiques qui en rendent compte, si on ne comprend pas en quoi ces sociétés ne sont en fait que le souvenir de sociétés plus anciennes (sociétés sacrales ou religieuses) et si on ne met pas en lumière quelle était la stratégie de ces sociétés anciennes pour maintenir l'ordre. René Girard analyse le système sacrificiel (mécanisme de la victime émissaire) propre aux sociétés "religieuses" (sociétés primitives) comme mise en forme de violence pour éviter qu'elle se répande, mode de gestion du désordre, producteur d'ordre. Selon lui, le mécanisme sacrificiel gère la violence par la violence. Pour Girard, le sacrificiel constitue non seulement le fondement du religieux primitif mais également de toute organisation sociale, de toute culture, de toute représentation. Le politique et l'économique entretiennent un rapport avec le sacrificiel. C'est dans cette perspective que nous allons tester l'hypothèse sacrificielle sur les théories économiques des théologiens et des libéraux. Ce sera l'objet de la deuxième partie.

DEUXIEME PARTIE

Théories économiques et hypothèse sacrificielle

"Je ne peux m'empêcher de mentionner ici un principe talmudique fréquemment cité par les exégètes d'inspiration judaïque. D'après ce principe, tout accusé qui fait contre lui l'unanimité de ses juges doit être immédiatement relâché. L'unanimité accusatrice est suspecte en tant que telle. Elle suggère l'innocence de l'accusé."

René Girard,

Des choses cachées depuis la fondation du monde.

Dans un premier temps, nous présenterons l'hypothèse sacrificielle élaborée par René Girard. Nous expliquerons en quoi cette hypothèse nous paraît pertinente pour analyser les théories économiques (chapitre 6).

Dans un deuxième temps, nous testerons l'hypothèse sacrificielle sur les théories économiques. Nous essaierons de montrer que les théories économiques des théologiens et des libéraux entretiennent un rapport avec le mécanisme sacrificiel. Un mécanisme de gestion de la violence par la violence est à l'oeuvre au sein de ces théories. Au-delà de l'antinomie des théories économiques mise en évidence dans la première partie, elle font preuve d'une capacité commune à gérer la violence par la violence, ce qui révèle une identité au plan fonctionnel (chapitre 7).

Dans un troisième temps, nous tenterons de préciser le rapport établi précédemment entre la loi (théologiens) et le mécanisme sacrificiel, d'une part, et la poursuite de l'intérêt individuel (libéraux) et le mécanisme sacrificiel, d'autre part. Nous mettrons en évidence la présence d'une logique sacrificielle tant dans les sociétés dominées par l'ordre politique que dans celles renvoyant à l'ordre économique. Nous montrerons que l'hypothèse sacrificielle permet de proposer une interprétation plus pertinente des phénomènes socio-politiques qui caractérisent l'émergence et le fonctionnement de ces sociétés. (chapitre 8).

CHAPITRE 6

L'hypothèse sacrificielle

Dans un premier temps, nous présenterons l'hypothèse sacrificielle élaborée par René Girard (1.). Dans un deuxième temps, nous testerons l'hypothèse sacrificielle sur un texte "littéraire" du XIe siècle qui présente certaines analogies avec les théories économiques des théologiens et des libéraux (2.). Enfin, nous préciserons en quoi l'hypothèse sacrificielle peut constituer une piste de recherche pertinente pour analyser les théories économiques des théologiens et des libéraux (3.).

1.
La fonction cathartique du sacrifice

C'est à partir de *La violence et le sacré* (1) et dans ses ouvrages ultérieurs (2) que Girard développe l'hypothèse sacrificielle. Selon lui, il n'y a pas de société sans religion. Cette présence du religieux à l'origine de toutes les cultures apparaît indubitable. Partout, on trouve des rites et des interdits. Toutes les cultures à travers les mythes font remonter leurs fondations à des puissances surnaturelles qui sont censées faire respecter les règles et sanctionner la transgression des interdits par les châtiments les plus terribles. Ainsi, la question de l'origine des cultures semble subordonnée à la question de la nature et de la fonction du religieux. Cela conduit Girard à étudier plus précisément le sacrifice qui apparaît comme le plus répandu et le plus mystérieux des rituels.

Selon Girard, la réalité que révèle et dissimule à la fois la violence sacrificielle, c'est la violence tout court. Cette violence indifférenciatrice qui, par le processus de vengeance, peut se propager et menacer l'existence même de la communauté. Les sociétés primitives sont particulièrement exposées à ce risque de déchaînement de la violence. Du fait de l'existence de fortes

---

(1) René Girard, *La violence et le sacré*, Grasset, 1972.
(2) Notamment, *Des choses cachées depuis la fondation du monde*, Grasset, 1978. *Le Bouc émissaire* , Grasset, 1982.

obligations de solidarité, la transgression d'un interdit ou l'affront fait à un seul vont impliquer de plus en plus de personnes (vengeance). C'est ainsi, par exemple, que l'interdiction de verser le sang a pour contrepartie l'obligation de venger le sang versé, obligation qui va dresser de plus en plus d'individus les uns contre les autres.

Pour illustrer ce phénomène, on peut se référer à différentes études réalisées sur les sociétés primitives. Lucien Scubla, dans un article récent (3), reprend quelques conclusions des travaux de Raymond Verdier sur les "systèmes vindicatoires" (4). Selon Raymond Verdier, les systèmes vindicatoires reposent sur une morale de l'honneur et du défi qui pousse les différents groupes à s'opposer sans cesse. Ils impliquent également une éthique de la solidarité qui exige que chaque membre d'un groupe contribue à compenser les pertes subies par les siens en infligeant des dommages et des pertes similaires au camp adverse. Contrairement à ce qui se passe dans les sociétés étatiques, ni le défi violent ni la vengeance ne sont ici interdits. Ils sont au contraire prescrits par la tradition.

Selon Scubla, *"dans un tel système, être un homme (...) c'est pouvoir exercer son autorité sur un domaine aux limites variables, mais toujours précises, tels que celui de la maison ou du territoire, et en interdire jalousement l'accès à tous ses pairs ; c'est y posséder de façon ostentatoire des biens éminemment convoitables, tels que des femmes ou des troupeaux, des terres et des points d'eau et c'est, avant tout, s'efforcer de maintenir aussi haut que possible ce sans quoi on ne serait rien : son capital d'honneur qu'on préserve et qu'on accroît en se montrant capable de repousser tous ses adversaires et, mieux encore, de leur porter le défi dans leur propre domaine"* (5). Chez les Nuer par exemple, étudiés par Evans-Pritchard (6), le vol de bétail constitue une action louable et non pas condamnable.

---

(3) Lucien Scubla, "Identité, appartenance et altérité", *Les Cahiers de CREA, Epistémologie et anthropologie*, CREA-Ecole Polytechnique, décembre 1993, p. 235-238 et p. 249-250.

(4) Raymond Verdier, "Le système vindicatoire", in Verdier (éd), *La Vengeance. Etudes d'ethnologie, d'histoire et de philosophie*, Paris, Cujas, 1980.

(5) Lucien Scubla, art. cit., p. 236-237.

(6) E.E. Evans-Pritchard, *Les Nuer*, trad. Louis Evrard, Paris, Gallimard, 1968, p. 68, (édition originale : *The Nuer*, Oxford, 1940). Cf. Lucien Scubla, art. cit., p. 237, note.

Raymond Verdier distingue l'ennemi de l'adversaire. Dans toutes les sociétés, l'ennemi est toujours extérieur et induit une relation d'hostilité. Mais tandis que *"le groupe hostile est celui qu'on cherche à nier, voire à anéantir pour affirmer sa suprématie, le groupe adverse est celui par rapport auquel on se situe dans un affrontement réciproque"* (7). Ainsi, contrairement à la relation guerrière qui lie des ennemis, *"la relation vindicatoire est essentiellement une relation d'adversité liant des partenaires qui se reconnaissent à la fois comme identiques et différents"* (8). La relation d'adversité (entre moi et mon frère) occupe une position médiane entre la relation d'identité (entre moi et mon père) et la relation d'hostilité (entre moi et un étranger). De ce fait, *"la vengeance s'inscrit dans un espace social intermédiaire entre celui où la proximité des partenaires l'interdit et celui où leur éloignement substitue la guerre à la vengeance"* (9).

Selon Verdier, à ces trois types de relation correspondent trois modes distincts de gestion de la violence ou *"trois cercles de violence"* (10) qu'il dispose de façon concentrique. Au cercle le plus intérieur, celui de la proximité et de l'identité, correspond la pénalité qui a pour but de punir une transgression (parricide ou inceste par exemple) ; au cercle médian qui est celui de l'adversité correspond la vengeance qui a pour objet de réparer un dommage (perte d'un homme, rapt d'une femme ou vol de bétail par exemple) ; enfin, au cercle le plus extérieur, celui de l'hostilité, correspond la guerre qui peut viser l'anéantissement de l'ennemi car ici la violence n'est plus soumise à des règles.

Selon Raymond Verdier, c'est la relation vindicatoire marquée du sceau de l'adversité qui prévaut dans les sociétés primitives. C'est pourquoi la violence "plane" sans cesse sur ces sociétés Des conduites "violentes" comme le défi ou la vengeance sont considérées comme normales et même louables. Du fait de la présence de fortes obligations de solidarité, la vengeance a un caractère cumulatif et contagieux. Elle va impliquer un nombre de plus en plus grand d'individus et risque de déboucher sur la destruction de la communauté. Les Iqar'iyen, une population marocaine, citent un proverbe arabe qui illustre bien la règle

(7) R. Verdier, op. cit., Cité par Lucien Scubla, art. cit., p. 249.
(8) R. Verdier, op. cit., tome 1, p. 245. Cité par Lucien Scubla, art. cit., p. 249.
(9) R. Verdier, op. cit., tome 1, p. 24. Cité par Lucien Scubla, art. cit., p. 250.
(10) R. Verdier, op. cit., tome 3, p. 151. Cité par Lucien Scubla, p. 250.

segmentaire :"*Moi contre mes frères; moi et mes frères contre mes cousins; moi, mes frères et mes cousins contre tout le monde*" (11). Ainsi, la violence peut à tout moment "déborder". C'est dans ce contexte de crise, pouvant conduire à la destruction de la communauté, que René Girard analyse la fonction du sacrifice.

Pour Girard, le sacrifice substitue une victime unique à toutes les victimes potentielles de la violence spontanée. Il permet à la violence de s'assouvir sur une victime et donc d'éviter de sinistres débordements. Le sacrifice constitue donc bien une violence (meurtre), mais il aurait pour fonction de tenir la violence en respect. Dans tous les cas, il s'agirait de canaliser la violence, de l'empêcher d'opérer des substitutions spontanées (vengeance) qui pourraient être désastreuses pour la communauté. Les pratiques sacrificielles seraient donc opérées en vue du moindre mal. Dans cette optique, le sacrifice constitue un moyen préventif. Il purge la collectivité de ses germes de conflit en polarisant sur une victime qui ne sera pas vengée (bouc émissaire) les tensions agressives de tous.

Pour parvenir à tromper cette violence essentielle liée à la vengeance, risquant de détruire la communauté, il faut que le sacrifice soit perçu comme une violence "extérieure". La communauté doit croire à une transcendance effective de cette violence que constitue le sacrifice. Pour la communauté, la violence du sacrifice est imputable aux dieux. Si cette transcendance venait à s'effacer, il ne serait plus possible de substituer la violence du sacrifice à la violence généralisée. Quand il y a autant de violences "légitimes" que de violents, la société retombe dans le cercle vicieux de la vengeance. Selon Girard, les institutions religieuses propres aux sociétés primitives ont donc besoin de victimes sacrificielles. Elles sont soumises à la nécessité d'avoir recours à la violence du sacrifice pour mettre fin à la violence.

Chez les Aztèques, dont les rites sacrificiels sont bien connus, la plupart des victimes sacrificielles étaient des prisonniers de guerre, c'est à dire des étrangers. Toutefois, ils n'étaient pas traités comme des ennemis susceptibles de porter atteinte à l'identité du groupe. La fonction officielle du sacrifice était de préserver l'ordre cosmique et l'ordre social. Il fallait pour

---

(11) Raymond Jamous, *Honneur et Baraka. Les structures sociales traditionnelles dans le Rif*, Cambridge et Paris, Cambridge University Press-Maison des Sciences de l'Homme, 1981, p. 99. Cité par Scubla, p. 237.

cela, dans un premier temps, intégrer les futures victimes à la collectivité, les assimiler avant de pouvoir les immoler (12). Selon Lucien Scubla, le sacrifice aztèque a valeur de paradigme, et la coutume d'immoler les captifs est tellement répandue, qu'on a pu soutenir que la première fonction de la guerre aurait bien pu être de capturer chez les autres, les victimes nécessaires à l'accomplissement des sacrifices dans sa propre société (13).

Un dernier point doit retenir l'attention : l'ambivalence de la victime. En effet, la communauté croit à la culpabilité de la victime, elle la considère responsable de ses maux (famine, maladie, conflits...etc). Les accusations portées contre elle sont le plus souvent "monstrueuses" et "irrationnelles" (parricide, inceste, mauvais oeil...etc). Généralement, on lui reproche d'avoir transgressé les interdits, les règles sociales que les dieux ont léguées à la communauté. La victime est censée détenir des pouvoirs magiques malfaisants qui seraient à l'origine des maux qui touchent la communauté. Un sentiment collectif de haine et de rejet converge sur la victime. Selon Girard, c'est cette unanimité haineuse et vengeresse contre la victime qui va permettre de réconcilier la communauté. La victime sacrifiée va alors apparaître comme l'agent suprêmement actif du retour à l'ordre, comme le principal responsable de la paix retrouvée. La victime va être sacralisée. En définitive, la communauté appréhende la victime comme l'incarnation d'une puissance mystérieuse, tour à tour malveillante et bienveillante, déstructurante et structurante. La victime a un caractère ambivalent. L'unanimité vengeresse et haineuse de la communauté contre la victime (sacrifice) fait place à un sentiment de vénération (sacralisation) vis à vis de cette victime-dieu. La communauté croit que la victime sacrifiée a ramené l'ordre en usant de pouvoirs magiques.

En résumé, selon Girard, le sacrifice permet d'échapper aux effets destructeurs de la violence. Le meurtre rituel d'un être humain ou d'une victime de remplacement, acte de violence, permet de stopper la violence. Le point essentiel à repérer est la fonction cathartique du mécanisme sacrificiel, sa capacité à gérer la violence par la violence, à empêcher la destruction de la

---

(12) René Girard, *La violence et le Sacré*, Paris, Grasset, 1972, p. 372 et s. Girard analyse le cas tupinamba.
(13) Lucien Scubla, art. cit., p. 231. Il note qu'en latin "victime" se dit *hostia* et "étranger" (ou "ennemi") *hostis*.

communauté. Le mécanisme sacrificiel se manifeste par l'exclusion-élection d'une victime émissaire. Il constitue le processus fondateur de l'ordre social primitif.

L'hypothèse sacrificielle se donne d'abord pour objectif de comprendre le sacré primitif et de prouver son efficacité tant sur le plan de la genèse que sur le plan de la structure. Si on admet que le caractère réducteur d'une hypothèse de travail n'est pas ce qui l'exclut de la recherche scientifique, mais au contraire ce qui lui permet d'y participer, l'unité que Girard découvre derrière la diversité des rite rend son hypothèse très convaincante. Pour Girard, tous les rites religieux sortent du sacrifice et toutes les institutions sortent de la religion : toute la culture dérive donc du sacrifice. Et puisque l'homme doit son humanité au religieux, la théorie du religieux primitif est, en même temps, une anthropologie générale ou fondamentale. Le sacrifice ne serait donc pas seulement le prototype de toute activité religieuse, mais au-delà, survivant à l'effacement du religieux, le prototype de toute activité culturelle. C'est dans cette perspective que nous souhaitons faire travailler l'hypothèse sacrificielle.

Nous allons tout d'abord tester cette hypothèse sur un texte "littéraire" qui relate un duel judiciaire. Ce "détour de réflexion" nous paraît utile. A l'image des théories économiques, ce texte propose une certaine représentation de la réalité : il légitime un recours à la violence (duel judiciaire) pour gérer une situation de crise et de désordre. Notre objectif est de montrer que l'hypothèse sacrificielle permet d'interpréter de façon éclairante les évènements évoqués dans ce texte.

2.
Représentation littéraire et mécanisme sacrificiel

Le texte retenu est tiré de *La chanson de Roland* (14). Il a été écrit vers 1080. La coutume médiévale du duel judiciaire est présentée à partir du jugement de Ganelon, accusé d'avoir trahi l'empereur Charlemagne. Ganelon invoque un différend familial assez vague : il n'a pas voulu trahir l'empereur mais se venger de Roland. Trente de ses parents tiennent pour lui, et l'un d'entre

---

(14) Vers 1080, un auteur inconnu compose les 4000 vers de *La Chanson de Roland*. Il s'agit d'un poème épique, chanson dite de geste, c'est à dire ayant pour sujet des faits historiques. Elle appartient au cycle de Charlemagne.

eux, Pinabel, provoque quiconque proposera la mort de Ganelon. Les barons de Charles se dérobent et l'invitent à la clémence, seul Thierry d'Anjou s'adressant à l'empereur dit : *"Pour mes ancêtres je dois relever ce défi. Quelque faute que Roland ait commise envers Ganelon, il était à votre service, et cela suffisait à le protéger. Voilà pourquoi je juge qu'on doit le pendre et le mettre à mort comme un félon qui a fait une félonie. S'il a un parent qui veuille m'en donner le démenti, de cette épée que j'ai ceinte ici, je suis prêt à soutenir mon jugement sur-le-champ"*. Pinabel relève le défi .

Les "préparatifs rituels" du combat commencent : *"ils sont bien confessés, absous et bénis. Ils entendent leurs messes et communient.(...) Ils ont chaussé leurs éperons; ils revêtent leurs hauberts blancs(...); en leurs poings droits ils tiennent leurs épieux tranchants, puis montent sur leurs rapides destriers"*. A travers cette description de la préparation du combat, l'auteur met en évidence une situation de réciprocité parfaite. On ne peut distinguer les deux protagonistes qui ont exactement le même comportement, les mêmes gestes. C'est l'indifférenciation caractéristique de toute situation de crise, de désordre.

Vient ensuite la description du combat : "*les deux barons sont aux prises. Ils sont preux et de grande vaillance, et leurs chevaux sont rapides et prompts. Ils les éperonnent, lâchent toutes les rênes, et de toutes leurs forces, ils se frappent l'un l'autre(...) leurs hauberts se déchirent et leurs sangles sont en pièces, les selles tournent et tombent à terre. Cent mille hommes pleurent qui les regardent (...) ils n'ont plus de destriers. De leurs épées à la garde d'or pur, ils frappent à coups redoublés sur leurs heaumes d'acier"*. L'auteur insiste comme précédemment sur la réciprocité parfaite des comportements, c'est l'indécision la plus totale.

Pinabel dit : " *Thierry reconnais ta défaite ! Je serai ton vassal en tout amour et en toute foi (...) mais réconcilie Ganelon avec le roi !"*. Thierry répond : "*Je serais un félon si j'y consentais ! Que Dieu montre aujourd'hui, entre nous deux, le droit ! (...) Pinabel, tu es un vrai baron (...) tes pairs te connaissent pour ta vaillance. Laisse donc cette bataille ! Je te mettrai d'accord avec Charlemagne"*. Et Pinabel de répondre : *"Je veux soutenir toute ma parenté. Je ne me rendrai pour nul homme mortel; j'aime mieux mourir que d'encourir un tel reproche"*. A travers cet affrontement verbal, on retrouve l'idée d'une réciprocité parfaite entre les deux protagonistes. On assiste de part et d'autre aux mêmes marchandages, aux mêmes propositions. Mais les deux protagonistes sont enfermés dans le cercle de la violence. Ils ne voient pas que leurs comportements sont identiques. Ils se croient séparés par une formidable différence alors qu'ils sont des doubles.

Pinabel semble prendre le dessus : "*Il frappe Thierry sur le heaume de Provence : le feu jaillit, et enflamme l'herbe. De son épée d'acier il lui présente la pointe. En plein front il la lui fait descendre, jusqu'au milieu du visage. Il en a la joue droite toute sanglante, et le haubert, dans le dos et sur la poitrine. Dieu le protège : il n'est pas renversé mort*". Thierry contre-attaque : "*Il frappe Pinabel sur son heaume d'acier bruni : jusqu'au nasal il le lui fend et lui fait jaillir la cervelle de la tête; il redouble son coup et l'abat mort*". Vu de l'extérieur, le plus fort a gagné la bataille mais "la loi du plus fort" ne peut servir de fondement à la justice. Les Francs s'écrient : "*Dieu a fait un miracle ! Il est tout à fait juste que Ganelon soit pendu, et ses parents qui ont répondu pour lui*". Ganelon sera écartelé, ses parents seront pendus et le poète de conclure : "*Quiconque trahit se perd, et les autres avec lui*" (15).

La lecture que nous proposons de ce texte vise à établir un lien entre le duel judiciaire (la loi), tel qu'il nous est présenté ici, et le sacrifice. Notre objectif est de mettre en évidence la présence d'un mécanisme sacrificiel au sein de ce texte. Nous avons retenu trois éléments qui permettent de soutenir cette interprétation.

La communauté est en crise

Nous partons d'une situation de crise, de désordre. Il y a un conflit entre les membres de la communauté ou, plus précisément, au sein des membres appartenant à la noblesse. Cela se traduit par une situation d'indifférenciation. Nous avons vu que les protagonistes font les mêmes gestes, ont les mêmes comportements, tiennent les mêmes propos : c'est la réciprocité parfaite. C'est en tout cas ce que peut déceler l'observateur extérieur au conflit.

La présence d'obligations de solidarité, liées ici à l'appartenance au même lignage (la parenté), conduit les

---

(15) Les différentes citations du texte relatif au duel judiciaire sont tirées de *La Chanson de Roland*. Cf. A. Lagarde et L. Michard, *Le Moyen Age*, Bordas, 1962, p. 31-32.

protagonistes à refuser toute proposition de conciliation. Ils ne peuvent décider en tant qu'individu d'arrêter le combat. Tout un réseau d'obligations les engage en tant que représentant d'un groupe, d'un lignage, d'une parenté. On retrouve ici le risque potentiel énorme lié aux comportements de vengeance propres à une communauté où existent des obligations de solidarité. L'affront fait à un seul va impliquer de plus en plus de personnes et peut déboucher sur la violence généralisée.

"Alors pleurèrent cent mille chevaliers qui, en l'honneur de Roland, ont pitié de Thierry. Dieu sait bien quelle en sera la fin". Cette phrase rappelle le caractère généralisé du conflit. Le combat qui s'annonce ne met pas aux prises seulement deux personnes, mais toute leur parenté, les trente *"parents"* de Ganelon face aux barons de Charles, et au-delà les *"cent mille chevaliers"* fidèles à Roland face aux chevaliers fidèles à Ganelon. C'est bien toute une partie de la communauté qui est au bord de l'affrontement. On a le sentiment qu'on peut basculer à tout moment dans une situation de désordre et de violence généralisée.

Le duel judiciaire (la loi) : un acte violent cathartique

La situation de violence potentielle généralisée, à laquelle le texte fait allusion, nous conduit à interpréter la loi (duel judiciaire) comme un moindre mal, comme une violence destinée à empêcher la violence de se propager. L'identité avec le sacrifice nous semble révélatrice. Pour Girard, le sacrifice est un acte violent dont la fonction est de tromper la violence réciproque, liée à la vengeance, en la polarisant sur une victime arbitraire, sur un "coupable" qui est expulsé de la communauté. Le sacrifice a une fonction cathartique. Nous relevons une identité fonctionnelle avec le duel judiciaire. Ce dernier conduit les belligérants à s'affronter par représentant interposé et aboutit à la désignation d'un coupable, reconnu par tous, ce qui permet de retrouver la paix et l'ordre. Comme le sacrifice, le duel judiciaire (la loi) a une fonction cathartique.

L'affirmation du caractère transcendant de la loi

A la fin du texte relatant le duel judiciaire, le désordre fait place à l'ordre. L'émergence d'une vérité qui s'impose à tous met un terme au conflit et permet de sortir de l'indifférenciation. Ganelon est désigné comme le véritable coupable parce que Pinabel, son défenseur, a perdu le combat. Et toute la communauté considère désormais que Ganelon était bien coupable. Par quel "miracle" cela est-il possible ? Par l'affirmation du caractère transcendant de la violence. La violence judiciaire (mort de Pinabel), comme la violence du sacrifice, est extériorisée, c'est à dire ici divinisée. Les "coupables" sont censés être désignés par Dieu (duel judiciaire) ou par des dieux (sacrifice).

Cela suppose de distinguer une violence pure, celle du sacrifice ou de la loi (duel judiciaire), et une violence impure, celle opposant les membres de la communauté, liée à la vengeance. Toutefois, pour le lecteur moderne, l'arbitraire de la désignation du coupable ne fait aucun doute dans le cas du duel judiciaire. En effet, objectivement, de l'extérieur, la justice semble reposer ici sur la loi du plus fort, ce qui contredit le principe de justice. Ce texte pourrait être assimilé à un texte de persécution puisqu'a priori le plus fort va l'emporter.

Au contraire, de l'intérieur, la croyance en une désignation "divine" du coupable, en l'existence d'un véritable "Jugement de Dieu" (l'auteur exprime à plusieurs reprises cette idée) ne fait aucun doute. Le principe de justice repose ici sur la croyance que Dieu fait périr le coupable, celui qui défend une cause injuste. C'est bien à une véritable "révélation" que croient assister les spectateurs du duel judiciaire, révélation de la culpabilité ou de l'erreur d'un seul (Pinabel) que Dieu fait périr pour désigner le véritable coupable (Ganelon), qu'il suffit d'expulser pour retrouver l'ordre et la paix.

On voit bien que l'institution judiciaire n'a d'efficacité que parce qu'elle repose sur une extériorité, liée ici à l'affirmation de son fondement divin, garantissant la vérité de la justice. Cette extériorité permet de faire une distinction entre une violence légitime, celle de la loi, et une violence coupable et illégale, celle de la vengeance, qu'il s'agit de contenir. Si cette extériorité venait à être remise en cause, niant par là-même le caractère transcendant de la loi, cette distinction entre violence légitime et illégitime n'aurait plus de raison d'être.

En résumé, nous notons la présence dans ce texte de trois éléments : la présentation d'un conflit qui touche la communauté à travers l'évocation d'une situation d'indifférenciation, de réciprocité parfaite, synonyme de désordre et de violence ; le retour à l'ordre par l'élimination d'une victime émissaire, c'est à dire par un acte violent ; enfin, l'affirmation du caractère extérieur (divin), donc légitime, de cette violence. La présence de ces trois éléments suggère que le duel judiciaire (la loi) entretient un rapport avec le sacrifice. Comme lui, elle gère la violence à partir d'une violence extériorisée. Un mécanisme sacrificiel est à l'oeuvre dans le duel judiciaire tel que ce texte le représente. Et si il en était de même dans les théories économiques ?

3.
Hypothèse sacrificielle et théories économiques : une piste de recherche

L'hypothèse sacrificielle de René Girard constitue une application de la théorie de l'ordre par le bruit, issue des sciences biologiques et physiques, au domaine des sciences sociales. Selon cette théorie, une structure sociale organisée est une structure en différences. Si elle est agressée par un "bruit", d'origine interne ou externe à la société, remettant en cause ces écarts différentiels, deux éventualités apparaissent. Si ce "bruit" est bien géré par cette organisation, cette dernière fera échec au désordre et sauvegardera l'ordre ancien. Par contre, si ce "bruit" est mal géré par l'organisation, il va la détruire et on aboutira à l'émergence d'un nouvel ordre. Toutefois, dans ce dernier cas, la présence du désordre, du "bruit", ne signifie pas la faillite du système, mais apparaît comme le moment et la façon qu'il a de se réorganiser à partir d'un système fondateur.

C'est à ce niveau que nous percevons un rapport avec la question de l'antinomie des théories économiques. En effet, d'un point de vue historique, le passage d'une théorie à l'autre, le fait que chaque théorie soit tour à tour dominante, suggère l'image d'un nouvel ordre émergeant sur les cendres d'un ordre ancien qui se désagrège, incapable de gérer le "bruit" qui l'a pénétré. Dans notre optique, cette émergence d'un nouvel ordre, de nouvelles conceptions économiques, ne signifierait pas la faillite du système, mais pourrait être interprétée comme le moment et la façon qu'il a de se réorganiser à partir d'un système fondateur, le système sacrificiel. Par rapport au constat de l'antinomie des conceptions économiques, l'hypothèse sacrificielle constitue donc une piste de recherche très intéressante. Si nous parvenons à démontrer la présence d'un "mécanisme sacrificiel" (mode de gestion de la violence par la violence) au sein des théories économiques des théologiens et des libéraux, l'entreprise d'unification de ces théories sera engagée.

Ce projet de tester l'hypothèse sacrificielle sur les théories économiques est-il bien justifié ? Ne succombons-nous pas au vertige de la métaphore qui nous fait croire que nous sommes dans deux champs imbriqués, le sacré et l'économique, alors que nous sommes peut-être dans deux domaines totalement différents ? Nous ne le pensons pas. Revenons sur le thème de la peste évoqué dans l'introduction. A notre connaissance, il n'existe pas aujourd'hui en théorie médicale d'hypothèse susceptible d'expliquer la fin de la grande épidémie de peste noire du XIVe siècle. Mais l'explication est peut-être tout simplement là : la peste aurait été gérée comme le désordre dans les sociétés sacrales ou primitives. Le scénario pourrait être le suivant. L'épidémie de peste déclenche la désignation de boucs émissaires, comme les lépreux ou les juifs, accusés de crimes divers comme l'empoisonnement des fontaines et des puits. On les expulse ou on les enferme. Evidemment, ceci ne guérit en rien la peste qui continue à se propager. Alors, on trouve d'autres boucs émissaires, les mendiants, les vagabonds, les bohémiens, tous ceux qu'on assimilait à l'époque à des marginaux. A leur tour, ils sont expulsés ou enfermés. Et cette fois-ci, sans avoir la connaissance médicale, on fait échec à la peste car, sans le vouloir, on élimine ceux qui propageaient les microbes en circulant sur les routes.

La grande chance de ces sociétés a peut-être finalement été que ceux qu'on estimait être les porteurs de désordres sociaux, les marginaux, les mendiants, les vagabonds, étaient en même temps ceux qui diffusaient les microbes. On retrouve donc le "mécanisme sacrificiel" au Moyen Age et il a peut-être servi à guérir la peste. Par hasard, serait-on tenté de dire. Il est révélateur de constater qu'on confond en fait ici deux types d'épidémie, l'épidémie médicale exprimée par la peste et l'épidémie violente caractérisée par le désordre social. Or, c'est exactement le même type de confusion qui est présent dans les mythes des sociétés sacrales et dans les grands textes de la mythologie. On pense immédiatement au mythe d'Oedipe accusé d'être responsable de la peste et du désordre qui sévit à Thèbes parce qu'il aurait tué son père et fait un enfant à sa mère. C'est le célèbre parricide et inceste dont Freud a tant parlé dans la théorie du complexe d'Oedipe.

Aujourd'hui encore, nous voyons le processus sacrificiel à l'oeuvre dans le comportement des foules agitées du monde moderne. N'importe quel spécialiste des phénomènes collectifs sait qu'une foule en colère va rechercher une victime. Bien entendu, ce phénomène collectif est désormais déritualisé. Il n'est pas producteur de religieux : la victime éventuelle ne sera pas sacralisée. Toutefois, le mécanisme victimaire reste bien présent. On voit donc le "mécanisme sacrificiel" se perpétuer à travers l'histoire pour gérer le désordre. Nous l'avions également débusqué au sein du texte relatif au duel judiciaire qui, comme les théories économiques, propose une représentation de la réalité. Pourquoi ne serait-il pas présent au sein des théories économiques ?

De plus, nous estimons que notre volonté de tester l'hypothèse sacrificielle sur les théories économiques dans la perspective de les rapprocher, de dépasser leur caractère antinomique, est tout à fait conforme aux principes qui gouvernent la démarche scientifique. En effet, lorsqu'une théorie scientifique est suffisamment avancée, elle est capable d'harmoniser, c'est à dire d'expliquer en les unifiant, des phénomènes apparemment sans rapport. Prenons l'exemple de la théorie de la gravitation universelle d'Isaac Newton. Selon cette théorie, l'attraction entre deux corps est directement proportionnelle à leur masse et inversement proportionnelle au carré de leur distance. Ainsi, si on veut mesurer le temps de chute d'un objet à la surface de la Terre, il faudra estimer les masses respectives de l'objet et de la Terre ainsi que la distance qui les sépare. Lorsqu'on intègre ces valeurs dans la formule générale de la gravitation, on détermine la force qui pousse la Terre et l'objet l'un vers l'autre. En prenant en compte le principe de l'inertie, on peut calculer l'accélération subie par l'objet et sa vitesse aux différents stades de la chute, et donc calculer la durée de la chute.

En introduisant deux principes abstraits, celui de la gravitation et celui de l'inertie, la théorie de la gravitation universelle permet de comprendre des comportements du réel en apparence très différents allant du mouvement des astres aux lois de la balistique. Comme le fait remarquer Jean Gadisseur (16), des phénomènes se traduisant par des manifestations différentes, donc en apparence sans rapport, ont pu être ainsi expliqués à partir d'un même principe théorique. Selon nous, une situation

(16) Jean Gadisseur, "Histoire, structures scientifiques et théories économiques", colloque d'Economie Historique (Bilan et perspectives), décembre 1994, Paris, p. 7-8.

similaire pourrait caractériser les théories économiques des théologiens et des libéraux. La présence de théories économiques divergentes, voire même antinomiques, n'implique pas qu'on doive les considérer séparément. Plutôt que d'en rester au simple constat de cette divergence, la question qui nous paraît essentielle est de déterminer ce que ces théories peuvent avoir en commun. C'est seulement dans cette perspective qu'on parviendra peut-être à unifier et à harmoniser le caractère divergent de ces théories. Il faudra donc juger la pertinence de l'hypothèse sacrificielle à sa capacité à unifier, c'est à dire à intégrer à partir d'un principe théorique simple, les conceptions antinomiques des théologiens et des libéraux. Dans cette optique, nous allons examiner, dans le chapitre suivant, s'il est possible de mettre en évidence la présence d'un mécanisme sacrificiel au sein des théories économiques des théologiens et des libéraux.

CHAPITRE 7

Théories économiques et mécanisme sacrificiel

Selon l'hypothèse sacrificielle, le sacrifice a une fonction cathartique. Il permet de gérer la violence à partir d'une violence qui a la particularité d'être extériorisée. Rencontre-t-on dans les théories économiques des théologiens et des libéraux la présence d'un "mécanisme sacrificiel" du même type ? Trois points doivent être examinés pour juger de la pertinence de l'hypothèse d'une identité entre le sacrifice, d'une part, et le respect de la loi ou la poursuite de l'intérêt individuel, d'autre part.

- premièrement, le sacrifice constitue un mode de gestion de la violence (fonction cathartique). Le respect de la loi (théologiens) et la poursuite de l'intérêt individuel (libéraux) remplissent-ils eux aussi une fonction cathartique dans les théories économiques ? (1.)

- deuxièmement, le sacrifice constitue un acte violent (meurtre), révélant que la violence se gère par la violence. Le respect de la loi et la poursuite de l'intérêt individuel, en tant que modes de gestion de la violence, ont-ils eux aussi un caractère violent ? Si tel était le cas, serait mise en évidence la présence d'un mécanisme de gestion de la violence par la violence au sein des théories économiques. (2.)

- troisièmement, la violence du sacrifice est considérée comme extérieure, transcendante (violence pure), donc légitime. On assiste dans les sociétés sacrales à une extériorisation de la violence sacrificielle et du "social" en général. On considère que la communauté est le résultat de volontés extérieures, de divinités. L'efficacité du processus de gestion de la violence repose sur une conception hiérarchique (rapport homme-dieux) qui extériorise le totalité sociale et la violence du sacrifice. Peut-on mettre en évidence dans les théories économiques la présence d'un mécanisme de gestion de la violence qui extérioriserait la violence de la loi (théologiens) ou de la poursuite de l'intérêt individuel (libéraux) ainsi que la totalité sociale ? (3.)

1.
La fonction cathartique de la loi et de l'intérêt individuel

L'idée selon laquelle le respect de la loi (théologiens) et la poursuite de l'intérêt individuel (libéraux) constituent des modes de gestion de la violence nous est familière. En effet, comme nous l'avons vu dans la première partie, les auteurs, après avoir précisé leurs conceptions du désordre ou de la violence, indiquent ce qu'il convient de faire pour éviter cette situation de violence. Nous avons relevé que leurs conceptions relatives à la façon de gérer la violence étaient antinomiques. Chez les théologiens, on aboutit à l'idée d'un ordre imposé par la loi, synonyme de répartition imposée ou contrôlée des richesses (services mutuels, justice distributive). Chez les libéraux, on défend l'idée d'un ordre spontané résultant de la poursuite de l'intérêt individuel et conduisant à une accumulation privée des richesses. Théologiens et libéraux proposent ainsi deux "stratégies" antinomiques qui intègrent des comportements économiques opposés (partage imposé des richesses contre accumulation privée) pour gérer le désordre. Comme le sacrifice, le respect de la loi ou la poursuite de l'intérêt individuel sont donc censés gérer le désordre et la violence, produire de l'ordre. Ils ont une fonction cathartique.

2.
La violence de la loi et de l'intérêt individuel

L'hypothèse sacrificielle conduit à appréhender le sacrifice comme un acte violent qui permet de gérer la violence (fonction cathartique). Elle explique le retour à l'ordre par l'élimination d'une victime jugée responsable des maux qui touchent la communauté. Selon cette hypothèse, la violence se gère par la violence. Retrouve-t-on un mécanisme "sacrificiel" du même type dans les théories économiques ? La respect de la loi chez les penseurs théologiens et la poursuite de l'intérêt individuel chez les économistes libéraux peuvent-ils être assimilés à deux modes de gestion de la violence par la violence ? Pour répondre à cette question, il convient de déterminer si la loi et la poursuite de l'intérêt individuel ont un caractère violent.

2.1. La violence de la loi chez les théologiens

Nous allons essayer de montrer que la loi a effectivement un caractère violent tant chez Adalbéron et Gérard que chez Thomas d'Aquin. Cela nous conduira à mettre en évidence le caractère ambivalent de la loi. A l'image du sacrifice, elle gère la violence par la violence.

Les services mutuels : une soumission organisée

Pour Adalbéron et Gérard, l'ordre est fondé sur la différenciation. Il y a trois ordres et chacun d'eux est investi d'une fonction spécialisée. Cette conception d'une partition de la société en trois fonctions et en trois ordres, dépendants les uns des autres et censés se fournir des services mutuels, cache une formidable violence. Chez Adalbéron et Gérard, chacun étant en possession d'un produit social différent, la notion de services mutuels évoque une forme d'échange entre les trois ordres. En fait, un véritable "échange économique" supposerait une réciprocité et une spontanéité des rapports. Rien de tel n'existe dans la société féodale car les trois ordres sont hiérarchisés. On voit mal le prêtre négocier ses services spirituels ou le chevalier marchander sa protection contre une certaine quantité de nourriture fournie par le paysan. La fixation d'un taux d'échange paraît impossible.

De plus, nous ne sommes pas en présence de rapports individuels et spontanés. Dans la société décrite par Adalbéron, un individu ne choisit pas de rencontrer un autre individu. Un ordre, c'est à dire un groupe social, se trouve confronté à un autre ordre. Comme les degrés de dépendance de chaque ordre envers les deux autres ne sont pas identiques, la relation ne peut conduire à un véritable échange. Deux ordres apparaissent dominants car ils possèdent les armes les plus puissantes. L'Eglise détient l'arme de l'excommunication qui lui permet de soumettre les laïcs à sa volonté. Les chevaliers, les guerriers peuvent user de l'épée, de la violence physique. Quant aux paysans, ils ne détiennent aucune arme : ils ne sont ni prêtres ni guerriers. A eux donc, le labeur et la servitude. Ils n'ont qu'un devoir, celui d'obéir, car ils sont "serfs" ou "esclaves". L'affirmation explicite de la présence de ce troisième ordre ne conduit pas nos auteurs à le considérer sur un même plan que les deux autres. Dans leur système hiérarchisé, le troisième ordre est l'ordre tiers, l'ordre marginal. Il se définit en termes négatifs par rapport aux ordres dominants : ce qui caractérise les hommes qui le composent est qu'ils ne sont ni prêtres ni guerriers. Pour Adalbéron : "*l'autre classe est celle des serfs : cette malheureuse engeance qui ne possède rien qu'au prix de sa peine*" (17). Sa seule fonction est d'assurer la subsistance des deux autres ordres.

Les prétendus services mutuels ou obligations de solidarité d'Adalbéron et de Gérard se traduisent dans les faits par un mode de prélèvement fiscal qui permet de drainer l'essentiel de la production agricole, obtenue grâce au travail des paysans, vers les deux autres ordres. Il ne s'agit pas de courants d'échanges ou de services. Cela supposerait une évaluation réciproque des produits sociaux. Les deux ordres dominants imposent au troisième ordre la livraison de son produit. Pas d'échanges donc, pas de services mutuels non plus, mais une contrainte légale assimilable à une violence. Cette contrainte impose un courant de circulation des biens qui s'établit en sens unique, du bas vers le haut de la pyramide sociale.

Certes, la "violence" de la loi est plus difficile à repérer que celle du sacrifice. Elle ne se traduit pas par une violence physique provoquant la mort d'un "coupable". Toutefois, même si cette violence est plus abstraite, elle n'en est pas moins réelle. En différenciant, en hiérarchisant, le modèle trifonctionnel d'Adalbéron et de Gérard expulse, institue des dominants et des dominés. Il expulse également d'autres systèmes de représentation comme en témoigne l'élimination de la doctrine hérétique. En insistant sur le rôle essentiel des services mutuels, des obligations de solidarité, il cache la soumission organisée, le caractère prédateur du système fiscal. Ce dernier impose aux paysans de nourrir et d'entretenir les ordres dominants. En définitive, la loi a bien un caractère violent. En est-il de même chez Thomas d'Aquin ?

Le respect du juste prix : une contrainte économique

Trois indices permettent de repérer la caractère violent de la loi chez Thomas d'Aquin. Premièrement, la conception de Thomas d'Aquin est comparable à celle d'Augustin, lequel affirmait au Ve siècle la nécessité de se soumettre à la loi.

---

(17) G. Duby, op. cit., p. 75.

Pour Augustin, le chrétien doit être soumis aux lois terrestres : *"C'est pourquoi l'Apôtre avertit les esclaves d'être soumis à leurs maîtres et de leur être affectionné en ne les servant pas par crainte de la peine mais par l'amour de leur devoir jusqu'à ce que l'iniquité passe et que toute domination humaine soit anéantie, lorsque Dieu fera toutes choses en tout"* (18). Pour Augustin, obéir à la loi terrestre est nécessaire car cette dernière reflète toujours quelque chose de l'ordre divin, c'est d'une certaine manière se courber devant la loi divine. Ainsi, même s'il relève le caractère parfois injuste de la loi humaine, il prône la soumission à cette loi pour garantir l'ordre. La conception de Thomas d'Aquin est identique. Il faut obéir à la loi. Elle impose aux hommes un certain type de conduite. Chez Thomas d'Aquin, c'est la rareté relative des biens, une contrainte économique, qui justifie cette prise de position. Tout homme doit oeuvrer pour le bien commun, ne pas se laisser guider par son intérêt personnel. On retrouve ici la notion de justice appliquée à l'économique : chacun doit prendre la part qui lui revient et pas plus. Est reconnue comme juste dans le domaine économique, comme au niveau de la loi, toute action ordonnée dans le sens de la recherche du bien commun. La loi, chez Thomas d'Aquin, constitue donc une violence en ce sens qu'elle impose aux hommes une certaine façon d'agir, conforme au bien commun.

Deuxième indice. Selon Thomas d'Aquin, la loi doit châtier ceux qui ne recherchent pas le bien commun. D'où, là encore, le caractère violent de la loi. En effet, si on admet que la fonction d'un système judiciaire est d'écarter la menace de vengeance qui risque de remettre en cause la paix civile, il faut bien voir qu'un tel système ne supprime pas la vengeance. Il ne fait que la limiter à une représaille unique dont l'exercice est confié à une autorité souveraine : la loi ou le système judiciaire. La décision de l'autorité judiciaire constitue bien le dernier mot de la vengeance, une sorte de vengeance ultime puisqu'elle ne pourra être vengée. Elle constitue donc une violence.

Troisième indice. Sur le plan monétaire, on peut mettre en évidence une certaine violence de la monnaie chez Thomas d'Aquin. Perçue comme un instrument de justice sociale, la monnaie doit "imposer sa loi". La théorie du juste prix illustre ce caractère violent de la monnaie chez Thomas d'Aquin. Il s'agit

(18) Saint Augustin, *La cité de Dieu*, Liv. 19, Chap. 15.

d'imposer aux individus un prix qu'ils devront respecter lors des échanges. Nous sommes bien loin de la notion de prix de marché, résultat d'un processus de confrontation entre des offres et des demandes individuelles. Comme la loi, le juste prix impose aux individus de respecter une règle morale orientée vers le bien commun. Dans cette optique, l'obligation de respecter le juste prix constitue une violence.

En définitive, il apparaît que la loi dans les représentations des théologiens a bien un caractère violent. Chez Adalbéron et Gérard, la loi se traduit par la soumission de l'ordre tiers aux ordres dominants et par l'expulsion d'autres systèmes de représentation. Chez Thomas d'Aquin, la loi impose aux hommes un type de conduite orienté vers la recherche du bien commun. Il faut respecter le juste prix. Cette violence de la loi est synonyme de contrainte morale, sociale et économique. Elle est plus difficile à repérer que la violence du sacrifice car elle est plus abstraite.

Nous avions relevé précédemment que la loi permettait de contenir la violence, de lui faire barrage. La loi "contient" également la violence dans le sens où elle constitue elle-même une violence. Il existe un rapport entre le sacrifice qui permet de gérer la violence dans le religieux primitif et la loi qui permet de gérer la violence dans les théories économiques des théologiens. Dans les deux cas, un processus violent (sacrifice ou loi) est présenté comme le moyen de gérer une violence essentielle. La violence contient la violence dans les deux sens du terme "contenir". La loi, comme le sacrifice, a un caractère ambivalent.

2.2. La violence de la poursuite de l'intérêt individuel chez les libéraux

Précédemment, nous avons relevé que les penseurs libéraux assimilaient la poursuite de l'intérêt individuel à un mode de gestion de la violence. En effet, la poursuite de l'intérêt individuel est présentée par ces auteurs comme le moyen de lutter contre la rareté, source de la violence. Nous allons montrer que la poursuite de l'intérêt individuel peut être assimilée, comme le sacrifice, à une violence. Pour cela, nous allons revenir sur l'étude de Paul Dumouchel. Elle va nous permettre de mettre en évidence le lien qui unit l'économie et le système sacrificiel. Pour Dumouchel, la modernité débute avec l'émergence des rapports marchands en Occident. Il analyse la notion de rareté, présente dans les théories économiques des libéraux, et essaie de démontrer son caractère ambivalent. Il met ainsi en évidence l'existence d'un nouvel ordre social : l'ordre économique fondé sur la rareté (19).

La répartition de ressources rares entre des individus uniquement intéressés à promouvoir leur propre intérêt, est la situation censée fonder l'économie. L'explication de la violence que donne la tradition libérale enseigne que cette situation peut avoir une double issue. Première issue : la répartition des ressources rares entre des individus uniquement intéressés à satisfaire leurs besoins, fait surgir l'ordre économique. En effet, la rareté pousse les hommes à produire et les incite à échanger. Elle est donc la motivation première de la production et du commerce, lesquels portent à la paix. Deuxième issue : ce même partage des ressources rares entre les individus peut provoquer des conflits, des guerres, la destruction des ressources, le cercle vicieux de la violence et de la misère. De ces deux issues, il est impossible de déterminer laquelle surgira. Pour Paul Dumouchel, on ne peut pas distinguer la violence de l'ordre économique. La situation d'origine censée instituer l'économie est indécidable, d'elle peut tout aussi bien surgir la violence que naître l'économie. Le paradoxe de l'économie est donc qu'elle est incapable de se différencier de la violence. Cette indécision de la situation originelle du partage des ressources rares, Paul Dumouchel la nomme l'ambivalence de la rareté.

La rareté serait marquée d'une double valeur, à la fois cause de la violence et fondement de l'économie. Cette ambivalence de la rareté est fondatrice et habite au coeur du projet économique. Fondatrice parce que l'indispensable accession de l'économie à une valeur morale et politique propre repose sur l'ambivalence de la rareté. En effet, il apparaît que le raisonnement qui fait de l'économie le meilleur moyen de vaincre la violence repose sur les deux valeurs opposées de la rareté. La valeur négative est présente : la rareté fait planer sur la société le risque permanent d'un déchaînement potentiel de la violence. La valeur positive est présente aussi car la rareté est le fondement de l'ordre échangiste et marchand : c'est la parcimonie de la nature qui pousse les hommes à travailler, à échanger, à entrer en compétition pour acquérir le plus de biens

(19) Paul Dumouchel, *L'enfer des choses*, op. cit., p. 136-254.

possible. L'accroissement de la production et des échanges leur permet de satisfaire plus de besoins.

Selon Paul Dumouchel, la constitution de l'économie comme idéal social nécessite la double valeur, bénéfique et néfaste, de la rareté. En effet, le raisonnement qui permet d'établir la valeur politique et morale de l'économie ne tient que si la rareté y apparaît à la fois comme occasion de désordre, c'est à dire cause d'une violence généralisée potentielle, et comme source d'ordre, c'est à dire contrainte poussant les individus à travailler, à échanger, à réduire la rareté. La rareté, en tant que cause de la violence et moyen d'y remédier, est ambivalente.

Selon nous, on peut appliquer le même raisonnement à la poursuite de l'intérêt individuel. La poursuite de l'intérêt individuel a, elle aussi, un caractère ambivalent. En effet, elle constitue un mode de gestion de la violence en tant que moyen jugé efficace pour lutter contre la rareté et, en même temps, elle a un caractère violent puisqu'elle est d'emblée synonyme de compétition, de concurrence, de relation conflictuelle. Nous assimilons la poursuite de l'intérêt individuel, chez les penseurs libéraux, à un mode de gestion de la violence par la violence.

L'ambivalence de la poursuite de l'intérêt individuel révèle l'identité de la violence et de l'économie. La poursuite de l'intérêt individuel contient la violence dans les deux sens du terme contenir. Elle fait barrage à la violence, liée pour les libéraux à la rareté des biens, car elle conduit à développer la production et les échanges (réduction de la rareté). En même temps, la poursuite de l'intérêt individuel est une "conduite violente" dans la mesure où elle est synonyme, d'une part, de compétition conflictuelle pour s'approprier le plus de biens possible, et d'autre part, d'abandon des obligations de solidarité qui unissaient la communauté. Elle laisse chaque individu seul et dépourvu face aux lois du marché et à l'indifférence des autres. La poursuite de l'intérêt individuel, comme le sacrifice, est une violence qui gère la violence.

En résumé, c'est une conduite violente, respect de la loi ou poursuite de l'intérêt individuel, qui permet de gérer la violence essentielle dans les théories économiques des théologiens et des libéraux. La violence contient la violence dans les deux sens du terme "contenir". Le respect de la loi et la poursuite de l'intérêt individuel, comme le sacrifice, ont un caractère ambivalent. Ils sont présentés comme des actes violents gérant la violence.

3.
Holisme, individualisme et extériorisation

Le mécanisme sacrificiel repose sur une extériorisation du sacrifice. Le sacrifice en tant que mode de gestion de la violence par la violence est sacralisé. Cette extériorisation de la violence sacrificielle permet de légitimer le caractère violent du sacrifice. Il est perçu comme une violence pure (transcendante) ayant la capacité de gérer une violence impure, synonyme de désordre. Rencontre-t-on dans les théories économiques un phénomène comparable ? Nous allons essayer de montrer que le mécanisme de gestion de la violence par la violence, propre aux théories économiques, intègre effectivement un phénomène d'extériorisation. En fait, nous constatons la présence d'une double extériorisation. D'une part, une extériorisation de la loi (théologiens) et de la poursuite de l'intérêt individuel (libéraux) permettant de légitimer leur caractère violent. D'autre part, une extériorisation de la totalité socio-économique, c'est à dire une extériorisation du collectif par rapport à l'individuel.

3.1. Extériorisation de la loi et de la totalité sociale chez les théologiens

Chez les théologiens du Moyen Age, la violence de la loi, synonyme de contrainte morale et économique, est légitimée par son extériorisation. Les théories socio-économiques des penseurs théologiens sont avant tout d'essence religieuse : elles trouvent leur justification dans la soumission à un ordre transcendant, à une loi divine. La théorie des trois ordres, proposée par Adalbéron et Gérard, est synonyme, dans la réalité sociale, d'exclusion et de soumission des paysans. Même lorsque Adalbéron et Gérard sont amenés à évoquer cette violence, Adalbéron n'assimile-t-il pas les serfs à une *"malheureuse engeance qui ne possède rien qu'au prix de sa peine"* (20), l'affirmation du caractère transcendant de la tripartition sociale (*"depuis l'origine, le genre humain est divisé en trois"*) les conduit à extérioriser cette violence, à l'assimiler à une violence pure, naturelle, légitime. La hiérarchisation des fonctions et des ordres est extériorisée, elle est considérée conforme à un "ordre des choses" imposé par la volonté divine.

(20) Duby, op. cit., p. 75.

De même, chez Thomas d'Aquin, la loi est extériorisée. La loi humaine qui a pour fonction fixer des "prix justes" renvoie à une loi divine. Le juste prix est une notion théologique et non économique. Il s'agit de respecter la fin transcendante de la communauté. Ce genre de catégorie ne peut prendre son sens que d'un point de vue extérieur à la sphère économique. Thomas d'Aquin considère le juste prix comme un prix fixé de l'extérieur qui s'impose à la communauté. Le juste prix constitue une contrainte, une violence pure, par opposition à cette violence impure et illégitime qui risquerait de contaminer la communauté si on laissait les individus fixer eux-mêmes les prix. La violence de la "loi monétaire", synonyme pour les individus d'obligation morale et économique, est légitimée par l'affirmation de son fondement divin.

Thomas d'Aquin, Adalbéron et Gérard extériorisent la loi et légitiment ainsi son caractère violent. Selon nous, cette extériorisation de la loi est à relier à l'extériorisation de la totalité sociale. En effet, cette extériorisation du social (et de l'économique) découle de la présence supposée d'une volonté transcendante (volonté divine). Cette dernière détermine la fin de la communauté et impose aux individus des comportements "ordonnés" à cette fin transcendante. Pour les théologiens, l'ordre social échappe à la volonté des individus. Il est imposé de l'extérieur. Tout se passe comme si les hommes devaient réaliser un ordre social conforme à la représentation de la réalité qu'on leur impose. La croyance au caractère extérieur de la totalité (volonté exogène), conduit les théologiens à imposer des comportements individuels ordonnés à cette totalité transcendante (respect de la loi). Il ne peut pas y avoir d'écart entre la réalité et la représentation : la fin assignée aux individus est précisément de réaliser une totalité en conformité avec la représentation. Les individus doivent reproduire une totalité supposée transcendante. On aboutit à un schéma logique qui repose sur une conception hiérarchique. Le schéma ci-après résume cette conception.

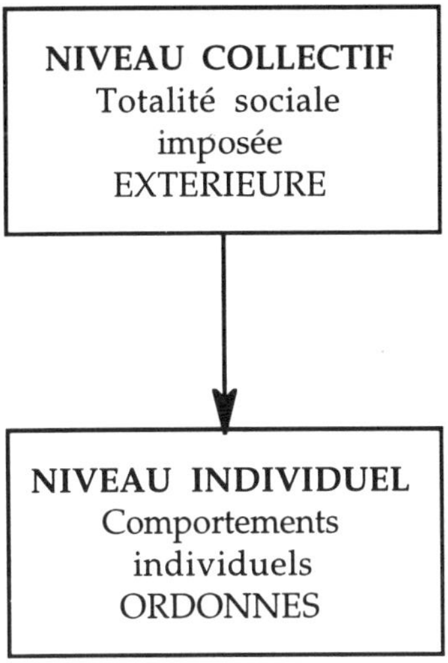

Cette situation peut être comparée à celle rencontrée dans un jeu de société. Le but de ce jeu est de découvrir une histoire. Un joueur s'isole et les autres se mettent d'accord sur les termes d'une histoire que le premier devra découvrir. Le joueur doit poser des questions auxquelles on ne peut répondre que par oui ou par non. Le jeu est donc un processus d'interaction entre l'imagination du joueur et une certaine histoire déjà là, c'est à dire "extérieure". En général, le processus converge plus ou moins rapidement vers la découverte de l'histoire. Dans ce jeu, le joueur essaie de se rapprocher d'une réalité supposée fixe et prédéterminée. Pour le joueur, l'histoire a un sens et une fin qui sont extérieurs à lui.

Il en est de même dans la représentation théorique des théologiens. Il y a un ordre à réaliser, supposé extérieur aux individus. Cela aboutit à un schéma logique car l'extériorisation du social est synonyme de soumission à une volonté divine. Cette volonté exogène détermine la fin de la totalité sociale et impose des comportements individuels en conformité avec cette fin transcendante (respect de la loi). Toutefois, cela ne peut fonctionner que si les individus acceptent la représentation de la réalité qu'on leur propose et croient à l'existence de cette volonté transcendante. Si les individus nient l'existence de cette volonté transcendante, ainsi que l'extériorisation de la totalité sociale qui en découle, ils refuseront d'obéir à une loi mensongère. On se retrouve dans la situation du jeu précédent où le joueur doit croire que l'histoire à découvrir est déjà là, qu'elle a une fin et un sens qui lui sont extérieurs (21), faute de quoi il refuserait de jouer.

3.2. Extériorisation de l'intérêt individuel et de la totalité sociale chez les libéraux

Pour les libéraux, la poursuite de l'intérêt individuel constitue une "violence" permettant de gérer la violence potentielle liée à la rareté des biens. Les libéraux extériorisent la poursuite de l'intérêt individuel. En effet, l'utilitarisme, c'est à dire la conception selon laquelle chaque individu poursuit son propre intérêt, s'inscrit dans le cadre du postulat du naturalisme individualiste. Les libéraux postulent donc que c'est la nature humaine qui conduit chaque individu à adopter ce comportement "égoïste" dans le domaine économique. La violence d'une telle conduite est légitimée par l'affirmation de son caractère naturel.

Cette argumentation présente un point commun avec celle des théologiens. Ces derniers justifient la recherche du bien commun par la présence d'une volonté divine qu'il faut respecter. Ainsi, dans les deux cas, on "explique" les comportements humains (recherche du bien commun ou poursuite de l'intérêt individuel) comme le résultat d'une nécessité : soit une nécessité intérieure relative à la nature de l'homme (libéraux), soit une nécessité extérieure relative à la présence d'une volonté transcendante (théologiens). Les libéraux et les théologiens ont donc en commun d'extérioriser les comportements humains.

Nous allons montrer que l'extériorisation de la poursuite de l'intérêt individuel (nature humaine) chez les libéraux, s'accompagne d'une extériorisation de la totalité sociale. Précédemment, nous avons relevé que la gestion du désordre reposait sur la poursuite de l'intérêt individuel et que cette dernière était censée produire une situation d'ordre spontané.

---

(21) Le terme "extérieur" ne doit pas prêter à confusion. Le joueur peut être le sujet de l'histoire tout en étant "extérieur" à elle. Il ne faut pas qu'il soit l' "inventeur" de cette histoire au moment où il joue. Comme le précise la règle du jeu, cette histoire doit avoir été fixée par les autres avant qu'il ne commence à jouer. S'il ne croit pas à l'existence d'une histoire à découvrir, il refusera de jouer.

Des auteurs comme Mandeville, Bentham ou Smith affirment tous, à leur manière, que la poursuite de l'intérêt individuel produit une situation d'ordre spontané caractérisée par la prospérité économique. Il est difficile d'adhérer à une telle conception dans la mesure où, contrairement au système décrit par les théologiens, l'ordre ne peut pas être imposé par la contrainte. Dès lors, qu'est-ce qui garantit que l'ordre émergera plutôt que le désordre ?

Nous allons présenter l'analyse de Jean-Pierre Dupuy, lequel établit un lien entre l'économique et le religieux (22). Selon lui, les théories du contrat social apportent une première réponse à l'interrogation précédente. Chez Hobbes, par exemple, qui publie son *Léviathan* en 1651, les individus de l'état de nature sont incapables d'obtenir la paix civile par eux-mêmes. L'état de nature, c'est la *"guerre de tous contre tous"*. La solution est que tous participent à la création d'un homme artificiel, le Léviathan, c'est à dire le Souverain absolu. Tous les individus passent en quelque sorte un contrat, par lequel ils renoncent à leur droit illimité sur toutes choses au profit de ce Tiers qui ne participe pas au contrat. Le pouvoir du Léviathan est absolu. Pour avoir la paix, les individus sont conduits à s'organiser autour d'un centre qui est le seul à conserver ce à quoi tous ont renoncé : le droit illimité sur toutes choses. Cette figure est intéressante car la solution proposée consiste en fait à introduire un pouvoir transcendant, extérieur, lequel diffère cependant de la loi divine du fait que ce sont les individus eux-mêmes qui le font émerger.

Selon Dupuy, on retrouve la même figure dans l'autre grande théorie du contrat social, celle de Rousseau. Au départ, contrairement à Hobbes qui se prononce pour l'absolutisme, c'est le gouvernement du peuple par le peuple sans médiation aucune que vise Rousseau. Mais Rousseau, en faisant de la Loi *l'"expression de la Volonté Générale"*, perçoit parallèlement la nécessité de *"mettre la loi au-dessus de l'homme"* au même titre que les lois de la Nature. Selon lui, pour être respectée, la Loi doit apparaître aux hommes comme extérieure, alors même que ce sont les hommes qui font les lois : c'est *"la quadrature du cercle"*.

(22) Cf. J.-P. Dupuy, *Introduction aux sciences sociales*, op. cit., p. 11 à 19.

Finalement, comme le met en évidence Jean-Pierre Dupuy, le problème qu'affronte la pensée libérale est d'affranchir le politique (la question du pouvoir) du religieux. Ce qui caractérise les sociétés "religieuses" (ordre rituel et ordre politique), c'est qu'elles ne pensent exister que par la médiation d'une entité sacrée qui impose sa volonté de l'extérieur d'elles-mêmes. Le libéralisme qui repose sur l'individualisme serait marqué par un processus de désacralisation. Les sociétés "modernes" se considèrent autonomes. Les individus libres et indépendants qui les constituent ne poursuivent pas de fin transcendante imposée de l'extérieur. Dès lors, le facteur d'intégration doit se situer à l'intérieur de la communauté. Chez Hobbes, il s'agit d'un point du système (homme ou assemblée) ; chez Rousseau qui refuse la délégation, c'est l'ensemble de la totalité sociale. Toutefois, dans les deux grandes théories du contrat social, on constate que ce facteur voulu intérieur se retrouve dans les deux cas expulsé, comme s'il s'agissait d'une nécessité. Dès lors, serait-il impossible d'extirper le religieux du politique, c'est à dire du pouvoir ? Les systèmes de Hobbes et de Rousseau confèrent à la souveraineté un caractère absolu, sans limites, un caractère "sacré". On a l'impression que la société est soumise à la volonté d'une entité qui la dépasse, ce qui rejoint la conception holiste attachée à l'ordre ancien.

Selon Jean-Pierre Dupuy, Benjamin Constant est sans doute un de ceux qui a le mieux critiqué la position de Rousseau en montrant le caractère totalitaire de sa conception de la démocratie. Voici ce qu'il écrit à ce sujet : "*Lorsqu'on établit que la souveraineté du peuple est illimitée, on crée et l'on jette au hasard dans la société humaine un degré de pouvoir trop grand par lui-même, ce qui est un mal, en quelques mains qu'on le place. Confiez-le à un seul, à plusieurs, à tous, vous le trouverez également un mal. Vous vous en prendrez aux dépositaires de ce pouvoir, et suivant les circonstances, vous accuserez tour à tour la monarchie, l'aristocratie, la démocratie, les gouvernements mixtes, le système représentatif. Vous aurez tort ; c'est le degré de force, et non les dépositaires de cette force qu'il faut accuser. C'est contre l'arme et non contre le bras qu'il faut sévir. Il y a des masses trop pesantes pour la main des hommes*" (23). Ainsi, la

(23) B. Constant, *Principes de politique*, 1815. Cf. la réédition des écrits politiques de Constant par Marcel Gauchet sous le titre *De la liberté chez les modernes*, Collection Pluriel, Le Livre de poche, 1980, p. 270. Cité par J.-P. Dupuy, p. 11.

question essentielle pour Constant est celle du pouvoir. Il ne doit pas y avoir de volonté interne, fût-elle démocratique, qui exerce le pouvoir et impose sa conception de l'ordre. Selon lui, la solution consiste à appréhender l'ordre social non pas comme le produit de la volonté d'un homme ou des hommes, mais comme le résultat non programmé de leurs actions (ordre spontané).

Les libéraux ont donc en commun avec les penseurs théologiens et les conservateurs d'affirmer l'indépendance et l'antériorité de l'ordre social par rapport à la volonté des hommes. Toutefois, contrairement à ce que postulent les théologiens, ce n'est pas parce que cet ordre serait la traduction d'une volonté supérieure et extérieure. Les libéraux refusent la conception holiste, laquelle suppose la présence d'une volonté transcendante et extérieure à la société, sans admettre pour autant la présence d'une volonté intérieure. On rencontre ici ce qui constitue la règle essentielle de l'individualisme méthodologique en sciences sociales : refuser de doter les "êtres collectifs" des caractéristiques d'un sujet pourvu d'une conscience ou d'une volonté. Les libéraux considèrent que l'ordre social est le produit spontané de la dynamique sociale, laquelle se déroule indépendamment de la volonté et de la conscience de ses propres acteurs.

Selon cette conception, l'ordre social est autonome par rapport aux individus qui l'alimentent de leurs actions. Jean-Pierre Dupuy nomme ce mouvement "autotranscendance" ou "autoextériorisation" du social. Les hommes prennent pour "repères extérieurs" capables de guider leurs actions, des valeurs, des normes, lesquelles en réalité proviennent d'eux-mêmes. Selon lui, il y a production endogène d'une extériorité (24). Cette production endogène d'une extériorité était déjà présente chez Hobbes (émergence du Léviathan) et chez Rousseau (la Volonté Générale). Mais les deux grandes théories du contrat social tentaient de concilier l'individualisme avec une conception héritée du passé selon laquelle tout ordre renvoie à une volonté et à une conscience. Benjamin Constant perçoit parfaitement que le propre des Modernes est de rompre avec cette conception : "*Perdu dans la multitude, l'individu n'aperçoit presque jamais l'influence qu'il exerce*" (25). C'est pour cela que l'ordre collectif

(24) J.-P. Dupuy, op. cit., p. 12-13.
(25) B. Constant, *De la liberté chez les modernes* (Marcel Gauchet), p. 501. Cité par J.-P. Dupuy, p. 13.

semble s'autonomiser par rapport aux individus qui en sont pourtant les acteurs.

Jean-Pierre Dupuy note que cette figure paradoxale est présente chez des nombreux auteurs. Les analyses de Mandeville, Bentham ou Smith postulent que le ressort de l'action humaine est uniquement fondé sur la recherche de l'intérêt individuel et que ce comportement conduit à la prospérité économique. Elles renvoient bien à un processus d'autoextériorisation du social. Des individus mus par leur seul intérêt sont censés produire, sans le vouloir, un ordre collectif prospère. De même, selon Tocqueville, l'égalité des conditions en Amérique conduit chaque homme à *"chercher par soi-même et en soi seul la raison des choses"* (26). Mais il faut bien s'appuyer sur une autorité intellectuelle ou morale. Elle ne peut provenir d'une quelconque transcendance puisque la démocratie, en tant qu'égalité des conditions, rejette toute idée d'extériorité. C'est donc *"en eux-mêmes ou dans leurs semblables que (les hommes) cherchent d'ordinaire les sources de la vérité"* (27). Or, l'autorité ne peut provenir des autres hommes car cela serait synonyme de subordination à une volonté intérieure. Comment surmonter cette contradiction ?

Il faut trouver une autorité qui provienne d'un tiers, lequel ne doit être aucun homme en particulier et doit se présenter à chacun comme extérieur sans pour autant être extérieur à la communauté des hommes. Il s'agit donc de trouver un point de repère que tous vont contribuer à constituer, mais que chacun tiendra pour guide venu de l'extérieur. Ce point de repère, selon Tocqueville, c'est l'opinion publique : "*Dans les temps d'égalité, les hommes n'ont aucune foi les uns dans les autres, à cause de leur similitude ; mais cette même similitude leur donne une confiance presque illimitée dans le jugement du public ; car il ne leur paraît pas vraisemblable qu'ayant tous des lumières pareilles, la vérité ne se rencontre pas du côté du plus grand nombre*" d'où cette *"pression immense de l'esprit de tous sur l'intelligence de chacun"* (28). Là également, l'opinion publique constitue une figure paradoxale. Ce sont les individus qui font

(26) Alexis de Tocqueville, *De la démocratie en Amérique*. Cité par Jean-Pierre Dupuy, op. cit., p. 17.
(27) Alexis de Tocqueville, *De la démocratie en Amérique*. Cité par Jean-Pierre Dupuy, op. cit., p. 18.
(28) Alexis de Tocqueville, *De la démocratie en Amérique*. Cité par Jean-Pierre Dupuy, op. cit., p. 18.

l'opinion publique et, en même temps, ils ont l'impression que cette opinion leur est extérieure ; c'est pour cette raison qu'ils la prennent comme point de repère. Il y a production endogène d'une extériorité.

Selon Jean-Pierre Dupuy, on retrouve également cette figure paradoxale dans la théorie de l'équilibre économique général qui constitue encore de nos jours le fondement de l'enseignement économique et de la recherche dans la plupart des pays occidentaux (29). Dans la théorie néo-classique de l'équilibre général de Walras et Pareto, on considère que des individus isolés et indépendants, cherchant à satisfaire leurs seuls intérêts privés, communiquent uniquement par l'intermédiaire des prix du marché. Le prix du marché résulte d'une confrontation entre les offres et les demandes globales. Selon la loi de l'offre et de la demande, le prix se fixe à un niveau tel qu'il y ait équilibre entre la quantité offerte et la quantité demandée. C'est la flexibilité supposée du prix qui garantit l'équilibre. Tout écart entre l'offre et la demande provoquerait une variation du prix permettant de revenir à l'équilibre.

Du point de vue du commissaire-priseur, c'est à dire de l'observateur extérieur, les prix sont endogènes puisqu'ils sont déterminés par la confrontation des offres et des demandes globales. Mais si on se place au niveau des acteurs économiques, producteurs et consommateurs, les prix sont considérés comme exogènes. En effet, dans la théorie on suppose que les prix de marché s'imposent aux acteurs, lesquels les prennent comme des données. Le prix de marché, comme le juste prix de Thomas d'Aquin, est donc appréhendé comme étant extérieur aux individus. C'est à partir de ces prix exogènes que les acteurs vont fixer leurs offres et leurs demandes en fonction de certaines lois. L'offre et la demande sont respectivement des fonctions croissante et décroissante du prix. Ainsi, les prix changent de statut selon le niveau considéré. Exogènes pour les acteurs, ils deviennent endogènes pour l'observateur extérieur. Cette situation est paradoxale. On affirme que les prix s'imposent aux acteurs alors que l'observateur extérieur voit bien que chacun contribue, par son offre ou par sa demande, à la formation des prix. Dans ce type de modèle, les prix, comme la totalité sociale, sont perçus par les acteurs comme étant extérieurs. La

(29) Cf. Jean-Pierre Dupuy, op. cit., p. 207-209.

totalisation se présuppose elle-même : pour calculer les prix, il faut déjà les connaître. Tout se passe comme si les prix étaient fonction des prix.

On retrouve dans ce modèle, comme dans les exemples précédents, le principe d'une extériorisation de la totalité ou du collectif. Les individus prennent la totalité comme une réalité ou une donnée extérieure qui leur fournit des points de repère (ici le prix du marché) guidant leurs actions, sans se rendre compte que ce sont eux qui produisent cette totalité ou cette réalité. L'argumentation des libéraux pour expliquer comment des comportements individuels, mus par le seul intérêt privé, produisent un ordre, consiste donc à extérioriser la totalité économique. L'ordre, comme les prix, émerge de façon spontanée. Il échappe à la volonté des individus. Il existe un système auto-organisateur synonyme d'ordre.

En définitive, chez les libéraux comme chez les théologiens, les acteurs extériorisent la totalité. Ils considèrent qu'il existe une totalité (une réalité) "extérieure", toujours déjà là, laquelle n'est pas le produit de leur volonté puisqu'elle est soit imposée (présence d'une volonté transcendante), soit spontanée (absence de toute volonté qu'elle soit extérieure ou intérieure). Chez les théologiens, comme nous l'avions relevé, cela aboutit à un schéma logique. En effet, la présence supposée d'une volonté divine imposant un certain ordre social et économique les conduit à extérioriser cet ordre. Cela s'accorde parfaitement avec l'idée d'une soumission des individus à un ordre transcendant (conception hiérarchique). Le rapport hiérarchique signifie que le niveau collectif prime sur le niveau individuel (extériorisation). C'est la soumission des individus à cet ordre collectif (respect de la loi) qui permet de le réaliser. Chez les libéraux, comme le montre le schéma ci-après, on aboutit au contraire à une figure paradoxale. En effet, les libéraux conservent le principe d'une extériorisation du niveau collectif par rapport au niveau individuel, mais ils renversent la hiérarchie envisagée par les théologiens. Ce sont les individus qui produisent la totalité sociale. Comme ils rejettent l'idée de la présence d'une "volonté intérieure", ils considèrent que les individus produisent la totalité sans le vouloir. La totalité doit rester extérieure aux individus (ordre spontané) alors que ce sont eux qui la produisent.

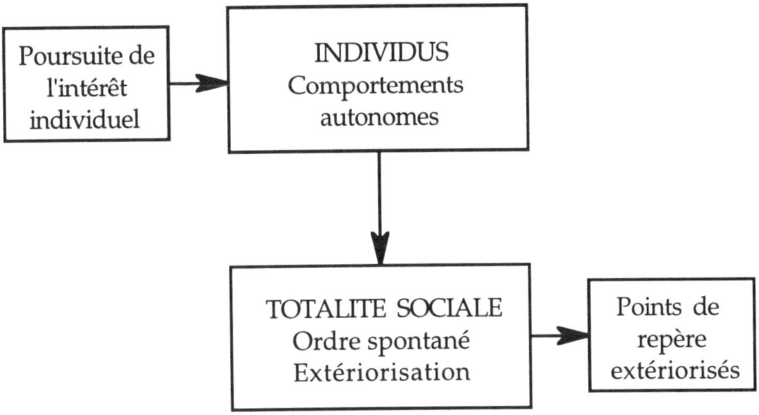

On peut comparer cette situation à celle décrite dans le jeu précédent de l'histoire à découvrir, à condition d'introduire une variante. Les conditions du jeu restent les mêmes pour celui qui doit découvrir l'histoire. Toutefois, les autres joueurs, variante importante, n'ont pas choisi d'histoire. Ils se mettent seulement d'accord sur une convention de réponse tout à fait arbitraire. Par exemple, on répond "oui" si la question posée commence par une voyelle et "non" si elle débute par une consonne. Il y a ici un processus d'interaction entre l'imagination du joueur et le hasard des réponses. Ce dernier croit avancer simplement parce qu'il recherche une cohérence au niveau du sens d'une histoire qu'il croit déjà là. Il arrive parfois qu'une histoire bien construite soit en fin de compte énoncée par le joueur, mais il est clair qu'il s'agit alors d'une pure création. Le joueur croit se rapprocher d'une réalité fixe et préexistante, c'est pour cela qu'il continue à jouer. Comme précédemment, le joueur pense que l'histoire a une fin et un sens qui lui sont extérieurs, mais les autres voient bien que c'est lui qui crée cette fin et ce sens.

Dans la perspective libérale, les individus sont considérés comme des acteurs autonomes et indépendants. Ce sont eux qui produisent la totalité sociale, le marché. Toutefois, pour que cela fonctionne, il faut qu'ils les produisent sans le savoir, comme le joueur précédent crée une histoire sans le savoir. En effet, les acteurs doivent considérer cette totalité comme extérieure à eux-mêmes, sans quoi ils ne pourraient en tirer des points de repère guidant leurs actions. De la même façon, le joueur doit considérer l'histoire comme étant extérieure à lui-même, déjà là, faute de quoi il s'arrêterait de jouer. La totalité (ou la réalité) est donc bien une production des individus, mais ces derniers la considèrent comme extérieure (ordre spontané).

En résumé, nous constatons la présence, au sein de la théorie économique libérale, d'un phénomène d'extériorisation de la poursuite de l'intérêt individuel (nature humaine). Ce dernier s'accompagne d'une extériorisation de la totalité économique, du marché. Plus précisément, comme le révèle Jean-Pierre Dupuy, il y a production endogène d'une extériorité.

En conclusion, nous relevons, au sein des théories économiques des théologiens et des libéraux, la présence des trois critères qui caractérisent un mécanisme sacrificiel. Premièrement, le respect de la loi (théologiens) et la poursuite de l'intérêt individuel (libéraux) remplissent la même fonction que le sacrifice : faire échec au désordre et à la violence, maintenir l'ordre. En effet, chez les primitifs, le sacrifice permet de sortir d'une situation de désordre imputée à un coupable. Dans les théories économiques des théologiens et des libéraux, on retrouve l'évocation d'un problème qu'on peut assimiler à un désordre ou à une violence. L'indifférenciation synonyme de non-respect de la loi divine imposant une tripartition fonctionnelle chez Adalbéron et Gérard, la poursuite de l'intérêt individuel jugée incompatible avec la fin transcendante de la communauté fondée sur la recherche du bien commun chez Thomas d'Aquin, ou encore la rareté des biens risquant de déboucher sur une violence ouverte pour leur appropriation chez les libéraux sont appréhendées par les différents auteurs comme autant de causes de désordre ou de violence potentiels. Le respect de la loi (théologiens) et la poursuite de l'intérêt individuel (libéraux) sont présentés comme des modes de gestion de cette violence ou de ce désordre.

Deuxièmement, comme pour le sacrifice, c'est un processus "violent" qui gère la violence : le respect de la loi et la poursuite de l'intérêt individuel ont un caractère violent. La loi constitue une contrainte qu'il faut respecter, elle impose un comportement tourné vers la recherche du bien commun. La poursuite de l'intérêt individuel est synonyme de concurrence et de compétition économique pour l'accumulation de biens. Elle suppose également l'abandon des obligations de solidarité, laissant chacun seul face aux lois du marché et à l'indifférence des autres. Ainsi, la loi et la poursuite de l'intérêt individuel, comme le sacrifice, contiennent la violence dans les deux sens du verbe contenir : ils font barrage à la violence par la violence.

Troisièmement, on relève dans les théories économiques la présence d'un phénomène d'extériorisation de la loi et de la poursuite de l'intérêt individuel. Comme pour le sacrifice, on les assimile à une violence pure ce qui légitime leur caractère violent. Cette extériorisation de la violence "sacrificielle" repose sur une hiérarchisation du rapport individu-totalité sociale qui débouche sur les notions d'ordre imposé (théologiens) et d'ordre spontané (libéraux). Ces deux notions, chacune à leur manière, extériorisent la totalité sociale. Pour les théologiens, l'ordre est imposé de l'extérieur (volonté divine) et les individus le réalisent par des comportements ordonnés à cette volonté transcendante ; pour les libéraux, les individus mus par leur propre intérêt (nature humaine) produisent sans le vouloir un ordre qualifié de spontané. Ainsi, théologiens et libéraux considèrent que la totalité sociale échappe à la volonté des individus qui la composent.

L'association de ces trois éléments dénote la présence d'un mécanisme sacrificiel au sein des théories économiques des théologiens et des libéraux. Ces théories gèrent la violence à partir d'une autre violence qui est extériorisée. C'est une violence "sacrificielle", c'est à dire une violence "sacralisée" par son extériorisation, qui permet de gérer la violence essentielle. Au-delà des oppositions relevées entre les théories économiques des théologiens et des libéraux, la présence d'un mécanisme sacrificiel au sein de ces théories révèle leur identité au plan fonctionnel. Le respect de la loi et la poursuite de l'intérêt individuel entretiennent un rapport avec le sacrifice et avec le sacré. C'est ce rapport que nous allons tenter d'approfondir dans le chapitre suivant.

CHAPITRE 8

Théories économiques et ordres sociaux : une logique sacrificielle

Dans ce chapitre, nous allons essayer de montrer que les théories économiques des théologiens et l'ordre politique (1.), d'une part, les théories économiques des libéraux et l'ordre économique (2.), d'autre part, renvoient à une logique sacrificielle.

1. Théories économiques des théologiens et ordre politique : une logique sacrificielle

André Orléan, dans un article récent (30), commente quelques éléments d'une étude anthropologique consacrée aux échanges cérémoniels en Mélanésie, ainsi qu'un texte relatif à la légende de l'anneau de Polycrate, un tyran de la Grèce antique. Ces textes nous interpellent dans la mesure où on y rencontre des thèmes en rapport avec ceux développés par les théologiens. Ils vont nous permettre de conforter l'hypothèse selon laquelle la loi et le politique renvoient à une logique sacrificielle. Pour chaque thème, nous présenterons l'interprétation qu'André Orléan propose de ces textes, pour exposer ensuite les liens que nous percevons avec les thèses des théologiens. Nous avons retenu trois thèmes : condamnation des comportements individualistes et prévalence du sacré (1.1.) ; la nature sacrificielle de la loi et du politique (1.2.) ; évolution du mécanisme sacrificiel et traces individualistes (1.3.).

---

(30) A. Orléan, "L'origine de la monnaie (2ème partie). La monnaie dans les sociétés holistes", *Revue du Mauss*, N° 15-16, p. 111-125.

1.1. Condamnation des comportements individualistes et prévalence du sacré

A partir des observations réalisées par l'anthropologue Daniel de Coppet sur les échanges cérémoniels chez les 'Are 'Are de Mélanésie (31), André Orléan relève la présence de deux types de "fêtes". Il commente tout d'abord les pratiques que Daniel de Coppet a relevées lors des fêtes funéraires. Ces fêtes ont pour objet d'honorer un individu décédé naturellement. Leur description fait intervenir trois groupes : O, le groupe des officiants ; F, le groupe des fossoyeurs et I qui regroupe tous les individus venus offrir de la monnaie. Il s'agit d'une monnaie de perles et/ou de dents de dauphin. Selon de Coppet, il existe quatre types de prestations monétaires. Le premier type est particulièrement intéressant dans le cadre de notre propos. Il s'agit des "prestations monétaires montantes". Elles sont composées de monnaies offertes par les individus I au groupe F des fossoyeurs, durant la fête. On les appelle "montantes" car elles sont déposées sur une estrade où se trouvent les officiants. Ces monnaies devront être rendues par les F aux I qui les ont offertes, mais seulement deux ou trois ans plus tard au moment de la "fête funéraire de retour". Sur ce cycle religieux, se greffe alors un cycle économique : durant ce laps de temps, les fossoyeurs peuvent utiliser à leur guise les monnaies qu'ils ont reçues. Généralement, ils les partagent avec ceux qui les ont aidés à préparer la fête funéraire (fourniture de porcs et de taros).

Ce premier cycle funéraire va initier un nouveau cycle car les officiants, dont le mort a été honoré, devront à leur tour offrir une petite somme de monnaie, lorsqu'un des individus I donnera à son tour une fête funéraire, soit comme officiant soit comme fossoyeur. Tous ces rapports sociaux conduisent à un *"réseau (...) tellement enchevêtré qu'il semble difficile de pouvoir le décrire de manière satisfaisante. Il implique une imbrication générale de tous les individus en des relations d'échange tout à la fois innombrables, fréquentes et de faible importance. Toutes les monnaies offertes (lors) d'une fête funéraire se retrouveront (...) dans une multitude de fêtes funéraires ultérieures en*

(31) Daniel de Coppet, "Pour une étude des échanges cérémoniels en Mélanésie", *L'homme*, 4, 1968, p. 45-57.

l'honneur de nouveaux morts" (32). On renforce ainsi la puissance des liens unissant les divers groupes participant à la fête.

La somme des "prestations monétaires montantes", recueillies durant la fête funéraire, est proclamée à la tombée du jour. Elle représente ce que vaut le mort. Elle mesure son influence et son prestige au-delà du groupe de ses proches. Ces "monnaies montantes" peuvent être assimilées à une offrande sacrificielle. Pour les 'Are 'Are, il n'y a pas de séparation entre le monde des vivants et celui des morts. Le mort a un caractère sacré car il appartient désormais au monde des ancêtres. La monnaie exprime le pouvoir des morts, pouvoir ambivalent, à la fois maléfique et bénéfique, comme la divinité. Du fait de ses pouvoirs surnaturels, la monnaie doit être utilisée avec une grande précaution. Avant d'offrir la monnaie lors d'une fête, il faut demander aux ancêtres de la rendre inoffensive.

Le mouvement incessant des "monnaies montantes", lesquelles se concentrent pour ensuite se fragmenter de fête funéraire en fête funéraire, est fondé sur des "images-ancêtres". L'extériorité qui fonde la circulation monétaire est le monde des ancêtres. Ces derniers sont censés détenir des pouvoirs surnaturels, magiques. Par ce biais, se trouve exprimée la dépendance de chacun vis à vis des règles communes : *"les échanges entre les vivants ne se laissent comprendre que dans la relation que ceux-ci ont avec les morts, (...) la relation entre vivants et morts est la manifestation primordiale de l'ordre global de la société et implicitement de l'univers."* (33). De façon générale, la dépendance à l'égard des morts manifeste le rôle prévalent du sacré dans les sociétés primitives.

Dans ce type de société, l'appropriation privée de monnaies n'a pas de raison d'être. La thésaurisation est interdite, elle constitue *"(...) une faute qui peut entraîner la maladie ou la mort de celui qui voudrait s'y adonner. La monnaie, pour ne pas nuire à son détenteur, doit sans cesse circuler, passer de main en*

---

(32) Daniel de Coppet, "Cycles de meurtres et cycles funéraires, esquisse de deux structures d'échange", *in Echanges et communications : mélanges offerts à Claude Lévi-Strauss pour son soixantième anniversaire*, Mouton, La Haye, 1970, p. 559-582. Cité par André Orléan, art. cit., p. 114.
(33) C. Barraud, D. de Coppet, A. Itéanu, R. Jamous, "Des relations et des morts : quatre sociétés vues sous l'angle des échanges", *Différences, valeurs, hiérarchie*, Editions de l'Ecole des hautes études, 1984, p. 510. A. Orléan, art. cit., p. 116-117.

main, (...) sinon sa force donne la mort." (34). La monnaie, en tant qu'offrande sacrificielle passée ou potentielle, appartient à la divinité et il serait dangereux de se l'approprier. C'est bien ce que révèlent les pratiques relatives au cas d'un vieillard sans descendance : "*La fin de la ligne généalogique entraîne (...) l'interruption soudaine du culte des ancêtres ; la monnaie n'a plus de raison d'exister. La monnaie perd sa raison d'être."* (35). Dans ce cas, le vieillard rassemble toute la monnaie dont il dispose et la dépose pour toujours dans la tombe de son père. La monnaie ne pouvant pas circuler entre les hommes pour honorer les ancêtres, elle fait retour à la divinité pour être thésaurisée à jamais.

Dans la société 'Are 'Are, les échanges de biens contre monnaie sont peu pratiqués contrairement aux échanges cérémoniels qui sont fréquents. C'est le troc qui est le plus souvent utilisé pour satisfaire les besoins en nourriture et en produits artisanaux. Par contre, les échanges cérémoniels font toujours intervenir des monnaies. Ce qu'il nous semble primordial de retenir de ces pratiques, c'est que les comportements individualistes sont condamnés. La monnaie doit circuler sans cesse comme s'il était interdit de se l'approprier. Les comportements individualistes ont une connotation maléfique : la force de la monnaie, lorsque celle-ci est thésaurisée, peut provoquer la maladie ou la mort.

L'interdit de s'approprier de la monnaie, des objets précieux, voire même une quantité importante de biens ordinaires, se retrouve chez les 'Are 'Are au sujet de la place accordée aux "grands". Le "grand" est une personne qui se distingue par son influence et son renom. Le point culminant de sa carrière est une fête, appelée "fête du grand". Comme lors d'une fête funéraire, des individus vont déposer sur une estrade des "prestations monétaires montantes" (36). La somme ainsi récoltée traduira, comme pour le mort, l'influence du "grand", son renom au sein de la communauté. Mais, curieusement, les choses semblent mal tourner : "*On mime de façon grotesque les travers de chacun, on échange impunément les plus grossières*

(34) D. de Coppet, "1, 4, 8, 9, 7. La monnaie, présence des morts et mesure du temps", *L'Homme*, 10, 1970, 35-36. A. Orléan, art. cit., p. 116.
(35) D. De Coppet, op. cit., p. 37. A. Orléan, art. cit., p. 117.
(36) C. Barraud, D. de Coppet, A. Itéanu, R. Jamous, op. cit., p. 455-459. A. Orléan, art. cit., p. 121-122.

insultes, on singe les accouplements les plus frénétiques et les plus scandaleux. Le soir (...) chacun s'en retourne et, sur son passage, détruit les jardins et les cocotiers du "grand" sans que celui-ci ne puisse même protester. Ces destructions éloignent, pour le "grand", de plusieurs années le lancement d'une nouvelle fête. Rares furent les "grands" qui purent s'offrir plus de deux fêtes : si coûteuse est leur gloire, si sévère la ruine." (37). Tout se passe donc comme si la communauté était "jalouse" de l'insolente richesse des "grands".

Nous retrouvons, au travers des pratiques relevées dans la société 'Are 'Are lors des fêtes funéraires ou de la fête du "grand", des thèmes que nous avions rencontrés chez les théologiens. Nous avons précédemment relevé que Thomas d'Aquin condamnait la poursuite de l'intérêt individuel (avarice) et qu'il attribuait à l'échange un contenu religieux (commutation-communion). En effet, selon lui, les biens de la nature étant en quantité limitée, si des individus guidés par l'avarice (accumulation excessive de biens ou de monnaie) prennent plus que ce à quoi il ont droit, d'autres hommes seront privés et ne pourront atteindre le bien-être suffisant nécessaire à l'obtention de la béatitude. Même position chez Adalbéron et Gérard : les individus, répartis en trois ordres, se doivent des services mutuels (obligations de solidarité) en accord avec cette tripartition sociale voulue par Dieu. On retrouve donc chez les théologiens comme dans la société 'Are 'Are une condamnation des comportements individualistes en tant qu'ils transgressent les règles collectives léguées par les divinités ou par Dieu. Selon nous, cela manifeste le rôle prévalent du sacré et révèle la permanence d'un mécanisme sacrificiel.

1.2. La nature sacrificielle de la loi et du politique

Dans la fête du "grand", on assiste à une tentative d'usurpation du pouvoir légitime : le pouvoir des ancêtres. En faisant intervenir des monnaies sous forme de "prestations montantes", la fête du "grand" constitue une sorte de parodie du rite funéraire de consécration des morts. En proclamant le montant de la somme recueillie sur l'estrade, le "grand" s'auto-institue ancêtre. Il se proclame aux yeux de tous d'essence

(37) C. Barraud, D. de Coppet, A. Iteanu, R. Jamous, op. cit., p. 456. A. Orléan, art. cit., p. 121-122.

sacrée. Cela provoque la mise en scène d'un désordre gigantesque comme en témoignent les comportements décrits (moqueries, insultes, accouplements scandaleux). Ce phénomène semble paradoxal : le rite sacrificiel mime une forme de désordre extrême alors que la communauté est déjà en crise. En fait, on retrouve dans cette description les traits caractéristiques de la crise sacrificielle telle que René Girard l'analyse. On mime des comportements qui transgressent les interdits. Ils évoquent l'indifférenciation caractéristique de toute situation de violence, de crise. Ce type de désordre rituel débouche généralement sur le sacrifice d'une victime. Selon Girard, c'est précisément lorsque le désordre arrive à son comble que la communauté peut retrouver une unité. Ce désordre extrême rend possible le mécanisme de la victime émissaire. Il produit l'unanimité vengeresse contre une victime. Le rite qui met en scène ce désordre extrême aurait donc un rôle fonctionnel : c'est une technique de maintien de l'ordre (retour à l'ordre) par exacerbation du désordre.

On retrouve chez les 'Are 'Are le mécanisme sacrificiel décrit par Girard : l'unanimité de la foule contre une personne jugée dangereuse pour la communauté. On accuse le "grand" d'avoir transgressé les règles collectives : usurpation du pouvoir sacré réservé aux ancêtres, accumulation individuelle de monnaies et de biens (thésaurisation) remettant en cause le principe de la circularité. Le "grand" est jugé responsable d'une crise potentielle qui pourrait détruire la communauté, comme en témoigne la parodie de violence et de désordre mimée par la communauté. Chez les 'Are 'Are, cette violence finit par s'exorciser dans la destruction totale des biens appartenant au "grand", c'est à dire par une forme de sacrifice. Cette violence "sacrificielle" est perçue comme un acte cathartique, comme une violence positive, permettant de prévenir la violence généralisée. Certes, il n'y a pas ici de sacrifice humain. Mais on sait que l'évolution du rituel sacrificiel se traduit par la substitution progressive d'animaux ou d'objets à des êtres humains. La théorie girardienne rend pleinement compte de ce phénomène puisque, selon elle, l'essence même du sacrifice est une opération de substitution qui échange victime émissaire et violence collective. La destruction des richesses du "grand" renvoie bien à une pratique sacrificielle.

Nous retrouvons cette logique sacrificielle chez les théologiens. Pour eux, la loi divine a une fonction cathartique permettant de prévenir la violence généralisée. Cette dernière est imputée à la transgression des règles collectives léguées par Dieu. Chez Thomas d'Aquin, l'accumulation de richesses plus que de nécessaire, pour une jouissance personnelle (avarice), est considérée comme un comportement dangereux pour la communauté. Ceux qui ne respectent pas le juste prix devront être punis par la loi. De même, chez Adalbéron et Gérard, ceux qui remettent en cause la tripartition fonctionnelle voulue par Dieu, comme les hérétiques ou ceux qui ne veulent pas rester dans leur ordre, devront être châtiés par la loi. Dans le système des théologiens, on échange en quelque sorte violence légale inspirée par Dieu (règles collectives à respecter, sanctions éventuelles) et violence collective.

Nous allons nous intéresser maintenant à un texte de Louis Gernet relatant la légende de l'anneau de Polycrate (38) dans lequel on rencontre, comme chez les théologiens, la présence d'une médiation divine pour gérer le désordre. Voici un extrait de ce texte : *"Polycrate est un tyran de la seconde moitié du VIe siècle (...). Polycrate, dont le bonheur sans mélange est une provocation à la jalousie des dieux, reçoit le conseil de se dépouiller d'une part de sa richesse - exactement de l'objet qui a le plus de valeur pour lui. Il jette donc à la mer (...) le fameux anneau. Mais l'anneau, contre toute attente, se retrouve. La renonciation qu'avait consentie Polycrate n'a pu s'accomplir, il est désormais condamné : une ruine totale peut seule expier une prospérité trop continue."* (39). Dans un premier temps, nous présenterons l'analyse qu'André Orléan propose du texte de Louis Gernet. Nous exposerons ensuite les liens que nous percevons avec les thèses de Thomas d'Aquin.

André Orléan note que dans ce récit, utilisé par Gernet pour analyser la valeur des *agalma* (objets précieux), les thèmes sacrificiels apparaissent nettement. Comme dans la société 'Are 'Are, il est dangereux de s'approprier des objets précieux car ils appartiennent à une divinité, soit comme offrande passée, soit comme offrande potentielle dans un rituel sacrificiel. Cette possession fait naître chez les dieux de la jalousie. Cette jalousie divine peut être mise en rapport avec ce que les théologiens assimilent à la colère de Dieu, provoquée par le non-respect de la

(38) L. Gernet, *Anthropologie de la Grèce antique*, Flammarion, Paris, 1982, p. 128.
(39) L. Gernet, op. cit., p. 142. A. Orléan, art. cit., p. 120.

loi divine. Derrière ce mécontentement transcendantal, sans doute faut-il débusquer une jalousie purement humaine, celle de la communauté, face au bonheur trop grand de Polycrate ou face à l'enrichissement excessif de certains (Thomas d'Aquin). Cette "jalousie sociale" s'exprime sous la forme d'un mécontentement divin (médiation divine) présenté comme la conséquence, soit d'un détournement de richesses appartenant aux divinités (Polycrate), soit d'une accumulation excessive de richesses (avarice) transgressant la volonté divine (Thomas d'Aquin).

Inversement, selon Louis Gernet, l'*agalma* en tant qu'objet sacrificiel a une dimension bénéfique. Il peut servir de victime de substitution au déferlement de la violence. Cette qualité renvoie au rituel sacrificiel qui a fait converger sur ces objets précieux l'unanimité de la communauté, ce qui les a "sacralisés". Ce qui est significatif dans la légende de Polycrate, c'est que l'anneau ne peut pas jouer son rôle de talisman, de protection. Polycrate a bien honoré sur le conseil des dieux l'obligation de retour propre à tout objet précieux, mais l'anneau semble se refuser à cette cession. Dès lors Polycrate est condamné à une *"ruine totale"*. Derrière ce terme, il faut entendre la disparition de Polycrate, son sacrifice. Ainsi, ce récit révèle ce qui rend les objets précieux si dangereux : ils peuvent se refuser à toute transmission. Comme chez les 'Are 'Are, le fait de posséder ces objets sacrés peut provoquer la mort car ils détiennent des pouvoirs magiques.

On retrouve les mêmes thèmes que chez les théologiens : une richesse excessive, la jalousie ou la colère divines, et la condamnation du "coupable". Toutefois, on peut aussi relever une différence. Chez les 'Are 'Are, c'est la foule jalouse et furieuse qui "sacrifie" directement les richesses du "grand". Dans la légende de Polycrate, la jalousie de la communauté se cache derrière le masque flou et indéterminé de la jalousie divine, laquelle sert en quelque sorte de médiateur. De même, chez les théologiens, c'est la loi humaine en tant qu'expression de la loi divine qui est censée châtier les coupables, et non directement une foule vengeresse.

Comme le sacrifice fonde le religieux primitif (ordre rituel), la loi fonde le type d'organisation socio-économique dont Thomas d'Aquin essaie de rendre compte. En nous inspirant de la typologie proposée par Jacques Attali, nous parlerons d'ordre politique ou politico-judiciaire pour qualifier ce type d'organisation sociale (40). Une organisation fondée sur la présence d'une autorité souveraine et d'un système judiciaire, séparés de la société civile. La légitimité de ce pouvoir politique repose sur la présence supposée d'une loi transcendante : la loi divine. Pour Thomas d'Aquin, le gouvernant exerce son pouvoir par délégation divine. Il doit respecter les desseins de Dieu. On rencontre à ce niveau une prise de position sur un des thèmes essentiels de l'époque, à savoir la répartition et la hiérarchisation des pouvoirs entre les princes et les religieux. Pour Thomas d'Aquin, le pape est le véritable garant de la volonté divine. Le monarque ne doit donc pas entrer en conflit avec le pape. Il doit être à l'écoute des orientations de l'Eglise pour conduire la communauté à sa fin. En ce sens, on peut parler de pouvoir ou d'ordre théocratique.

Dans le système de Thomas d'Aquin, la violence réciproque n'est plus conjurée par son détournement unanime sur une victime arbitraire (sacrifice), mais par le châtiment de ceux qui sont jugés coupables de privilégier leur intérêt personnel au détriment du bien commun. On abandonne en quelque sorte le monopole de la vengeance à une institution souveraine qui se nomme le système judiciaire ou la loi. Les individus doivent respecter la fin transcendante de la communauté en matière sociale et économique (ordre théocratique). Telle est la fonction dévolue au politique qui, par l'intermédiaire du prince, devra utiliser la force de la loi (fixation de règles et de sanctions) pour empêcher les individus de se détourner du bien commun.

Ce qui caractérise les sociétés du bas Moyen Age décrites par les penseurs théologiens, c'est la présence de pouvoirs institutionnalisés exercés par le roi ou ses représentants. Notamment, le pouvoir de fixer la loi (pouvoir judiciaire) ou bien encore celui de commander l'armée (pouvoir militaire). Il apparaît de façon évidente que le fonctionnement de ce type de société diffère de l'ordre rituel. On ne rencontre pas dans les sociétés fondées sur l'ordre rituel, comme les sociétés primitives, de pouvoirs institutionnalisés. Un fossé énorme paraît donc exister entre l'ordre politique ou politico-judiciaire et l'ordre rituel. Comme nous l'avons vu, dans l'ordre rituel le désordre est

(40) Jacques Attali, *Les trois mondes*, Fayard, 1981. Jacques Attali distingue trois grands types d'organisation sociale : l'ordre rituel, l'ordre impérial que l'on peut nommer ordre politique, et l'ordre marchand.

conjuré par le détournement de la violence sur une victime considérée comme responsable des maux qui touchent la communauté. Ce type de société ne connaît pas d'institution spécialisée, comme un système judiciaire, pour contrôler la violence et la limiter. Toute violence additionnelle induit un renforcement du rituel visant à la canaliser et à la rejeter. L'ordre rituel ne permet pas l'institutionnalisation d'un pouvoir et son accumulation.

Comme le fait remarquer Lucien Scubla (41), on trouve dans ce type de société des rapports hiérarchiques au sens originel (référence à un ordre sacré) mais pas au sens actuel du terme (rapports de pouvoir et de domination). Par exemple, chez les Nuer étudiés par Evans-Pritchard, les chefs à peau de léopard qui ont pour fonction d'arbitrer des conflits éventuels sont des espèces de médiateurs rituels. Ce ne sont pas des individus qui tentent de capitaliser un pouvoir en revêtant des attributions magico-religieuses. Les Nuer précisent : *"nous leur avons mis le grappin dessus, nous leur avons donné des peaux de léopard, nous en avons fait nos chefs pour faire le discours aux sacrifices pour homicide"* (42). Ces personnages "sacrés" n'ont pas de pouvoir politique ou exécutif, ils ne font qu'aider les parties opposées qui le leur demandent à se mettre d'accord, sans jamais pouvoir leur imposer quoi que ce soit (43). Au contraire, dans le système "politico-judiciaire", la violence est conjurée du fait de l'existence d'une institution qui détient le pouvoir de juger et de châtier ceux qui apparaissent comme coupables. La communauté abandonne le monopole de la vengeance à une institution qui est souveraine et séparée de la société : la loi.

Dans les sociétés monarchiques, la loi prend la figure du monarque. Or, la monarchie est sacrée. Toutefois, à la différence de l'ordre rituel, une distance apparaît entre la force normalisatrice de la souveraineté et le sacré. Le sacré n'intervient plus directement dans tous les actes de la vie quotidienne. Si le sacrifice se perpétue, son rôle consiste uniquement à consolider la légitimité du pouvoir monarchique par la commémoration de

---

(41) Lucien Scubla, "Identité, appartenance et altérité", *Les Cahiers de CREA, Epistémologie et anthropologie*, CREA-Ecole Polytechnique, décembre 1993, p. 236

(42) E.E. Evans-Pritchard, *Les Nuer*, trad. Louis Evrard, Paris, Gallimard, 1968, p. 202. Edition originale : *The Nuer*, Oxford, 1940. Cité par Lucien Scubla, p. 236, note.

(43) E.E. Evans-Pritchard, op. cit., p. 201-205.

son fondement divin. La loi acquiert une autonomie de plus en plus grande et le rite sacrificiel peut devenir de plus en plus symbolique. Cependant, le sacré reste bien le fondement ultime de la loi et du politique. On assiste à une véritable "sacralisation" du pouvoir politique et de la loi. De la même façon, les théologiens sacralisent la loi. Comme le sacrifice, elle est extériorisée, considérée comme transcendante. Un penseur comme Thomas d'Aquin ne cesse de faire référence à la loi : loi éternelle, loi naturelle ou loi humaine. Mais, dans son système, il n'y a pas de coupure entre la loi naturelle ou humaine et la loi divine car, selon lui, *"toutes les lois, quelles qu'elles soient, dérivent de la loi éternelle"*. La loi a la figure du gouvernant et le pouvoir politico-judiciaire est considéré comme naturel (loi naturelle) car d'essence sacrée (délégation divine). Le "sacré" (volonté divine) constitue chez les théologiens le fondement ultime de la loi et explique son orientation.

En définitive, les divergences que nous avons relevées entre l'ordre rituel et l'ordre politique ne doivent pas masquer le point essentiel : la permanence d'un mécanisme sacrificiel. Dans cette perspective, René Girard nous propose une hypothèse séduisante pour expliquer la mutation du religieux primitif à la monarchie. Il fait remarquer que dans plusieurs sociétés le monarque portait en lui l'ambivalence du sacré. Il était révéré et obéi, mais s'il transgressait les interdits, il était finalement immolé. C'était le cas des tyrans dans la Grèce antique qui étaient chassés du pouvoir une fois leur tâche accomplie. L'hypothèse de Girard est que le principe monarchique est sorti des crises sacrificielles. Le "roi sacré" serait ainsi au départ un "coupable" en situation d'être sacrifié, car tenu pour responsable des maux qui touchent la communauté. Mais l'élimination de cette victime potentielle, pour une raison quelconque, vient à être différée. Ce "coupable" va alors progressivement acquérir un pouvoir sur la communauté, rendant impossible son élimination ultérieure. Il va être considéré comme responsable à la fois du désordre et du retour à l'ordre, retour à l'ordre lié au pouvoir qu'il a acquis sur la communauté. Il va être sacralisé.

La monarchie et l'ordre politique résulteraient ainsi d'une inversion dans le processus ambivalent d'exclusion-élection qui caractérise le sacrifice et qui engendre la souveraineté. L'élection passe désormais avant l'exclusion de la communauté. L'emploi d'un terme comme "royauté sacrée" empêche de comprendre l'institution, car il laisse entendre que la sacralisation est un attribut de la royauté en tant qu'institution politique autonome. Il porte à croire que le sacré découle du politique. L'hypothèse girardienne suggère au contraire que la royauté et que le pouvoir politique en général, comme toutes les institutions, dérivent du processus sacrificiel, du sacré. De future victime promise à l'immolation, le roi devient le détenteur de la puissance sacrée au fur et à mesure que cette immolation est différée jusqu'à disparaître.

Selon Scubla, on ne saurait trop souligner l'importance capitale des facteurs religieux dans l'émergence et la genèse du politique. Hocart a bien mis en évidence l'origine rituelle des structures étatiques. En 1935, il écrivait : "*La grande différence entre notre société et la plupart des sociétés non européennes c'est que le rituel national dont le Pape et le Souverain est la tête, a absorbé tous les autres*" (44). Ainsi, alors que pour Max Weber et pour Hobbes, le chef de l'Etat est avant tout celui qui détient le monopole de la violence légitime, pour Hocart, c'est celui qui concentre entre ses mains tous les grands rituels. Cette conception, bien entendu, ne concerne pas seulement les sociétés "modernes", mais s'applique également aux sociétés dominées par l'ordre politique, comme les sociétés monarchiques. Comme le suggère Lucien Scubla, la définition de Hocart et celle de Weber-Hobbes ne sont pas contradictoires : "*elles sont même peut-être équivalentes, si l'on remarque que, dans la plupart des civilisations, le rituel le plus important est le sacrifice : le monopole de la violence légitime n'étant alors rien d'autre que celui de la violence sacrificielle*" (45). La violence légale, dans cette perspective, découle de la violence sacrificielle.

Cette conception s'accorde très bien avec le statut du gouvernant chez Thomas d'Aquin. Il doit détenir le monopole de la violence légale, car la loi est perçue comme un instrument permettant de conduire la communauté à sa fin. Dans le domaine économique, le pouvoir de fixer le juste prix et de sanctionner ceux qui ne le respecteraient pas, doit permettre d'atteindre une justice distributive conforme à la volonté divine. Ce point illustre pleinement le caractère "sacré" de la loi et son

---

(44) A.-M. Hocart, *Les Progrès de l'homme,* trad. française, Paris, Payot, 1935, p. 281. Cité par Scubla, art. cit., p. 239, note.
(45) L. Scubla, art. cit., p. 239, note. D'où, selon Lucien Scubla, la réforme de Josias chez les Juifs qui transfère tous les sacrifices dans le Temple de Jérusalem ou encore, chez les Incas, la concentration des sacrifices humains à Cuzco.

identité avec la violence sacrificielle. Dans l'ordre politique, comme dans les théories économiques des théologiens, on assiste à un phénomène de sacralisation de la loi et du pouvoir politique (délégation divine) se traduisant par une concentration de la violence légale entre les mains du prince, tenu de conduire la communauté à sa fin (fonction cathartique de la loi).

L'hypothèse de Girard, selon laquelle la loi et le politique découlent du sacré, du religieux primitif, se trouve vérifiée dans la mesure où nous retrouvons la présence d'un mécanisme sacrificiel. Ce mécanisme sacrificiel connaît toutefois une évolution formelle : inversion du processus d'exclusion-élection caractérisant le sacrifice, émergence d'un pouvoir politique exercé par délégation divine, concentration de ce pouvoir et de la violence légale entre les mains du prince, fonction cathartique de la loi. Comme nous allons le voir, cette évolution formelle du mécanisme sacrificiel est susceptible d'expliquer un phénomène comme la présence de traces individualistes tant dans les sociétés relevant de l'ordre politique que dans les théories économiques des théologiens.

1.3. Evolution formelle du mécanisme sacrificiel et traces individualistes

Une comparaison entre les conceptions des théologiens et les pratiques relevées dans la société 'Are 'Are ou dans le récit de Polycrate, nous conduit au constat suivant. Dans tous les cas, nous sommes en présence d'une altérité radicale, d'une transcendance absolue. Seul le mode d'expression de cette transcendance diffère. Des divinités des sociétés primitives aux dieux des grecs et des romains, pour aboutir au monothéisme des théologiens, on assiste à un mouvement de concentration du sacré. Selon Louis Dumont, ce mouvement a favorisé l'émergence de valeurs et de comportements individualistes car l' *"individu-en-relation-avec-Dieu"* est capable de se distancier du monde social, de relativiser les règles collectives (46). De même, selon Marcel Gauchet : "*plus les dieux seront grands, plus leur puissance sera considérable, plus on leur fera supporter l'invention du monde, et plus en réalité les hommes auront par leur biais accès à la nécessité sensée de l'origine. C'est le*

---

(46) Louis Dumont, *Essais sur l'individualisme*, Le Seuil, Paris, 1983, p. 36. Orléan, art. cit., p. 117.

paradoxe fondamental de l'histoire des religions : la montée en puissance des dieux (...) ne s'est pas faite au détriment des hommes, en accentuant leur assujettissement, mais à leur profit." (47). Ainsi, le mouvement de concentration du sacré aurait favorisé l'émergence de valeurs individualistes.

Cette thèse se trouve confirmée par les pratiques relevées précédemment. Dans la société 'Are 'Are, on condamne tout comportement individualiste conduisant à s'approprier des objets précieux ou à accumuler des biens, comme si ce comportement présentait un risque énorme pour la communauté. Les objets précieux et les biens doivent circuler sans cesse. Les règles sociales ont pour objectif de réduire le plus possible les comportements individualistes et de les sanctionner. Le "grand", *"si éclatante que soit sa réussite, n'en est pas moins entraîné par l'ordre des valeurs qu'il sert avec la plus grande constance"* (48). Sa déchéance se réalise sans conflits car, en tant qu'organisateur de la "fête", il en est le principal initiateur. Dans ce type de société, l'individualisme n'a pas de place. Les hommes sacralisent les divinités, ils croient en leurs pouvoirs magiques, ils extériorisent la violence ; autant de phénomènes qui empêchent l'émergence de comportements individualistes.

Par contre, dans la société de Thomas d'Aquin, on constate la présence de traces individualistes. Selon nous, deux indices témoignent de cette présence. Tout d'abord, le statut du marchand. Thomas d'Aquin a une conception tout à fait opposée à celle d'Aristote en ce qui concerne l'échange et le commerce (49). Pour Thomas d'Aquin : *"Le désir des choses extérieures est naturel à l'homme comme il est naturel de désirer les moyens pour arriver à sa fin"* (50). Selon sa conception, les choses extérieures sont celles qui ne sont pas obtenues à partir de l'économie domestique, c'est à dire celles qu'on ne peut se procurer directement par la pêche ou par l'agriculture, mais qu'on obtient par l'échange. Ainsi, l'échange et le commerce sont

---

(47) M. Gauchet, *Le Désenchantement du monde*, Gallimard, Paris, 1985, p. 23. Orléan, art. cit., p. 117-118.
(48) C. Barraud, D. de Coppet, A. Itéanu, R. Jamous, op. cit., p. 518. A. Orléan, art. cit., p. 123.
(49) Sur ce point, cf. Claude Dupuy, *La monnaie médiévale - Une lecture des faits et de la pensée*, Thèse de doctorat, Université Lumière Lyon 2, 1988, p. 169-186.
(50) Thomas d'Aquin, *La Somme théologique*, II, II, 118, 1. Cité par Claude Dupuy.

considérés comme des activités naturelles. Le marchand a tout à fait sa place dans la communauté.

Cette conception diffère de celle d'Aristote pour qui le marchand est avant tout un étranger, un homme venant d'une autre cité ayant ses propres dieux et ses propres lois. Cet étranger risque de remettre en cause l'ordre de la *Polis*. Seul, le petit commerce, réalisé entre citoyens de la même cité, espèce de prolongement de l'activité domestique, est admis par Aristote. Le grand commerce peut troubler l'ordre car il fait entrer dans la cité des étrangers recherchant le gain individuel. Si l'économique lié à l'activité domestique et au petit commerce est louable, la chrématistique liée au grand commerce est condamnable. Au contraire, pour Thomas d'Aquin, *"il y a deux façons pour une cité d'avoir des vivres en abondance. La première (...) provient de la fertilité du pays qui produit en abondance tout ce que requièrent les nécessités de la vie humaine. L'autre du commerce qui apporte en un même lieu les marchandises nécessaires provenant de régions diverses"* (51). Ainsi, selon lui, l'économique et la chrématistique (*pecuniata*) sont utiles.

Sur ce point, Thomas d'Aquin contredit tout un aspect de la pensée de l'Eglise. Selon cette dernière, le commerce apportait un gain illicite. Les marchands riches étaient considérés comme Grecs ou Juifs, c'est à dire assimilés à des "usuriers" ou à des "anti-chrétiens occidentaux", à des personnes condamnables. C'est Thomas d'Aquin qui a fait évoluer radicalement l'attitude morale à l'égard des marchands en révélant l'importance de leur fonction (52). Pour Thomas d'Aquin, l'échange a une dimension économique, mais surtout religieuse. Le commerce, en intensifiant la commutation des biens, favorise la communication entre les hommes. Il leur permet d'entrer dans une communauté d'intérêts. Ainsi, l'activité commerciale doit permettre à la communauté d'atteindre plus facilement sa fin. Elle permet de réduire le risque que certains soient privés du nécessaire et ne puissent atteindre la béatitude. En définitive, Thomas d'Aquin démontre l'utilité de la fonction du marchand, ce qui manifeste un préjugé favorable à une certaine forme d'individualisme économique (traces individualistes), notamment lorsque cet individualisme va dans le sens de la volonté divine.

---

(51) Thomas d'Aquin, *Du Gouvernement Royal*, II, 3. Cité par Claude Dupuy.
(52) Nous tenons ces remarques de Marguerite Gonon, spécialiste en histoire médiévale, chercheur au C.N.R.S.

Le deuxième indice concerne le statut du prince et son pouvoir monétaire. Selon Thomas d'Aquin, le prince doit mener la communauté au bien commun. Telle est la volonté divine. Le caractère "sacré" du prince renvoie donc d'abord au fait qu'il est censé agir par délégation divine. Toutefois, il est lié également à son pouvoir monétaire. C'est lui qui fixe le juste prix des biens et de la monnaie et qui réalise le monnayage. Il a donc une responsabilité essentielle dans la conduite de la communauté. A l'image de ce qui se passe dans la société 'Are 'Are ou dans le récit de Polycrate, nous constatons que la monnaie est chargée d'un pouvoir extraordinaire.

Cependant, une divergence importante apparaît. Dans la société 'Are 'Are, on condamne et on élimine toute trace d'individualisme. On insiste sur le caractère maléfique de la thésaurisation des objets précieux (monnaie) ou de l'accumulation des biens. Dans le récit de Polycrate, les choses sont plus ambiguës. Certes, on retrouve la dimension maléfique de la thésaurisation des objets précieux. En tant qu'objets sacrificiels, ils sont censés appartenir aux dieux (offrande sacrificielle), il est donc dangereux de se les approprier. Cela provoque la "ruine totale" de Polycrate, son sacrifice, car il ne parvient pas à se séparer du fameux anneau. Mais inversement, il ne faut pas oublier que Polycrate est un tyran, à savoir un individu qui exerce un pouvoir politique. André Orléan suggère de considérer *"l'appropriation des richesses, par nature sacrées, et plus spécifiquement des biens monétaires (...) comme une tentative de déstabilisation de la légitimité sociale prévalente"* (53). Selon lui, il pourrait exister un lien entre le développement du monnayage et l'émergence de la tyrannie.

Dans cette optique, il conviendrait de relier la crise que connaissent les cités grecques aux VIIe et VIe siècles avant notre ère et le phénomène numismatique (54). Pour alimenter cette hypothèse politico-religieuse, Orléan fait référence au récit d'Hérodote sur le tyran Gygès qui s'empare du pouvoir en Lydie en tuant le roi légitime Candaules. Or, on retient comme vraisemblable que les premières pièces métalliques frappées apparurent sous son règne. Et ce pouvoir monétaire, comme le fait remarquer Orléan, prend une connotation plutôt positive

---

(53) A. Orléan, art. cit., p. 122.

(54) Sur ce lien, cf. J.-M. Servet, *Nomismata*, Presses Universitaires de Lyon, 1984.

dans la civilisation grecque au travers des figures sociales de la tyrannie ou de la royauté magique. Nous retrouvons ici la dimension bénéfique des objets précieux (monnaies) qui, en tant qu'objet sacrificiel, peuvent se substituer à la violence généralisée. Le pouvoir politique semble conférer à son détenteur un pouvoir "personnel" sur la communauté. En fait, l'origine de ce pouvoir est de nature magico-religieuse. La présence et l'importance grandissante des valeurs individualistes, dans le cadre de l'ordre politique, manifestent une différence essentielle avec l'ordre rituel, lequel condamne et sanctionne tout comportement de ce type.

Chez Thomas d'Aquin, la monnaie a également un caractère sacré puisqu'elle est perçue comme un instrument permettant de conduire la communauté à sa fin. Le juste prix est d'abord celui qui permet à la communauté d'atteindre sa fin (justice distributive). Le caractère sacré du prince est donc lié, pour partie, à son pouvoir monétaire. Toutefois, comme précédemment, ce pouvoir est ambivalent. En effet, si le prince remplit mal son office il peut conduire la communauté à sa perte. Pour Thomas d'Aquin, le tyran est précisément celui qui utilise son pouvoir monétaire, pouvoir que Dieu lui a délégué, pour son profit personnel. Cette dimension maléfique de la monnaie se retrouve dans sa façon de considérer l'activité du changeur ou de l'usurier.

Le changeur ou l'usurier n'échangent pas des biens mais de la monnaie. Selon Thomas d'Aquin, le changeur va à l'encontre de l'intérêt collectif car il tire profit de la différence entre le prix de la monnaie et le prix du métal, Il peut même mettre en péril la communauté en exportant le bon métal et en important de mauvaises pièces. L'activité du changeur est condamnée. Finalement, chez Thomas d'Aquin, le changeur subit le même traitement que le marchand-étranger chez Aristote. Leur activité est condamnée car elle risque de mettre en péril la communauté. Chez Thomas d'Aquin, on retrouve bien l'ambivalence du pouvoir attaché à la monnaie. Pouvoir jugé bénéfique si la monnaie permet au gouvernant de conduire la communauté à sa fin (juste prix) ; pouvoir jugé maléfique si la monnaie est utilisé par le gouvernant ou le changeur pour son profit personnel, sans se soucier de l'intérêt de la communauté.

Cette ambivalence du pouvoir attaché à la monnaie, relevée chez Thomas d'Aquin, s'accorde très bien avec l'hypothèse d'une origine religieuse de la monnaie, défendue par

Bernhard Laum (55). Selon André Orléan (56), le rapprochement de cette hypothèse avec les thèses de René Girard se révèle extrêmement fécond. Dans cette perspective, le sacré et la monnaie résulteraient d'un mécanisme sacrificiel. Pour Laum, la fonction d'unité de compte que joue le boeuf à l'époque homérique provient de sa qualité d'animal sacrificiel. Tout le système religieux et social est organisé autour du sacrifice. Selon lui, l'objet sacrifié (le boeuf) s'est substitué progressivement aux victimes humaines. Une fois sacrifié, le boeuf est partagé entre les communiants. Le repas sacrificiel serait ainsi l'ancêtre du monnayage. Des parts de boeuf étaient distribuées aux participants selon leur puissance dans le groupe et étaient utilisées comme moyen de paiement. Comme le relève W.H. Desmonde, défenseur des thèses de Laum : "*The portion of the body of the victim functioned as an economic payment mode legitimate through the justice of the state in the ritual distribution. The portion which each communicant received expressed his worth, the degree of his esteem in the group*" (57).

Ce cas de figure n'est pas sans rappeler les pratiques relevées lors des fêtes funéraires chez les 'Are 'Are. En effet, la somme des monnaies recueillies à la fin du jour mesure la puissance du mort. Cette pratique alimente l'hypothèse d'une origine sacrificielle de la monnaie (offrande sacrificielle). Comme précédemment, on échange victime émissaire et violence collective, en substituant progressivement des animaux ou des objets précieux aux victimes humaines. La thèse de Laum permet de rendre compte de façon pertinente d'un phénomène comme le rôle prépondérant des prêtres et des temples dans la circulation monétaire. Il est parvenu notamment à relier la fonction d'unité de compte au système de tarification des offrandes. Il montre comment émerge un système de prix fondé sur les valeurs relatives des biens au regard du rituel sacrificiel.

De la même façon, la notion de juste prix chez Thomas d'Aquin consiste à fixer un système de prix au regard d'un critère religieux : le respect d'une justice distributive conforme à la volonté divine. Ce critère religieux le conduit à considérer la

---

(55) Bernhard Laum, *Heiliges Geld*, Tubingen, 1924. Cf. André Orléan, art. cit., p. 119.
(56) Cf. André Orléan, art. cit., p. 118-120.
(57) W.H. Desmonde, Magic, Myth an Money, Free Press, New York, 1962, p. 115-116. Cité par A. Orléan, art. cit., p. 119.

monnaie comme un instrument permettant d'atteindre la justice distributive. C'est pourquoi il est mal vu d'accumuler de la monnaie ou des biens de façon excessive. La monnaie, comme dans les pratiques relevées précédemment, doit circuler. On retrouve ici une des règles propres aux sociétés holistes : la monnaie est l'objet de tous les interdits. Notamment, elle ne doit pas être thésaurisée. En effet, lorsqu'il y a une accumulation individuelle de monnaie, cette dernière n'apparaît plus comme un moyen mais comme une fin. Elle est recherchée en tant que pouvoir arbitraire sur le reste de la société (le "grand", Polycrate, le changeur ou le tyran chez Thomas d'Aquin). Cette conduite est interprétée, soit comme le signe d'une rupture dans la chaîne infinie des obligations réciproques léguées par les dieux (sociétés primitives), soit comme la manifestation du non-respect des règles collectives imposées par Dieu (théologiens).

Selon nous, cette méfiance vis à vis de la thésaurisation manifeste la présence de traces individualistes dans la société. Bien que les comportements individualistes soient généralement condamnés, ils peuvent prendre une connotation positive dans le cadre de l'ordre politique. La considération de Thomas d'Aquin à l'égard de la personne du prince en témoigne. Ceci nous ramène, une fois de plus, à la logique sacrificielle caractérisée par l'ambivalence de la victime. En effet, aboutissement d'une croyance unanime à la culpabilité d'une victime (pouvoirs magiques), le sacrifice conduit ensuite à la sacraliser. La communauté croit que la victime est responsable du retour à l'ordre (sacralisation). Nous retrouvons cette ambivalence dans le système de Thomas d'Aquin. Elle révèle, selon nous, la présence d'un mécanisme sacrificiel.

Le prince détient un pouvoir "sacré" car il est censé avoir été investi par Dieu d'une mission. Il est considéré comme le garant de la loi divine. C'est de la croyance à ce pouvoir "sacré" du prince, qu'est issu son pouvoir politique et monétaire. On assiste ainsi à une concentration de la violence légale sur la personne du prince (pouvoir de fixer la loi, monopole de la vengeance). Son pouvoir "sacré" lui confère un pouvoir personnel sur la communauté, ce qui pourrait expliquer l'émergence de traces individualistes. Mais, comme c'est toujours le cas dans la logique sacrificielle, ce pouvoir est ambivalent. Il peut mal tourner, il peut prendre un caractère maléfique comme en témoigne le jugement réservé au tyran. Ce dernier est accusé d'utiliser le pouvoir politique et monétaire à son profit, de conduire la communauté à sa perte. La condamnation du changeur ou de l'usurier traduit également la dimension maléfique du pouvoir attaché à la monnaie. En définitive, nous constatons que la conception thomiste de la monnaie, appréhendée comme un instrument de gestion de la violence au service du prince, s'accorde pleinement avec l'hypothèse d'une origine sacrificielle de la monnaie.

En résumé, les différents indices que nous avons relevés manifestent la présence d'une logique sacrificielle, tant au sein des théories économiques des théologiens que dans le cadre des sociétés dominées par l'ordre politique. Selon nous, l'hypothèse selon laquelle il existe un rapport entre la loi et le sacrifice (mécanisme sacrificiel), permet de rendre compte de façon pertinente de phénomènes comme l'exercice d'un pouvoir politique concentré entre les mains d'un prince (inversion du mécanisme d'exclusion-élection caractérisant le sacrifice, délégation divine), la fonction cathartique de la loi (monopole de la vengeance), ou encore la présence de traces individualistes (sacralisation du prince et de son pouvoir monétaire). Dans cette perspective, la loi et le politique renvoient à un mécanisme sacrificiel : leur fondement est religieux.

2.
Théories économiques des libéraux et ordre économique : une logique sacrificielle

Précédemment, nous avons relevé la présence d'un mécanisme sacrificiel au sein des théories économiques des libéraux. La poursuite de l'intérêt individuel, comme le sacrifice, a une fonction cathartique. La poursuite de l'intérêt individuel est appréhendée comme une violence positive permettant de faire échec à la violence issue de la rareté des biens. Elle contient la violence dans les deux sens du terme "contenir". C'est ce rapport de la poursuite de l'intérêt individuel au mécanisme sacrificiel qu'il convient maintenant d'approfondir.

Dans les théories économiques des théologiens, ainsi que dans les sociétés relevant de l'ordre politique, nous avons relevé la présence de traces individualistes. Dans le cadre de la pensée économique libérale et de l'ordre économique, il est révélateur de remarquer que c'est l'individualisme lui-même, disons la poursuite de l'intérêt individuel, qui devient mode de gestion de la violence. Dans un premier temps, nous relèverons la présence, au sein de la théorie économique libérale, d'indices confirmant l'hypothèse selon laquelle la poursuite de l'intérêt individuel renvoie à une logique sacrificielle (2.1.). Le transfert de la loi à la poursuite de l'intérêt individuel, en tant que mode dominant de gestion de la violence, s'est accompagné de phénomènes socio-politiques comme l'émergence du sentiment d'identité nationale ou la naissance de l'Etat-nation. Dans un deuxième temps, nous essaierons de montrer que ces phénomènes socio-politiques prennent une signification beaucoup plus éclairante à partir du moment où on les interprète à la lumière de la logique sacrificielle (2.2.).

2.1. La sacralisation de l'intérêt individuel et du marché

A partir de l'étude de Louis Dumont sur la genèse et l'épanouissement de l'idéologie économique, Paul Dumouchel considère que la constitution de l'économie en un domaine indépendant de l'univers de la pensée a nécessité une double émancipation : d'une part à l'égard de la politique, d'autre part à l'égard de la morale (58). Toutefois, Paul Dumouchel reproche à Louis Dumont de ne pas avoir saisi la complémentarité de ces deux émancipations. En effet, Louis Dumont explique que l'économie a dû acquérir une valeur morale propre, assimilée au bien public. Cependant, on saisit mal comment cette valeur morale a pu être acceptée dans la mesure où elle allait à l'encontre des valeurs morales traditionnelles. Un auteur comme Bernard de Mandeville, dans la *Fable des abeilles* (59), fait l'apologie de la vanité, de l'envie et du luxe, autant de vices, de "violences", qui étaient strictement réprimés par la morale traditionnelle. Dès lors, pourquoi les vices privés de l'individualisme naissant n'ont-ils pas été perçus comme une source de désordre ? Paul Dumouchel montre que tout s'éclaire si on part de la politique.

Le problème fondamental de toute politique est celui de la paix intérieure et celui de la défense extérieure. Or, on sait que la paix intérieure, l'ordre et la cohésion d'une unité politique donnée déterminent pour une large part sa capacité à résister à

---

(58) Paul Dumouchel et Jean-Pierre Dupuy, *L'enfer de choses*, Seuil, 1975. Louis Dumont, *Homo aequalis*, Paris, Gallimard, 1977.
(59) B. de Mandeville, *La Fable des abeilles*, op. cit..

une agression extérieure. On peut comprendre à partir de ce principe comment l'économie a pu acquérir une valeur politique prodigieuse. En effet, le problème politique de l'ordre, de la cohésion de la société, de la paix intérieure, exige que toutes les occasions de désordre, de mésentente, de conflit soient évitées. Or, pour les libéraux, c'est la rareté des biens qui est la cause première des conflits, de la rivalité entre les hommes, de la violence. C'est la rareté qui les pousse à s'affronter pour obtenir le plus de biens possible afin de maximiser la satisfaction individuelle. Pour les économistes libéraux, il faut laisser libre cours à la vanité, à l'envie, à l'appât du gain, à l'oppression du faible par le fort car ces comportements "égoïstes" stimulent la croissance de la production et des échanges. La rareté se trouve ainsi réduite de façon relative. En faisant de l'envie, de la convoitise et de la vanité, les moteurs de la "croissance", l'économie transforme toutes ces conduites égoïstes en moyens de paix intérieure. Les facteurs de désordre deviennent des facteurs d'ordre.

On peut ainsi considérer que l'efficacité de la poursuite de l'intérêt individuel à produire la paix permet à la politique de faire l'économie de la morale. C'est donc l'efficacité politique de l'économie qui conduit au rejet de la morale traditionnelle. Par ce mouvement, l'économie acquiert une valeur morale propre. Ainsi, ce que Paul Dumouchel nomme l'économie a dû fonctionner socialement comme une morale et comme une politique. Cela signifie, d'une part, que les "valeurs économiques" fondées sur la poursuite de l'intérêt individuel sont devenues des normes déterminant les actions des individus et, d'autre part, que l'organisation économique de la société a su maintenir l'ordre. Le développement des valeurs individualistes a induit le glissement vers un autre type d'organisation sociale, l'ordre économique, fondé sur la poursuite de l'intérêt individuel. Ces valeurs individualistes, comme l'appât du gain ou comme la maximisation de la satisfaction individuelle, ont été appréhendées comme des valeurs positives, des facteurs d'ordre.

Comme le suggère Mark Anspach, on peut considérer que l'ordre économique est englobé dans le rituel du marché, rituel fondé sur une croyance "religieuse" dans le mobile économique, c'est à dire le mobile de l'intérêt individuel considéré comme naturel (nature humaine). Lorsque les libéraux considèrent que les relations économiques s'autonomisent et que les relations sociales sont désormais encastrées dans les relations économiques, ils font jouer au marché un rôle essentiel. A leur façon, ils le sacralisent en l'extériorisant (main invisible, ordre spontané). Tout se passe comme si il existait une institution supérieure et extérieure à la volonté des individus, le marché, capable de gérer au mieux les intérêts économiques concurrents (loi du marché, justice économique). A partir du moment où on perçoit que le propre du religieux primitif est d'extérioriser la violence sacrificielle (violence pure), on peut considérer que la théorie économique libérale repose sur le même mécanisme que le religieux primitif. Elle extériorise la "violence" de la poursuite de l'intérêt individuel (nature humaine). A leur manière, les libéraux "sacralisent" la poursuite de l'intérêt individuel en postulant sa capacité à gérer la violence, à produire un ordre spontané.

Pour les libéraux, lorsque la loi du marché détermine les prix, provoque une répartition très inégalitaire des richesses, ou encore produit des exclus du système économique, ce ne sont pas les individus en tant que tels qui apparaissent responsables mais bien le marché. Comme le fait remarquer Polanyi, l'illusion du marché permet à l'individu de se considérer comme non responsable des souffrances économiques que peuvent connaître les autres. La croyance au caractère naturel et universel du mobile économique (postulat du naturalisme universaliste), poussant les hommes à maximiser leurs gains et leur satisfaction, absout tous ceux qui s'y conforment de responsabilité directe dans les souffrances économiques des autres. L'abandon des obligations de solidarité produit en quelque sorte l'indifférence aux autres mais, en vertu du principe précédent, cette indifférence est considérée comme naturelle. Pour les libéraux, si cette indifférence aux autres était proscrite dans les sociétés anciennes (obligations de solidarité), c'est tout simplement parce que les individus ne jouissaient pas de la liberté individuelle. Certes, dans les sociétés modernes, les relations entre les êtres humains ne sont plus médiatisées par des divinités (ordre rituel), ni par un Dieu ou par des dieux délégant un pouvoir politico-judiciaire (ordre politique), mais il est révélateur de constater que ces êtres invisibles sont en quelque sorte remplacés par la main invisible du marché. En provoquant une répartition inégalitaire, synonyme de justice économique, la main invisible est censée arbitrer au mieux la compétition économique, les intérêts concurrents. Pouvoir magique de la main invisible et du marché !

Cette problématique nous conduit à penser que la pénétration de plus en plus affirmée de valeurs individualistes dans la société, n'est pas un mode radicalement nouveau de gestion de la violence comme les économistes le prétendent (autonomie de l'économie), mais qu'elle n'est qu'une forme dérivée de gestion de la violence à partir du système fondateur (système sacrificiel). Le passage, c'est sans doute le moment où le sacrifice cesse d'être brutal, violent, pour devenir offrande. Dès lors, il conviendrait de penser l'échange marchand comme le souvenir de l'offrande sacrificielle, le moment où la violence se gère par la poursuite de l'intérêt individuel, à savoir la primauté de l'accaparement sur le don, ainsi que par la compétition économique, à savoir la concurrence en tant qu'expression sociale de la rivalité. Les divergences relevées entre l'ordre rituel et l'ordre économique s'inscrivent dans le cadre d'une logique qui demeure sacrificielle.

En conclusion, les indices que nous venons de relever confirment l'hypothèse selon laquelle la théorie économique libérale contient un mécanisme sacrificiel. Les auteurs libéraux extériorisent la poursuite de l'intérêt individuel (nature humaine) en tant que mode de gestion de la violence et "sacralisent" le marché (ordre spontané et main invisible). La pénétration de plus en plus affirmée de valeurs individualistes dans la société devait s'accompagner de phénomènes socio-politiques comme l'émergence du sentiment d'identité nationale ou la formation de l'Etat-nation. Nous allons essayer de montrer que ces phénomènes renvoient, eux aussi, à une logique sacrificielle.

2.2. Ordre économique et phénomènes socio-politiques : une logique sacrificielle

Nous allons exposer quelques arguments développés par Lucien Scubla sur la question de l'identité collective (60). Il essaye de mettre en évidence la présence d'une logique sacrificielle dans l'apparition de certains phénomènes socio-politiques qui ont accompagné l'émergence et le développement de l'ordre économique.

(60) Lucien Scubla, "Identité, appartenance et altérité", *Les Cahiers de CREA*, *Epistémologie et anthropologie*, CREA-Ecole Polytechnique, décembre 1993, p. 229-275. Ces arguments sont exposés dans les pages 240-256 de la première partie (Identité lignagère et identité nationale).

Selon Lucien Scubla, la pensée de Rousseau apporte un éclairage intéressant sur la question de l'identité nationale. Chez Rousseau, tous les sociétaires sont signataires du pacte social. La souveraineté échoit ainsi au peuple tout entier. Elle ne peut être déléguée car elle doit représenter la volonté générale. C'est donc le contrat social lui-même qui est censé assurer l'unité et l'identité du peuple. Toutefois, selon Rousseau, c'est avant tout le *"caractère national"* qui lie les sociétaires, c'est à dire leur appartenance à un peuple considéré non pas comme une identité abstraite, mais comme une singularité. Cette singularité repose sur tout ce qui le différencie des autres peuples. Pour lui, ce qui détermine l'identité d'un peuple, ce sont ses *"moeurs"* spécifiques et non l'universalité abstraite de la loi. Dans son *Projet de constitution pour la Corse*, il écrit : "*Tout peuple a, ou doit avoir, un caractère national et s'il en manquait, il faudrait commencer par le lui donner. Les insulaires surtout, moins mêlés, moins confondus avec les autres peuples en ont d'ordinaire un plus marqué"* (61). C'est pourquoi Rousseau considère que seuls les hommes nés en Corse devraient être admis à prononcer le serment solennel qui confère la citoyenneté. Les étrangers ne doivent pas jouir de ce droit. Ainsi, comme le relève Lucien Scubla, pour Rousseau le contrat social ne fonde pas l'appartenance à la société, il la présuppose. Cette conception est très intéressante car elle suggère que c'est la différenciation qui fonde l'identité nationale, le sentiment d'appartenance à un groupe.

Lucien Scubla relève que Rousseau développe la même conception dans son éloge de Moïse qui ouvre les *Considérations sur le gouvernement de Pologne.* Il se demande comment Moïse a pu *"instituer en corps de nation un essaim de malheureux fugitifs sans arts, sans armes"* et comment il parvînt à donner à une *"troupe errante et servile"* une *"institution durable (...) que cinq mille ans n'ont pu détruire, ni même altérer et qui subsiste encore aujourd'hui dans toute sa force, lors même que le corps de la nation ne subsiste plus"*. Voici sa réponse : "*Pour empêcher que son peuple ne se fondit parmi les peuples étrangers, il lui donna des moeurs et des usages inalliables avec ceux des autres nations ; il le surchargea de*

(61) Jean-Jacques Rousseau, *Oeuvres complètes*, Paris, Gallimard, Bibliothèque de la Pléiade, 1964, III, p. 913. Cité par Lucien Scubla, art. cit., p. 241.

rites, de cérémonies particulières ; il le gêna de mille façons pour le tenir sans cesse en haleine et le rendre toujours étranger parmi les autres hommes, et tous les liens de fraternité qu'il unit entre les membres de sa république étaient autant de barrières qui le tenaient séparé de ses voisins et l'empêchaient de se mêler à eux". Rousseau considère que c'est cette entreprise de différenciation, d'opposition aux autres peuples qui a permis aux juifs de survivre : *"C'est par là que cette singulière nation, si souvent subjuguée, si souvent dispersée, et détruite en apparence, mais toujours idolâtre de sa règle, s'est pourtant conservée jusqu'à nos jours éparse parmi les autres sans s'y confondre, et que ses moeurs, ses lois, ses rites subsistent et dureront tant que le monde, malgré la haine et la persécution du reste du genre humain."* (62).

Selon Scubla, Spinoza dans le *Traité théologico-politique* va dans le même sens. Il relève l'importance d'un signe distinctif comme la circoncision, qu'à lui seul il juge capable *"d'assurer à cette nation juive une existence éternelle; si même les principes de leur religion n'amolissaient leurs coeurs, je croirais sans réserve, connaissant la mutabilité des choses humaines, qu'à une occasion donnée, les juifs rétabliront leur empire et que Dieu les élira de nouveau".* (63). Ainsi, Rousseau et Spinoza révèlent que la conscience nationale est liée à la différenciation et aux antagonismes.

Lucien Scubla, s'appuyant notamment sur des travaux d'historiens (Baechler, Manent, Furet, Freund), essaye de montrer que ce processus d'opposition-différenciation qui produit le sentiment d'identité nationale renvoie à une logique sacrificielle. La monarchie est, dans son principe même, un facteur de centralisation. Toutefois, au Moyen Age, le pouvoir du roi était limité par des contre-pouvoirs. La structure féodale empêchait l'exercice d'un pouvoir autocratique. En effet, comme le montre Jean Baechler, la féodalité repose *"dans son essence même (...) sur un contrat volontaire entre égaux"* et donc le lien qui unit le vassal au seigneur *"verse résolument du côté démocratique"* (64). Ce lien repose sur l'allégeance et le roi est seulement au sommet d'une "pyramide d'allégeances". C'est à la fois un

---

(62) J.-J. Rousseau, op. cit., p. 956-957. Cité par Lucien Scubla, p. 242-243.
(63) Cité par Lucien Scubla, p. 243, note.
(64) Jean Baechler, *Démocraties*, Paris, Calmann-Lévy, 1985, p. 488. Cf. Scubla, art. cit., p. 244.

supérieur et un égal. C'est également un personnage sacré et un arbitre entre le peuple et les pouvoirs locaux. A ce titre, il est virtuellement détenteur du futur pouvoir central de l'Etat et il symbolise potentiellement la nation. Cependant, jusqu'au XIIIe siècle, ni l'Etat, ni la nation n'ont d'existence propre en Europe. Selon Baechler *"le sentiment d'appartenance s'attache d'une part aux entités locales - la paroisse, la seigneurie, le "pays" - et d'autre part à la personne du roi comme représentant transitoire d'une dynastie"* (65). Il n'y a pas encore de conscience nationale ou territoriale commune à tout l'espace où le pouvoir de cette dynastie s'exerce. On a le roi, mais pas encore la nation. On a les états du royaume, mais pas encore l'Etat.

En ce qui concerne la France, on considère généralement que l'émergence d'une véritable organisation étatique remonte à la monarchie absolue qui trouve son apogée avec le début du règne de Louis XIV (1661). Ce temps fort de la centralisation se situe, selon Baechler, à mi-chemin de deux moments capitaux pour la constitution du sentiment national, la guerre de Cent Ans parce qu'elle a soudé les français contre les anglais et la Révolution parce qu'elle les a réunis contre la monarchie elle-même (66). La guerre de Cent Ans donne simultanément naissance à deux nations antagonistes qui élaborent une frontière commune : *"Les Français se sont sentis résolument français contre les Anglais et réciproquement"*(67). Selon Baechler, *"encore sous la Fronde, deux siècles plus tard, un Grand Condé pourra faire alliance avec les Espagnols contre Mazarin et la Régence, sans se sentir déshonoré, mais on est ici à l'extrême fin des rapports féodaux. A partir du règne personnel de Louis XIV, le sentiment national et la soumission à la noblesse sont tels que pareille conduite est devenue impensable"*(68). Cependant, il faudra attendre la Révolution pour voir émerger l'Etat-nation moderne. C'est que, durant encore une longue période, l'image de la nation sera confondue avec celle de la monarchie : *"jusqu'à la fuite à Varenne les Français ne sépareront pas la France du roi"*(69). Avec la mise à mort du roi, c'est le sentiment dynastique lui-même qu'on tuera pour lui substituer définitivement le sentiment national.

---

(65) Jean Baechler, op. cit., p. 289. Cf. Scubla, art. cit., p. 245.
(66) J. Baechler, op. cit., p. 489. Cf. Scubla, art. cit., p. 245.
(67) J. Baechler, op. cit., p. 489. Cf. Scubla, art. cit., p. 245.
(68) J. Baechler, op. cit. p. 489. Cf. Scubla, art. cit., p. 245.
(69) J. Baechler, op. cit. p. 489. Cf. Scubla, art. cit., p. 246.

Les évènements sanglants liés à la Révolution, qui marquent la période de la Terreur, ont fait resurgir les vieux mythes de la fondation violente des sociétés. La haine du roi et de la noblesse s'est confondue avec celle de l'étranger. François Furet relève judicieusement que Sieyès, dans *Qu'est-ce que le Tiers Etat ?*, produit à la fois un discours de l'exclusion et de l'origine. Il théorise le caractère étranger de la noblesse par rapport à la volonté nationale : "*Dans la nuit de la barbarie et de la féodalité, les vrais rapports des hommes ont pu être détruits, toutes les nations bouleversées, toute justice corrompue; mais au lever de la lumière, il faut que les absurdités gothiques s'enfuient, que les restes de l'antique férocité tombent et s'anéantissent. C'est une chose sûre. Ne ferons-nous que changer de maux, ou l'ordre social, dans toute sa beauté, prendra-t-il la place de l'ancien désordre ?*" (70). Le désordre, dont il est question ici, est imputé au système monarchique accusé d'empêcher la volonté nationale d'exister et de s'exprimer.

Ce thème est repris dans le célèbre discours de Saint-Just sur la mort du roi, le 13 novembre 1792. Saint-Just propose de *"juger Louis"* non comme *"citoyen"* mais comme *"rebelle"* et comme *"ennemi étranger"*. Il le rend responsable de tout le sang écoulé depuis la prise de la Bastille et réclame de ce fait qu'on l'exécute sans jugement. Selon Saint-Just : "*nous avons moins à le juger qu'à le combattre*" et *"surtout une république à fonder"*, or *"ceux qui attachent quelque importance au juste châtiment d'un roi ne fonderont jamais une république. (...) On s'étonnera un jour, qu'au dix-huitième siècle, on ait été moins avancé que du temps de César : là, le tyran fut immolé en plein sénat, sans autre formalité que vingt-trois coups de poignard et sans autre loi que la liberté de Rome. Et aujourd'hui l'on fait avec respect le procès d'un homme assassin d'un peuple, pris en flagrant délit la main dans le sang, la main dans le crime !"* (71). Pour Saint-Just ce qui fonde la nation, ce qui unit les citoyens, c'est le sentiment national, mais on voit bien que ce dernier se pose en s'opposant à la noblesse.

Selon Scubla, Saint-Just ne perçoit pas que la nouvelle société qu'il veut faire émerger, loin de désacraliser le lien social en postulant l'égalité des individus devant la loi, repose sur la

---

(70) François Furet, *Penser la Révolution française*, Paris, Gallimard, 1978, p. 66. Cf. Lucien Scubla, p. 247, note.
(71) Cf. Lucien Scubla, p. 247-248, note.

présence d'une nouvelle sacralisation. En effet, le fait d'avoir recours à la violence (élimination du roi et période de la Terreur) pour gérer la violence, pour mettre fin au désordre, nécessite de "sacraliser" cette violence supposée salvatrice, ainsi que le nouveau lien social qu'elle entend faire naître. C'est bien d'un conflit, son opposition à la noblesse, que la nation tire sa substance et son identité. Il s'agit de fonder la nation contre la noblesse. Cette haine de la noblesse est telle que Saint-Just propose de "sacrifier" le roi, de le supprimer sans procès, persuadé qu'il est du caractère "légitime" de son combat. Pour lui, la souveraineté de l'Etat et de la loi, synonyme d'ordre social, doit remplacer la souveraineté du roi, synonyme de désordre. En réalité, une souveraineté se substitue à une autre. Ainsi, pour Scubla, la Révolution n'a pas remplacé la monarchie par une société désacralisée, issue de la philosophie des Lumières. Elle a plutôt substitué, dans le tumulte des passions, *"l'amour sacré de la Patrie"* à l'antique fidélité à l'oint du Seigneur.

Scubla considère que Pierre Manent a bien mis en évidence cette dimension religieuse des sociétés modernes : "*La société moderne échappée aux liens de l'obéissance dynastique, trouve pour ainsi dire immédiatement un nouveau principe d'union, non dans l'intérêt bien compris des individus réunis par la main invisible dont parlaient ses économistes, mais dans l'idée nationale, amour et bientôt idolâtrie du groupe pour lui-même"* (72). Scubla fait remarquer, que cette mise au jour de la présence d'une véritable sacralisation du lien social, rejoint la conception de Hocart sur l'origine rituelle des formes politiques. Selon Pierre Manent, privés de tout recours possible à une transcendance déjà constituée, en raison du *"désir physique d'autonomie qui est au coeur de l'homme moderne"*, tout se passe comme si les sociétaires devaient produire de nouvelles formes de transcendance. C'est pourquoi, ils *"sont unis non par amour d'eux-mêmes"* comme voudrait le faire croire la thèse du contrat social (volonté générale) mais *"par amour de leur union"* (73). Toutefois, cette élévation au carré de leur union ne fait qu'exalter leur amour-propre et sacraliser tout ce qui les oppose aux autres

(72) Pierre Manent, *Naissances de la politique moderne. Machiavel, Hobbes, Rousseau*, Paris, Payot, 1977, p. 204. Cf. Lucien Scubla, art. cit., p. 246, note 20.
(73) Pierre Manent, op. cit. Cf. Lucien Scubla, art. cit., p. 246, note 20.

peuples. Ainsi, ce n'est pas la prétendue adhésion collective à un contrat, de nature sociale ou économique, qui fait émerger le sentiment d'unité et d'identité parmi les membres d'une nation, mais leur conviction d'être vraiment différents des membres des autres nations.

Comme le fait remarquer Julien Freund (74), cela explique pourquoi l'Etat-nation émerge avec des frontières bien définies, fermées sur l'extérieur. Tout individu doit relever d'un Etat et d'un seul. Julien Freund rappelle que dans le système féodal, *"un fief pouvait passer d'une unité politique à l'autre ou même se constituer en duché ou comté indépendant"* (75). En effet, la société féodale, comme la société des castes en Inde, est une organisation à structure ouverte. Il est toujours possible d'allonger la chaîne des rapports d'allégeance comme on peut insérer une caste nouvelle entre deux castes quelconques. Lorsque l'Etat-nation émerge, tout étranger est virtuellement en position d'ennemi. Les guerres nationales pour défendre les frontières remplacent naturellement les guerres de succession. Comme le relève Freund, le nationalisme et la xénophobie sont une *"conséquence nécessaire de la stabilisation de l'Etat dans les frontières rigoureuses"* (76). Hors de l'Etat et de ses lois, l'individu n'est plus rien. Faute d'appartenir à un Etat, il devient un apatride, un ennemi virtuel de tous les Etats.

Selon Freund, la réduction du droit à la loi positive est censée produire la constitution d'un espace homogène formé d'individus tous égaux devant la loi. En réalité, la souveraineté de l'Etat devient progressivement un véritable privilège, l'unique privilège, car elle tend à éliminer tous les autres privilèges. La souveraineté est donc un droit qui tend à détruire tous les autres droits. François Furet considère fort justement que le droit et le privilège, c'est au fond la même chose : "*Le privilège c'est le droit imprescriptible du groupe, par rapport à un pouvoir central ; c'est la franchise d'une ville, les règles de cooptation d'une corporation, l'exemption fiscale de telle ou telle communauté. Les sources en sont multiples, perdues dans la nuit des temps, consacrées par la tradition"* (77). L'Etat substitue, à cette

---

(74) Julien Freund, "L'ennemi et le tiers dans l'Etat", *Archives de philosophie du droit*, t. 21, Paris, Sirey, 1976. Cf. Lucien Scubla, p. 254.
(75) Julien Freund, op. cit., p. 24. Cf. Lucien Scubla, p. 254.
(76) Julien Freund, op. cit., p. 25. Cf. Lucien Scubla p. 255.
(77) François Furet, op. cit., p. 146. Cf. Lucien Scubla, p. 252.

multitude de privilèges, l'universalité de la loi positive. Cette souveraineté sans partage exercée par l'Etat (unique privilège) signifie qu'il détient le monopole de la violence légitime, ce qui implique l'abolition de tout ce qui ressemble aux systèmes vindicatoires. Tout dommage causé à autrui constitue une offense aux lois de l'Etat. Nul ne saurait se faire justice lui-même (vengeance) sans porter atteinte à l'autorité de l'Etat.

Le terme "souveraineté de l'Etat" signifie que les individus deviennent en quelque sorte assujettis à l'Etat. Ils ne sont pas libres de passer des pactes quelconques. Scubla fait remarquer que ce phénomène a été observé par de nombreux auteurs. Durkheim note que l'Etat tend à renforcer les liens entre parents et enfants ou époux et épouse. L'Etat ne peut pas accepter l'autonomie de la famille. Le contrôle social sur la manière dont se nouent et se dénouent les obligations ne fait qu'augmenter : "*Partout où le contrat existe, il est soumis à une règlementation qui est l'oeuvre de la société et non celle des particuliers, et qui devient toujours plus volumineuse et plus compliquée*" (78). Tocqueville, vers 1840, faisait le même type de remarque : "*Au Moyen Age, le pouvoir de tester n'avait pour ainsi dire point de bornes. Chez les Français, de nos jours, on ne saurait distribuer son patrimoine entre ses enfants, sans que l'Etat n'intervienne. Après avoir régenté la vie entière, il veut encore en régler le dernier acte*" (79).

Lucien Scubla considère que si les droits de l'homme, unique fondement de la loi positive, sont effectivement issus de la volonté humaine, parler de mouvement de désacralisation, pour décrire l'émergence de l'Etat moderne, n'est certainement pas le terme qui convient. Il est révélateur de constater que ces droits ont été déclarés et non pas décrétés. Déclarés, c'est à dire reconnus et proclamés officiellement comme "sacrés et inaliénables". La dimension "sacrée" de la loi étatique est donc omniprésente. Comme le dit si bien Rousseau, l'Etat est *"le sanctuaire des lois"*. De l'autel des ancêtres à l'autel de la Patrie, il y a donc une remarquable continuité. Dans ses *Essais sur l'individualisme* (80), Louis Dumont montre que l'Etat moderne

(78) Emile Durkheim, *De la division du travail social,* Paris, PUF, 7ème édition, 1960, p. 187-188. Cf. Lucien Scubla, p. 253, note.
(79) Tocqueville, *De la démocratie en Amérique,* Paris, Garnier-Flammarion, t. 1, 1981, p. 370, note. Cf. Lucien Scubla, p. 253, note.
(80) Louis Dumont, *Essais sur l'individualisme,* Paris, Les Editions du Seuil, 1983. Cf. Lucien Scubla, p. 240.

est une *"Eglise transformée"*, à savoir une société faite d'individus en principe tous égaux entre eux, non plus cette fois devant Dieu, mais devant le Souverain-Etat devenu ipso facto absolu. Or, comme le fait remarquer Scubla, ce principe de souveraineté de l'Etat est incompatible avec la reconnaissance de droits de l'homme imprescriptibles (81).

En résumé, l'analyse de Lucien Scubla met en évidence la présence d'un véritable processus de sacralisation de la loi et du lien social. Il montre que la montée de l'individualisme, la formation de l'Etat-nation et l'émergence du sentiment national sont autant de phénomènes qui renvoient à une logique sacrificielle. La souveraineté de la loi est nécessaire au fonctionnement de l'ordre économique, à la montée de l'individualisme. Cette souveraineté de la loi, contrairement à ce qui se passe dans l'ordre politique, ne découle plus de la présence supposée d'une loi divine. Néanmoins, elle repose toujours sur un mécanisme sacrificiel. Ce dernier se manifeste par des phénomènes comme l'assujettissement des individus au Souverain-Etat et à sa loi (disparition des privilèges, égalité devant la loi), la sacralisation de l'Etat (monopole de la violence légale, sanctuaire des lois, Eglise transformée), ou encore l'émergence et l'exacerbation du sentiment d'identité nationale (idolâtrie du groupe pour lui-même, montée du nationalisme). Ces phénomènes socio-politiques étaient des conditions nécessaires à l'émergence et au fonctionnement de l'ordre économique, fondé sur la poursuite de l'intérêt individuel.

---

(81) En effet, ce serait remettre en cause la souveraineté de l'Etat, de sa loi et de ses juges. Selon Scubla, cela explique pourquoi le dogme central de la politique internationale moderne est celui de la non-ingérence dans les affaires d'un autre Etat. Ce qui revient à reconnaître la faculté pour chaque Etat de bafouer dans l'aire de sa juridiction des droits de l'homme pourtant supposés universels.

CONCLUSION DEUXIEME PARTIE

Au terme de cette seconde partie, il apparaît que l'hypothèse sacrificielle semble pouvoir s'appliquer aux théories économiques des théologiens et des libéraux. Un mécanisme sacrificiel est à l'oeuvre, tant dans les théories économiques des théologiens qui renvoient au fonctionnement d'une société fondée sur la loi (ordre politique), que dans celles des libéraux qui rendent compte d'une société fondée sur la poursuite de l'intérêt individuel (ordre économique). Dans les deux approches, on fait allusion à une situation de violence potentielle (désordre) gérée à partir d'une autre violence (respect de la loi ou poursuite de l'intérêt individuel), laquelle a la particularité d'être "sacralisée", extériorisée.

Chez les théologiens et dans l'ordre politique, la "sacralisation" de la loi renvoie à la présence supposée d'une loi divine qui impose aux individus une fin et une conduite synonymes de bien commun. Le chef politique est censé agir par délégation divine (inversion du processus d'exclusion-élection, pouvoir ambivalent, traces individualistes) et doit faire respecter la loi (violence légale, monopole de la vengeance). Chez les libéraux et dans l'ordre économique, la "sacralisation" de l'intérêt individuel découle du postulat naturaliste (nature humaine) et du principe selon lequel l'utilitarisme est source d'ordre dans le cadre du marché (ordre spontané et main invisible). Ce processus de "sacralisation" de l'intérêt individuel a été favorisé par des phénomènes comme la formation progressive de l'Etat-nation, la soumission des individus à la loi positive et l'émergence du sentiment d'identité nationale. On comprend mieux la signification de ces phénomènes à partir du moment où on les appréhende dans une perspective sacrificielle. En définitive, il apparaît que l'antinomie relevée dans la première partie entre les théories économiques des théologiens et celles des libéraux n'est qu'apparente. Cette apparence ne doit pas cacher le point essentiel : ces théories ont en commun de gérer la violence à partir d'une autre violence qui est "sacralisée". Elles intègrent un mécanisme sacrificiel.

Dans les deux approches, nous constatons que l'extériorisation de la loi (théologiens) et de la poursuite de l'intérêt individuel (libéraux) s'accompagne d'une extériorisation du "social", du collectif. Cela pose la question de la nature du lien établi par les théologiens et les libéraux entre l'individu et la société. Pour les théologiens du Moyen Age, l'ordre est imposé de l'extérieur par une volonté transcendante. L'ordre est préexistant, il est déjà là. La seule chose à faire est de réaliser cet ordre voulu par Dieu en obéissant à la loi (ordre imposé). L'extériorité du social renvoie donc à une forme de déterminisme. Pour les économistes libéraux, l'ordre est spontané. Pour eux, le seul lien unissant les hommes est l'échange libre dont la forme normale est le contrat. Ils rejettent donc toute idée de transcendance du social, notion essentielle qui caractérise l'approche holiste des théologiens. Ils supposent qu'il n'y a rien au-dessus des acteurs qui dicte leur comportement. Selon le postulat de l'individualisme contractuel, l'articulation entre les intérêts individuels repose sur des relations contractuelles. Chacun est censé passer, selon sa propre volonté, des "contrats" avec les autres. Ces contrats librement négociés produisent une harmonie naturelle des intérêts, un ordre spontané.

Contrairement à la conception holiste des théologiens, les libéraux supposent qu'il n'y a pas de volonté, que celle-ci soit extérieure ou intérieure, gouvernant la totalité sociale. Pour les libéraux, le marché n'est rien d'autre que le produit d'une multitude d'actions individuelles autonomes réalisées dans un but utilitariste. Des individus uniquement intéressés à promouvoir leur intérêt personnel sont censés produire un ordre sans le vouloir. Cet ordre est perçu comme le produit de l'action des individus, mais non de leurs desseins. Il est donc bien en position d'extériorité par rapport aux actions individuelles. L'hypothèse d'extériorité du collectif, du marché, est appréhendée comme la condition de l'autonomie des individus. Cette extériorité supposée leur permet de faire des choix rationnels.

Comme le montre Jean-Pierre Dupuy, le mécanisme walrasien de formation des prix sur un marché fournit une bonne illustration de cette conception de l'extériorité. En effet, selon Walras, pour parvenir à un équilibre offre-demande sur le marché, il faut que les individus extériorisent les prix. Selon lui, cette extériorisation est libératrice. Seul un mécanisme d'échanges automatique, extérieur et inaccessible à toute intelligence, peut garantir la justice économique et la liberté. C'est le marché qui doit évaluer nos efforts et non les autres. Il ne faut pas que les individus se comparent, il ne faut pas qu'ils s'influencent. C'est le postulat d'extériorité du marché qui permet de soutenir que les choses se passeront bien ainsi. En effet, postuler l'extériorité du marché, c'est considérer que les individus ne vont pas se comparer, ni s'influencer. C'est affirmer que leurs regards ne vont pas se croiser. L'extériorité du marché est la condition de l'autonomie des individus. Le marché est appréhendé comme le produit d'une multitude d'actions autonomes, mais pour que cela fonctionne il faut que le marché apparaisse extérieur aux individus qui l'agissent. Il faut qu'il soit le produit de leurs actions mais non de leurs desseins. Pour les libéraux, l'ordre est spontané.

Finalement, nous retrouvons chez les économistes libéraux le même type d'interrogation que chez les grands philosophes du XVIIIe siècle qui réfléchissaient sur les notions de démocratie et de contrat social. Est-il possible de désacraliser le pouvoir ? Est-il possible de le restituer aux hommes en éliminant toute trace d'extériorité ? Nous avons relevé combien il était difficile à ces philosophes de concevoir cette nouvelle forme de "pouvoir politique". Ce pouvoir doit provenir du peuple et en même temps, pour être respecté, lui apparaître extérieur. Comme le montre Jean-Pierre Dupuy, cela débouche généralement sur la production endogène d'une extériorité (le Léviathan chez Hobbes, la Volonté Générale chez Rousseau) manifestant la difficulté d'extirper le religieux (l'extériorité) du politique.

Les économistes libéraux se trouvent en quelque sorte confrontés au même problème. Au fond, c'est la grande entreprise du monde moderne que de vouloir faire de l'individu un être libre et autonome, maître de sa destinée. Selon nous, c'est vers cet objectif que tend l'école libérale à partir du postulat d'autonomie de l'individu. Toutefois, il est très intéressant de remarquer que le postulat d'autonomie des individus est associé au postulat d'extériorité du social, du collectif, du marché. Cette extériorité du collectif est appréhendée par les libéraux comme la condition de l'autonomie des individus et de l'émergence d'un ordre. Comme le montre Walras, l'extériorisation des prix par les acteurs est indispensable au bon fonctionnement du marché (équilibre offre-demande) et à la réalisation de choix rationnels (autonomie des individus).

En définitive, nous constatons que le déterminisme des théologiens comme l'autonomie des libéraux intègrent une extériorisation du social, du collectif (ordre imposé ou ordre spontané). Il convient de s'interroger sur la signification de cette extériorisation. Sur ce point, notre interprétation diverge de celle des théologiens et des libéraux. Nous adhérons à l'hypothèse sacrificielle qui postule que l'origine de cette extériorisation du collectif est de nature "religieuse", sacrée, c'est à dire qu'elle renvoie à un mécanisme sacrificiel. L'ordre imposé des théologiens comme l'ordre spontané des libéraux sont des systèmes qui parviennent à gérer la violence en ayant recours à une violence extériorisée, "sacralisée". Contrairement à ce qu'affirment les théologiens et les libéraux, l'ordre politique et l'ordre économiques ne sont pas "autonomes", ils entretiennent un rapport avec le religieux primitif. L'extériorisation de la violence n'est pas "naturelle", elle manifeste la présence d'une sacralisation qui est produite par un mécanisme sacrificiel.

Selon nous, l'impossibilité d'extirper l'extériorité du social ou du collectif au sein des théories économiques des libéraux s'explique par la présence de ce mécanisme sacrificiel. Ainsi, la question du social, du collectif, entretient un rapport avec le "sacré". En tout cas on ne saurait la réduire, comme le font d'une certaine façon les économistes libéraux, à un calcul utilitariste. En effet, selon eux, les individus passent librement des contrats et le collectif n'est rien d'autre que le produit de ces relations contractuelles autonomes. On peut critiquer cette conception en faisant remarquer que les individus sont bien obligés de se référer à des normes, à des règles sociales pour conclure ces contrats.

Comme le souligne Dupuy, l'approche réductionniste tente de surmonter cette critique en généralisant le postulat de l'individualisme contractuel au domaine des institutions. Les normes, les règles, les conventions sont alors perçues, elles aussi, comme des espèces de contrat, comme des outils d'optimisation permettant de maximiser l'utilité individuelle et le bien-être social. La "nouvelle économie institutionnelle" composée d'économistes comme Kennet Arrow, Oliver Williamson ou Andrew Schotter défend cette conception (82). Toutefois, selon Dupuy, un projet comme celui de l'école réductionniste en économie est forcément voué à l'échec. Certes, cette "école" a obtenu des résultats intéressants, mais son programme de réduction fort ne peut être mené à son terme. Souvenons-nous des propos de Durkheim, "*tout n'est pas contractuel dans le*

(82) Kennet Arrow, *The Limits of Organization*, New-York, Norton, 1974. Oliver Williamson, *Markets and Hierarchies*, New York, Free Press, 1975. Andrew Schotter, *The Economic Theory of Social Institutions*, New York, Cambridge University Press, 1981. Cf. Jean-Pierre Dupuy, op. cit., p. 8.

contrat (...) ; partout où le contrat existe, il est soumis à une règlementation qui est l'oeuvre de la société et non celle des particuliers" (83). Ainsi, selon lui, le contrat n'est possible que parce qu'il existe un "droit des contrats" qui est d'origine sociale. Tout contrat repose sur une "norme fondamentale" qui s'impose aux individus car elle est l'oeuvre de la société et de la tradition. Selon Durkheim, pour qui le social fonctionne comme le religieux, cette "norme fondamentale" est d'origine "sacrée".

Dans la même optique, comme le souligne Jean-Pierre Dupuy (84), lorsqu'il s'agit de passer un contrat, de signer un pacte ou de promettre quelque chose, il semble bien que le simple engagement ne suffise pas. Il faut en plus un rite que l'on appelle "serment". Le *Grand Robert* nous apprend que le mot "serment" est un doublet de "sacrement". Leur étymologie commune est *sacrare*, c'est à dire "rendre sacré". Le serment est une "*affirmation ou promesse plus ou moins solennelle faite en invoquant un être ou un objet sacré (qui sert de garantie et sur lequel le jureur transfère sa responsabilité)*". Selon Dupuy, cet exemple montre que la promesse n'est pas une simple relation horizontale entre deux personnes mais qu'elle fait intervenir la présence d'un tiers, considéré comme extérieur et sacré (dimension verticale). C'est pourquoi, au moment de la promesse, il est généralement question de "sacrifice" : jurer sur la tête de quelqu'un par exemple. Le "sacré" est donc bien présent dans les sociétés modernes. Il fournit aux hommes cette extériorité sans laquelle la notion de contrat, à l'image du serment ou de la promesse, ne pourrait émerger. L'extériorisation des prix par les acteurs, condition d'un bon fonctionnement du marché selon Walras, fournit une autre illustration de cette nécessaire médiation par le "sacré".

Le fait que théologiens et libéraux extériorisent la totalité sociale (ordre imposé ou ordre spontané), ainsi que le respect de la loi ou la poursuite de l'intérêt individuel (violence pure ou cathartique), manifeste qu'ils n'envisagent pas l'hypothèse d'une

---

(83) Emile Durkheim, *De la division du travail social*, Paris, Alcan, 1911, p. 189. Cité par Jean-Pierre Dupuy, op.cit., p. 10.

(84) Cf. Jean-Pierre Dupuy, op.cit., p. 141. Pour une analyse plus approfondie de la notion de "serment" dans l'optique sacrificielle, cf. Xavier Devictor, "Sacramentum : une étude du serment", *Les Cahiers du CREA, épistémologie et anthropologie*, CREA/Ecole Polytechnique, 1993, p. 161-227.

origine "humaine" du processus de gestion de la violence. En effet, à l'image du sacrifice, le respect de la loi ou la poursuite de l'intérêt individuel sont considérés comme des "violences" pures, extérieures aux hommes, ayant la capacité de faire échec à la violence essentielle (désordre). Ils n'envisagent pas que cette violence puisse être de nature "humaine", qu'elle puisse être le produit d'un phénomène collectif.

Si on appliquait cette hypothèse d'une origine humaine du mécanisme sacrificiel au religieux primitif et aux pratiques sacrificielles, il faudrait assimiler la victime à un bouc émissaire. Dans cette perspective, la victime ne serait pas plus responsable du désordre originel que de l'ordre retrouvé. L'efficacité du processus de gestion de la violence reposerait alors sur une interprétation mensongère de la communauté, tant en ce qui concerne l'origine de la violence (croyance à la culpabilité d'une victime-dieu), que sa résolution sacrificielle (sacrifice assimilé à une violence divine, sacralisation de la victime-dieu jugée responsable de l'ordre retrouvé). L'hypothèse sacrificielle révèlerait que les membres de la communauté retrouvent une identité et une unité débouchant sur la paix parce qu'ils font cause commune contre une victime considérée à tort comme coupable.

Cela nous ramène au rapport identité-opposition que nous avons évoqué précédemment. Lucien Scubla cite un exemple emprunté à Georges Devereux qui illustre bien la nature de ce rapport : *"Les anciens nomades hébreux ne possédaient pas de cochons, probablement parce que l'élevage des porcs ne convenait pas à des nomades habitant un pays semi-désertique. On peut donc supposer qu'ils ne mangeaient pas de porcs, simplement parce qu'ils n'en avaient pas. Cependant, après s'être établis en Canaan, c'est à dire au milieu de peuplades qui non seulement mangeaient du porc mais le mangeaient parfois rituellement, et dans les mythes desquels (Adonis, etc.), le sanglier jouait un rôle significatif, la non-consommation du porc devint un signe de l'identité ethnico-religieuse hébraïque"* (85). Selon Lucien Scubla, cette citation montre que c'est le rapport à l'autre qui rend possible la constitution du soi et qu'on se pose en s'opposant. Paradoxalement, dans le cas des Hébreux,

(85) Georges Devereux, "L'identité ethnique : ses bases logiques et ses dysfonctions", in *Ethnopsychanalyse complémentariste*, Paris, Flammarion, 1972, p. 149. Cf. L. Scubla, op. cit., p. 233.

c'est l'absence d'un trait culturel à priori sans importance pour eux qui leur donne une identité propre. Mais, cela suppose que ladite absence soit perçue d'un point de vue religieux, c'est à dire sur fond de sacrificateurs de porcs, et que les Hébreux s'interdisent désormais délibérément de consommer une viande qu'ils se contentaient jusqu'alors d'ignorer. Pour Scubla : "*tout se passe comme si (...) l'identité présupposait l'altérité : comme si l'altérité n'était pas seulement l'envers ou la négation de l'identité, mais aussi sa condition de possibilité*" (86).

Les propos de Georges Devereux et de Lucien Scubla rejoignent les intuitions de Rousseau et de Spinoza. L'identité n'est pas substantielle, elle est relationnelle et conflictuelle. Selon nous, ce principe permet de mieux comprendre les pratiques sacrificielles. Il suggère que c'est l'unanimité contre une victime (rapport conflictuel) qui permet à la communauté de retrouver une identité et une unité, synonymes de retour à la paix (fonction cathartique). L'efficacité du sacrifice, sa capacité à produire de l'ordre, nécessite que la communauté croit à la "culpabilité" de la victime, qu'elle la considère comme responsable tant du désordre que de l'ordre retrouvé. En l'occurence, la communauté est convaincue que la victime détient des pouvoirs magiques malfaisants, cause du désordre. Son élimination (sacrifice) permet de retrouver la paix, mais cela conduit la communauté à sacraliser la victime, jugée responsable du retour à l'ordre. Ainsi, dans le religieux primitif, on extériorise le désordre ainsi que sa résolution sacrificielle. L'efficacité du mécanisme sacrificiel nécessite que la communauté interprète de façon erronée l'origine de la violence (désordre) et sa résolution sacrificielle. En extériorisant la violence, en la sacralisant, la communauté méconnaît sa nature "humaine", mais cette méconnaissance est source d'ordre. Elle permet de gérer le désordre.

Et si le même type de méconnaissance était à l'oeuvre dans les théories économiques ? En effet, théologiens et libéraux extériorisent le respect de la loi et la poursuite de l'intérêt individuel (violences pures) ainsi que la totalité sociale (ordre imposé, ordre spontané). Ils rejettent l'hypothèse selon laquelle le mécanisme de gestion de la violence puisse être de nature tout simplement "humaine". Ils n'envisagent pas que le désordre et

(86) Lucien Scubla, art. cit., p. 231.

que le retour à l'ordre puissent être le produit de rapports humains, de relations interpersonnelles, qui seraient par nature conflictuels. Dans la troisième partie, nous allons faire travailler ce que René Girard nomme l'hypothèse mimétique. Cette hypothèse postule précisément le caractère à la fois interpersonnel et conflictuel des comportements humains et des désirs. Elle va nous permettre de tester l'hypothèse selon laquelle les théories économiques, à l'image des mythes religieux, véhiculeraient une interprétation mensongère (méconnaissance), source d'ordre. Cela nous permettra d'approfondir le lien que les théories économiques entretiennent avec le système sacrificiel.

TROISIEME PARTIE

Théories économiques et hypothèse mimétique : l'identité des contraires

"Le mythe reste dense dans le savoir et réciproquement. Si nos savoirs sont imprégnés de mythes, c'est que les mythes ont quelque chose à nous apprendre sur la façon dont nos savoirs se constituent. (...) L'idée de René Girard est qu'aucune culture n'aurait pu surgir ni durer sans méconnaissance, c'est à dire sans une interprétation partielle et partiale de ses fondements."

Christine Orsini,

René GIRARD et le problème du Mal.

Dans un premier temps, nous présenterons l'hypothèse mimétique élaborée par René Girard. Nous essaierons de montrer que cette hypothèse permet d'éclairer la question de l'efficacité du mécanisme sacrificiel dans les sociétés primitives ainsi que dans les mythes religieux. L'hypothèse mimétique permet en quelque sorte de "démonter" le mécanisme sacrificiel en révélant son fondement "humain" (chapitre 9).

Dans un deuxième temps, nous testerons l'hypothèse mimétique sur les théories économiques des théologiens et des libéraux. De façon plus générale, la méthode consistera comme dans la deuxième partie à confronter les hypothèses de la science économique à des hypothèses issues d'autres sciences sociales comme la psychologie, la sociologie, l'anthropologie, l'ethnologie ou l'histoire. Ce "voyage" à travers l'univers des sciences sociales, guidé par l'hypothèse mimétique, confirmera et renforcera l'hypothèse d'un fondement "sacrificiel" des théories économiques. L'hypothèse mimétique et le religieux primitif ont quelque chose à nous apprendre sur la façon dont le savoir économique se constitue (chapitres 10, 11 et 12).

CHAPITRE 9

Efficacité du religieux primitif et méconnaissance : la nature mimétique du mécanisme sacrificiel

Il convient d'approfondir l'analyse du sacrifice comme mode de gestion du désordre par la violence. Affirmer que le mécanisme sacrificiel gère la violence ou le désordre à partir d'une extériorisation de la violence sacrificielle n'est pas suffisant. Nous allons voir que l'hypothèse mimétique éclaire la question de l'efficacité du sacrifice. Elle postule que le passage du désordre à l'ordre repose sur une méconnaissance, sur une interprétation erronée de la communauté et du mythe.

Dans un premier temps, nous présenterons l'hypothèse mimétique élaborée par René Girard (1.). Ensuite, nous produirons un texte biblique qui révèle l'origine mimétique de la violence et suggère l'innocence de la victime sacrificielle (2.). Troisièmement, nous verrons que l'hypothèse mimétique permet d'expliciter l'efficacité du mécanisme sacrificiel dans le religieux primitif (3.). Quatrièmement, l'hypothèse mimétique nous conduira à assimiler les mythes fondateurs à des textes de persécution (4.). Enfin, nous reviendrons sur le texte relatif au duel judiciaire pour montrer que l'hypothèse mimétique permet de confirmer et d'approfondir l'interprétation "sacrificielle" que nous avions proposée au sujet des évènements relatés dans ce texte (5.).

1. L'hypothèse mimétique : le caractère non objectal du conflit

L'hypothèse mimétique de René Girard est une théorie des comportements humains selon laquelle le désir humain est "triangulaire" ou "mimétique". Le désir, pour Girard, n'a pas d'objet privilégié. Le désir n'est pas objectal mais mimétique. Il est toujours imitation d'un autre désir, toujours désir de ce que désire ou possède un autre. Le désir choisit des objets par l'intermédiaire d'un modèle, il est désir selon l'autre. Selon Girard, une méconnaissance fondamentale est à l'oeuvre dans toutes les vues théoriques sur le désir, c'est la méconnaissance du rôle essentiel que joue l'imitation dans le désir. Nous ne désirons pas des objets parce qu'ils seraient en eux-mêmes désirables, nous les désirons parce qu'autrui, du seul fait qu'il les désire ou les possède, les rend ou les fait paraître désirables. Cette théorie est développée notamment dans le premier livre de René Girard, *Mensonge romantique et vérité romanesque* (1961), un livre de critique littéraire, une analyse de textes de romanciers (Cervantès, Flaubert, Stendhal, Dostoïevski, Proust). En effet, pour Girard, la littérature en sait beaucoup plus que les sciences humaines sur les rapports de désir.

La préférence accordée par Girard au terme grec de *mimesis* plutôt qu'au terme français d'*imitation* est significative. L'imitation correspond généralement à une volonté d'apprentissage, exprimée dans ce que Girard appelle la médiation externe. Il s'agit d'une situation dans laquelle le sujet choisit un modèle qui est au-dessus de lui, socialement, culturellement ou psychologiquement. Dans ce contexte, ce que désigne le modèle n'est pas accessible au sujet et l'imitation ne peut donc pas se transformer en rivalité et en violence. C'est pourquoi on ne fait pas appel à l'imitation pour expliquer l'origine de la violence et des conflits, mais plutôt à un soi-disant instinct agressif de l'homme ou, comme c'est le cas dans la théorie économique libérale, à la rareté des biens.

Selon Girard, c'est bien l'imitation pourtant qui constitue le concept-clé pour expliquer la violence, mais l'imitation vue dans sa dimension conflictuelle. Le terme *mimesis*, plus proche des origines, au lieu de conduire les hommes vers une lénifiante grégarité (médiation externe), les porte vers la violence conflictuelle : *"Mettez un certain nombre de jouets, tous identiques, dans une pièce vide, en compagnie du même nombre d'enfants ; il y a de fortes chances que la distribution ne se fasse pas sans querelles"* (1). Cette conduite violente qui pourrait paraître irrationnelle puisqu'il y a ici assez de "biens" pour tous, traduit en fait une certaine rationalité. En effet, constater que l'autre souhaite s'approprier tel objet signale qu'il a peut-être repéré une supériorité de cet objet. Il est donc "rationnel" de vouloir se l'approprier également. Cette autre figure mimétique, Girard l'appelle la médiation interne car sujet et modèle sont

(1) René Girard, *La violence et le sacré*, op. cit., p. 17.

dans la même sphère sociale ou culturelle. Elle montre que l'imitation peut se transformer en rivalité à partir du moment où les objets désignés par le modèle sont accessibles au sujet.

Le désir mimétique (médiation interne) engendre la rivalité mimétique, rivalité inévitable puisque le médiateur est à la fois le modèle qui suscite le désir et l'obstacle qui en empêche la satisfaction. Selon Girard, les formes de violence les plus dangereuses pour les sociétés humaines proviennent uniquement de cette rivalité sans qu'on ait besoin de supposer en l'homme des pulsions de mort ou des instincts agressifs. La mimesis désirante crée des obstacles. Elle fait converger les désirs vers les mêmes objets et dresse les hommes les uns contre les autres. La mimesis est première, son surgissement précède celui de l'objet, mais elle est indissociable de l'illusion de la primauté de l'objet. Le sujet croit toujours désirer l'objet spontanément ou pour ses qualités intrinsèques. La rivalité elle-même renforce cette illusion.

La nature mimétique du désir provoque la perte des différences. Ainsi, lorsque deux individus entrent en conflit pour un objet quelconque (un bien, une position sociale ou professionnelle, un être aimé...etc), il devient rapidement impossible de les distinguer. Ils ont le même comportement : on dirait des doubles. L'hypothèse de l'origine mimétique de la violence est capable de rendre compte de cette identité des comportements. En effet, si le désir est fondé sur l'imitation, les désirs vont converger vers les mêmes objets. Les protagonistes pourraient se rendre compte qu'ils sont des doubles (identité) puisqu'ils manifestent le même désir. Toutefois, en leur for intérieur, ils sont convaincus qu'ils s'opposent pour la possession de l'objet (conflit objectal), source de différenciation, et non pour cette identité qui les exaspère (conflit mimétique). Ils croient qu'ils sont séparés par une différence formidable car ils vivent le conflit de l'intérieur. En réalité, comme en témoignent l'identité de leurs comportements ainsi que la situation d'indifférenciation qui en résulte, ils sont des doubles.

La rivalité mimétique culmine dans la violence. Elle peut contaminer toute la communauté, notamment en l'absence de système judiciaire lorsque les pratiques vindicatoires sont la règle. En effet, la vengeance elle-même est de nature mimétique. Elle est perçue par celui qui se venge comme un acte violent visant à réparer et à annuler une première violence. En réalité, elle ne fait que répéter une violence (imitation), ajouter une violence à une autre, provoquant le plus souvent une intensification du conflit.

En résumé, l'hypothèse mimétique est une théorie des comportements humains. Selon cette hypothèse, les comportements humains sont caractérisés par un phénomène d'imitation qui peut déboucher sur un conflit pour l'appropriation de l'objet (médiation interne). C'est ce comportement d'imitation qui rend les protagonistes identiques et rivaux. Le mimétisme entretient donc un rapport avec la violence. L'hypothèse mimétique a quelque chose à nous apprendre sur l'origine de la violence et sur la nature du mécanisme sacrificiel.

2.
Hypothèse mimétique et texte biblique : la révélation de l'innocence de la victime

Nous allons reprendre un texte de la Bible hébraïque cité par Girard dans *Des choses cachées depuis la fondation du monde* (2). Il s'agit du Jugement de Salomon. Selon nous, ce texte est remarquable car il suggère l'hypothèse mimétique, révélant ainsi la véritable nature du mécanisme sacrificiel. En voici le récit. Deux prostituées résident dans la même maison et sont chacune mère d'un garçon de quelques jours. Un des bébés meurt durant la nuit, mais chaque femme assure qu'elle est bien la mère de l'enfant vivant. Elles s'adressent au roi Salomon pour qu'il tranche la question. Elles se disputent devant le roi et chacune accuse l'autre de mentir : "*Alors l'autre femme dit : "Ce n'est pas vrai ! Mon fils est celui qui est vivant, et son fils est celui qui est mort !". Et celle-là reprenait : "Ce n'est pas vrai ! Ton fils est celui qui est mort et mon fils est celui qui est vivant !" (...) "Apportez-moi une épée", ordonna le roi (...) "Partagez l'enfant vivant en deux et donnez la moitié à l'une et la moitié à l'autre." Alors la femme dont le fils était vivant s'adressa au roi, car sa pitié s'était enflammée pour son fils, et elle dit : "S'il te plaît, Monseigneur ! Qu'on lui donne l'enfant, qu'on ne le tue pas !" mais celle-là disait : "Il ne sera ni à moi ni à toi, partagez." Alors le roi prit la parole et dit : "Donnez l'enfant*

(2) R. Girard, *Des choses cachées depuis la fondation du monde*, op. cit., p. 260-261.

à la première, ne le tuez pas. C'est elle la mère." Tout Israël apprit le jugement qu'avait rendu le roi, et ils révérèrent le roi car ils virent qu'il y avait en lui une sagesse divine pour rendre la justice (1 R 3, 16-28)".

Dès le départ, nous sommes plongés dans l'univers des doubles, de l'indifférenciation. En effet, l'auteur prend bien garde de ne pas distinguer les deux femmes. Elles ont la même condition de prostituée. Il les désigne comme : *"l'une des deux femmes"* ou *"l'autre femme"*. Savoir qui parle, en effet, n'a pas d'importance puisqu'elles disent exactement la même chose : *"Ce n'est pas vrai ! Mon fils est celui qui est vivant et ton fils est celui qui est mort"*. Il y a symétrie et indifférenciation parfaites. Impossible de déterminer qui ment et qui dit la vérité.

Mais le roi Salomon doit trancher puisqu'il est là pour rendre la justice. La solution qu'il imagine dans un premier temps respecte la symétrie des doubles puisqu'il ordonne de partager l'enfant en deux par l'épée. Ainsi, il traite les deux femmes de façon parfaitement égalitaire. En acceptant cette solution, l'une des deux femmes se trahit car une mère n'accepterait pas qu'on tue son enfant. Avant la décision du roi, ce qui compte pour elle c'est de posséder ce que l'autre possède, c'est à dire l'enfant vivant. Cette volonté révèle la nature mimétique du désir de cette femme. Mais ce désir mimétique s'exaspère à un degré tel chez elle, qu'elle accepte d'être privée de l'enfant à condition que sa rivale en soit également privée. Elle préfère la destruction de l' "objet", c'est à dire la mort de l'enfant, plutôt que de perdre devant sa rivale. L'hypothèse mimétique est en mesure d'expliquer son comportement. Ainsi, selon nous, le premier intérêt de ce texte est de suggérer que la violence humaine (conflit) a pour origine le caractère mimétique du désir. Ce dernier rend les protagonistes identiques et produit une situation d'indifférenciation.

Le roi Salomon, en ordonnant de partager l'enfant en deux, propose en quelque sorte un sacrifice pour mettre fin au conflit. Cette solution n'est pas gratuite, elle correspond aux pratiques de l'époque. En effet, dans l'univers sémite et dans les premiers livres de la Bible, le sacrifice du premier-né semble être une pratique assez courante. On se souvient, par exemple, du récit biblique relatif au sacrifice d'Isaac, le fils d'Abraham. Mais Salomon, finalement, ne retient pas cette solution car le comportement divergent des deux femmes, une qui accepte la mort de l'enfant et l'autre qui la refuse quitte à ce qu'on laisse l'enfant à l'autre femme, le convainc que la vraie mère est celle qui veut que l'enfant vive à tout prix.

On pourrait ainsi considérer que ce texte propose une éthique du non-sacrifice dans la mesure où c'est bien l'enfant vivant qui sera finalement remis à la vraie mère. En fait, nous estimons qu'il y a beaucoup plus que la formulation d'une éthique dans ce texte. Ce texte a un sens au plan épistémologique, un sens relatif au savoir. Comme tous les textes bibliques, il postule l'innocence de la victime. Il révèle ainsi ce qu'est le sacrifice. Le sacrifice, c'est l'union de ceux qui ne peuvent pas s'entendre contre une victime qui n'y est pour rien. Ce texte, interprété à la lumière de l'hypothèse mimétique, suggère que l'efficacité de la violence sacrificielle (retour à l'ordre) repose sur une méconnaissance, sur une interprétation mensongère du sacrifice. L'efficacité du mécanisme sacrificiel repose sur la croyance à la culpabilité de la victime. Ce texte biblique est remarquable. Il suggère que la violence a une origine mimétique et que la violence sacrificielle est la solution ordinaire pour résoudre ce problème.

Nous allons essayer de montrer que l'hypothèse mimétique est capable d'expliquer l'efficacité du mécanisme sacrificiel dans le religieux primitif, sa capacité à gérer le désordre, à produire de l'ordre. Cette efficacité repose précisément sur la méconnaissance de l'origine mimétique de la violence et du retour à l'ordre.

3.
Fonction cathartique du religieux et méconnaissance : la nature mimétique du mécanisme sacrificiel

Les membres des sociétés primitives croient que le sacrifice élimine le responsable des maux qui touchent la communauté. D'où le caractère à la fois "monstrueux" et "irrationnel" des accusations portées contre la victime. Monstrueux (parricide, inceste...etc), car les membres de la communauté pensent que la victime a transgressé les règles collectives, les interdits légués par les dieux, et que cette transgression est à l'origine des maux qui touchent la communauté. Irrationnel, car du point de vue de l'observateur extérieur, il n'apparaît pas de lien logique entre les accusations portées contre la victime (parricide, inceste...etc) et les maux qui touchent la communauté (conflits, famine, épidémie...etc).

Pourtant, pour les primitifs, un lien existe bien. Il est de nature religieuse ou magique. Pour les membres de la communauté, ces maux sont imputables aux pouvoirs magiques maléfiques de la victime-coupable, lesquels sèment le désordre dans la communauté. Il faut donc sacrifier cette victime-dieu, éliminer ce fauteur de troubles.

Le retour à l'ordre conduit les membres de la communauté à "sacraliser" cette victime-dieu, jugée maintenant responsable de l'ordre retrouvé. La victime a un caractère à la fois sacré et ambivalent. Les membres de la communauté la croient dotée de pouvoirs magiques malfaisants (responsable du désordre) puis bienfaisants (responsable de l'ordre retrouvé). On sacrifie la victime, on l'expulse pour ses effets maléfiques, car elle est jugée responsable du désordre (haine), puis on la vénère pour ses effets bénéfiques, car elle est jugée responsable du retour à l'ordre : "*La pensée religieuse est forcément amenée à voir dans la victime émissaire, c'est à dire, simplement, dans la dernière victime, celle qui subit la violence sans provoquer de nouvelles représailles, une créature surnaturelle qui sème la violence pour récolter ensuite la paix, un sauveur redoutable et mystérieux qui rend les hommes malades pour les guérir ensuite*" (3).

Le fait d'assimiler la victime à un dieu, maléfique puis bénéfique, manifeste que la communauté extériorise le désordre et le retour à l'ordre. La sacralisation-adoration de la victime révèle l'efficacité du sacrifice car elle repose sur l'incapacité des membres de la communauté à repérer le transfert dont la victime fait l'objet, sur leur impuissance à comprendre le mécanisme de la réconciliation. C'est au paroxysme de la violence mimétique, conduisant à la perte des différences, que le "miracle" du passage de la violence réciproque à l'unanimité pacificatrice peut avoir lieu. C'est au sommet de l'indifférenciation que la culpabilité d'un seul va être acceptée par tous comme une vérité qui tombe du ciel : *"L'indice le plus dérisoire, la présomption la plus infime va se communiquer des uns aux autres à une vitesse vertigineuse et se transformer presqu'instantanément en une preuve irréfutable. La conviction fait boule de neige, chacun déduisant la sienne de celle des autres sous l'effet d'une "mimesis" quasi instantanée. La ferme croyance de tous n'exige pas d'autre vérification que l'unanimité irrésistible de sa propre*

(3) R. Girard, *La violence et le sacré*, Grasset, 1972.

déraison" (4). C'est bien à un phénomène mimétique que la communauté doit sa réconciliation. Incapable de saisir ce phénomène, la communauté attribue le retour à l'ordre à la victime et, de ce fait, la sacralise. En réalité, la victime n'est pas plus responsable du retour à l'ordre qu'elle n'était responsable de la situation de désordre généralisé qui a conduit à son sacrifice.

Le mimétisme serait donc à la fois cause du désordre (violence) et cause de l'ordre retrouvé. Le caractère mimétique du désir est la cause de la violence et de la perte de différences, et c'est au sommet de l'indifférenciation que la convergence mimétique des accusations contre une victime émissaire produit une nouvelle unanimité, un nouvel ordre. L'hypothèse mimétique permet ainsi de comprendre pourquoi le caractère monstrueux et irrationnel des accusations portées contre la victime ne constitue pas un frein à l'adhésion de la communauté. Le mécanisme victimaire étant de nature mimétique, n'importe quelle accusation produirait l'unanimité contre la victime. A la limite, plus l'accusation sera irrationnelle et monstrueuse et plus la communauté y adhèrera. Le mécanisme victimaire est le produit d'un phénomène collectif et non celui de conduites rationnelles.

Le sacrifice est don assimilable à un meurtre collectif issu d'une méconnaissance. Les membres de la communauté croient effectivement à la culpabilité de la victime, comme ils croient ensuite à son pouvoir magico-religieux de ramener l'ordre. Ils ne voient pas que c'est un comportement de nature mimétique (imitation) qui les conduit à faire cause commune contre la victime (haine), puis ensuite à l'adorer. On tient là le principe du sacré, du religieux primitif. Il repose sur l'ambivalence de la victime. Seule l'hypothèse mimétique nous semble actuellement capable d'expliquer de façon satisfaisante cette ambivalence. Si tous les dieux de la violence sont doubles, bénéfiques et maléfiques, c'est parce que la violence est double : "*tantôt elle refait l'unanimité autour d'elle pour sauver les hommes et édifier une culture, tantôt, au contraire, elle s'acharne à détruire ce qu'elle avait édifié*" (5). C'est un processus mimétique qui est à l'origine tant de la violence impure, du désordre, que de la violence pure, fondatrice ou sacrificielle provoquant le retour à l'ordre.

---

(4) R. Girard, *La violence et le sacré,* Grasset, 1972.
(5) R. Girard, *La violence et le sacré,* op. cit., p. 358.

En résumé, l'hypothèse mimétique permet de comprendre comment fonctionne le sacrifice, comment il permet de passer du désordre à l'ordre, comment il parvient à gérer la violence à partir de l'expulsion d'une victime arbitraire. Il n'y a rien de miraculeux dans le mécanisme sacrificiel, dans le passage du désordre à l'ordre, à partir du moment où on tient l'hypothèse mimétique. Le jeu mimétique est à l'origine de la violence et y trouve un remède. Il est en mesure de construire seulement après avoir failli tout détruire. Le mécanisme sacrificiel est efficace parce que les hommes qui l'accomplissent se méprennent sur la nature exacte de la crise et de sa résolution violente. L'efficacité du mécanisme sacrificiel repose sur la méconnaissance de la nature mimétique de la violence (désordre) et du processus de gestion de cette violence (retour à l'ordre).

Nous allons nous pencher maintenant sur les "mythes fondateurs". Comme les participants au sacrifice, ils postulent la culpabilité de la victime. René Girard les assimile à des "textes de persécution". Quelle est leur fonction par rapport au mécanisme sacrificiel ?

4.
Mythes religieux et méconnaissance : des textes de persécution

Les "mythes fondateurs" racontent tous à leur manière l'évènement originel. C'est pourquoi ils content tous, de façon plus ou moins cachée, des histoires de meurtre. Prenons l'exemple d'un mythe analysé par Lévi-Strauss dans *Le Totémisme aujourd'hui*, et repris par Girard dans *Des choses cachées depuis la fondation du monde*. Il s'agit d'un mythe propre aux indiens tikopia dans l'océan Pacifique dont voici le récit présenté par Raymond Firth : *"Il y a très longtemps, les dieux ne se distinguaient pas des hommes, et les dieux étaient, sur la terre, les représentants directs des clans. Or il advînt qu'un dieu étranger, Tikarau, rendit visite à Tikopia et les dieux du pays lui préparèrent un splendide festin ; mais auparavant, ils organisèrent des épreuves de force et de vitesse pour se mesurer à leur hôte. En pleine course, celui-ci feignit de trébucher, et déclara qu'il s'était blessé. Mais alors qu'il affectait de boiter, il bondit vers la nourriture entassée, et l'emporta vers les collines. La famille des dieux se lança à sa poursuite ; cette fois, Tikarau tomba pour de bon, de sorte que les dieux claniques purent lui reprendre, l'un une noix de coco, l'autre un taro, le troisième, un fruit d'arbre à pain et les derniers, une igname."* (6).

Selon Girard, voici comment on peut interpréter ce mythe dans la perspective victimaire. Le mythe, comme toujours, décrit une situation de crise qui débouche sur le mécanisme de la victime émissaire (sacrifice). Tikarau est accusé d'avoir volé la nourriture qui constitue la base du système culturel. Les épreuves de force et d'adresse conduisent à une chasse au dieu qui se termine par un sacrifice. Ceci explique l'insistance du mythe à présenter la chute comme réelle (Tikarau *"tomba pour de bon"*) et non feinte, cette fois-ci. Dans de nombreuses sociétés dépourvues de système judiciaire, on retrouve le type de situation décrit dans le mythe Tikopia. Le condamné est déposé sur les pentes qui conduisent à une falaise. La communauté, rangée en arc de cercle, avance lentement sur la victime qui n'a d'autre issue que de se jeter du haut de la falaise. Dans la majorité des cas, la panique doit forcer la victime à se jeter sans qu'il soit nécessaire de porter une main violente sur elle. La roche Tarpéienne n'est qu'un exemple parmi d'autres de cette pratique. Ainsi, la communauté entière participe à l'exécution sans qu'aucun membre en particulier ne puisse être tenu comme responsable de celle-ci. Ces modes d'exécution rituelle, lesquels peuvent beaucoup varier dans les détails, sont toujours structurés de la même façon. Ils renvoient au même évènement, le meurtre d'une première victime, réconciliateur car spontanément unanime. C'est cet évènement fondateur que racontent les mythes religieux.

Dans tous les cas, la victime est sacralisée. Elle est présentée comme responsable du désordre, c'est à dire du problème qui touche la communauté, mais aussi du retour à l'ordre que provoque l'unanimité contre la victime. Ainsi, dans le mythe Tikopia, on apprend à la fin du récit que *"Tikarau réussit à gagner le ciel avec la masse du festin, mais les quatre aliments végétaux avaient été sauvés par les hommes"*. Dans un second ouvrage de Raymond Firth, *Tikopia Ritual and Belief*, ce dernier écrit que Tikarau *"bondit jusqu'au bord de la falaise et, parce qu'il était un atua (un esprit, un dieu) il s'élança dans le ciel et partit vers les pays lointains avec ses gains mal acquis."* (7).

---

(6) René Girard, *Des choses cachées depuis la fondation du monde*, p. 115. Lévi-Strauss, *Le Totémisme aujourd'hui*, p. 36.
(7) Cf. R. Girard, *Des choses cachées depuis la fondation du monde*, p. 116.

Cette sacralisation de la victime est toujours présente dans les mythes car une fois que le responsable supposé des maux touchant la communauté a été éliminé, la paix retrouvée transforme le malfaiteur en un bienfaiteur tout-puissant, en un dieu responsable de l'ordre retrouvé. S'il n'était pas un dieu, on devine que Tikarau serait tombé au bas de la falaise et qu'il ne s'en serait probablement pas relevé. Mais Tikarau étant assimilé dans le mythe à un dieu, il s'envole dans les airs.

Nous adhérons à l'interprétation de René Girard selon laquelle le mythe transfigure une histoire de meurtre qui a réellement eu lieu. Selon nous, cette transfiguration de la réalité n'est pas délibérée, elle ne relève pas d'un mensonge. Elle manifeste simplement le point de vue des primitifs, leur façon d'interpréter l'évènement qui a fondé la communauté. La communauté croit effectivement aux pouvoirs magiques de la victime (Tikarau). Cette sacralisation conduit le mythe à présenter le sacrifice de la victime comme un drame fabuleux faisant intervenir des phénomènes surnaturels. Le mythe nie ainsi la réalité du sacrifice humain, le phénomène victimaire.

L'analyse de Lévi-Strauss s'oppose à celle de Girard. Selon lui, le mythe n'est que la représentation fictive de la genèse culturelle. Pour Girard, le mythe est le compte-rendu transfiguré d'une genèse réelle, d'un meurtre effectif. Pour Lévi-Strauss, l'élimination radicale d'un ou plusieurs éléments comme l'expulsion d'un dieu, le sacrifice d'êtres vivants ou la destruction de biens alimentaires, constitue simplement des solutions variées "*pour résoudre le problème du passage de la quantité continue à la quantité discrète*" (8). Il sévirait au début du mythe une situation d'indifférenciation, d'encombrement qui empêche de distinguer les choses. Il s'agit donc de faire de la place, d'écarter les choses pour pouvoir les différencier. C'est cela que l'élimination d'un seul fragment aurait pour fonction d'accomplir. Le structuralisme est une pensée de la différence. Pour Lévi-Strauss, le rôle de la pensée mythique serait précisément, en inventant ces drames fabuleux, de représenter le processus différenciateur.

Girard considère qu'une telle interprétation ne tient pas,, car le fragment éliminé est la divinité elle-même. Elle est présentée comme un "visiteur" (Tikarau dans le mythe tikopia) et

---

(8) R. Girard, *Des choses cachées depuis la fondation du monde*, p. 119.

n'appartient donc pas à la communauté. Son élimination ne fournit donc aucun supplément d'espace par rapport à la situation de départ. Par contre, l'élément essentiel, toujours présent dans les mythes, c'est le tous contre un de la violence collective. Ce point n'échappe d'ailleurs pas à Lévi-Strauss : "*on notera la même opposition entre une conduite individuelle et une conduite collective, la première qualifiée négativement, et la seconde positivement par rapport au totémisme*" (9). Dans le mythe tikopia, la conduite individuelle qualifiée négativement, c'est le vol des plantes totémiques par Tikarau. La conduite collective qualifiée positivement, c'est la poursuite de Tikarau par l'ensemble de la communauté. Selon Girard, dans les mythes on qualifie toujours positivement la violence collective, c'est à dire le lynchage de la victime. La qualification négative, c'est l'accusation unanime de la communauté contre une victime. Elle voit là un motif légitime de tuer la victime.

Ce qui nous empêche de lire les mythes comme tels, par exemple le fait que nous croyons encore d'une façon ou d'une autre à la culpabilité d'Oedipe, c'est notre incapacité à repérer et à comprendre le mécanisme sacrificiel dans notre monde désacralisé : "*Nous restons capables en somme, de haïr nos victimes ; nous ne sommes plus capables de les adorer*" (10). C'est pourquoi le mythe reste énigmatique pour notre culture. Fascinées par le "miracle" de l'ordre retrouvé, hantées par le retour de la violence, les communautés primitives sacralisent les victimes émissaires, elles les croient dotées de pouvoirs magiques. Le mythe exprime ce point de vue. Il conçoit la violence comme surhumaine, c'est à dire comme extérieure et transcendante à la communauté. En réalité, la violence sacrificielle est d'origine humaine, elle est liée à un mécanisme mimétique. La distinction opérée par les mythes entre une violence maléfique et une violence bénéfique constitue donc un point de vue arbitraire et mensonger qui repose sur la méconnaissance de la nature mimétique (humaine) de la violence. Les mythes religieux méconnaissent le fait que la violence essentielle (désordre) est de nature mimétique (conflit mimétique et vengeance) tout comme sa résolution sacrificielle (tous contre un).

---

(9) R. Girard, *Des choses cachées depuis la fondation du monde*, p. 122.
(10) R. Girard, *Des choses cachées depuis la fondation du monde*, Grasset, 1972, p. 45.

Il faut cependant admettre que le mythe, en méconnaissant l'innocence des victimes sacrifiées, constitue une représentation prodigieusement efficace. Le fait que les rites sacrificiels répètent en quelque sorte l'évènement fondateur tel qu'il est appréhendé par le mythe (expulsion d'une victime-coupable) manifeste que la communauté adopte le point de vue exprimé dans le mythe (croyance à la culpabilité de la victime-dieu). En transfigurant la réalité, le mythe participe au retour à l'ordre. Il empêche la destruction de la communauté qui ne manquerait de se produire si on laissait le caractère mimétique et cumulatif de la violence se propager (vengeance). Aussi, à l'encontre de l'interprétation moderne qui assimile essentiellement le religieux primitif et le sacrifice à de la superstition, à des pratiques barbares et inutiles, nous estimons qu'il faut surtout repérer sa prodigieuse efficacité à gérer le désordre, à assurer la survie même de la communauté (fonction cathartique). L'efficacité du mécanisme sacrificiel est liée à l'adhésion de la communauté à la version des faits proposée par le mythe, notamment la croyance aux pouvoirs magiques (maléfiques puis bénéfiques) de la victime-dieu. L'hypothèse mimétique, en "désacralisant" le mécanisme sacrificiel, en le réduisant à un simple phénomène collectif, propose en quelque sorte une conception athée du religieux primitif.

Pour terminer, nous allons revenir sur l'interprétation du récit relatif au duel judiciaire. L'hypothèse mimétique va nous permettre de confirmer et de renforcer l'interprétation sacrificielle de la loi (duel judiciaire) que nous avions proposée dans la deuxième partie.

5.
Hypothèse mimétique et duel judiciaire : la nature sacrificielle de la loi

Dans la deuxième partie, nous avions relevé que le texte relatif au duel judiciaire postulait, comme les mythes, la culpabilité de la victime (Ganelon). L'hypothèse mimétique va nous permettre d'affiner cette interprétation sacrificielle.

On retrouve dans ce récit deux éléments présents également dans les mythes. Premier élément : l'évocation d'une situation de désordre, de conflit, d'indifférenciation. L'auteur évoque un conflit opposant Charles à Ganelon et au-delà, du fait de l'existence d'obligations de solidarité, toute leur parenté, les *"cent mille chevaliers"* auxquels le poète fait allusion. On a l'impression que le conflit concerne toute la communauté et qu'il peut conduire à sa destruction. Comme dans le texte biblique (Jugement de Salomon), les protagonistes ont la même attitude, profèrent les mêmes paroles. C'est l'indifférenciation, la réciprocité parfaite. Objectivement, les participants au duel sont des doubles, leur comportement est identique. L'hypothèse de l'origine mimétique du désir est capable d'expliquer cette situation. En effet, si les désirs et les comportements sont mimétiques, ils rendent forcément les hommes identiques puisque leurs désirs vont converger vers les mêmes "objets". L'imitation du désir produit la violence en abolissant les différences. Mais les protagonistes ne perçoivent pas que la violence a une origine mimétique. Ils se croient séparés par une différence formidable car ils ont l'impression de désirer spontanément (conflit objectal). Ils croient à l'autonomie et à la légitimité de leur "besoin" ou de leur désir.

Deuxième élément : c'est au sommet de l'indifférenciation (Pinabel et Thierry sont des doubles) que le mimétisme convertit *"rien ou presque"* (la défaite de Pinabel) en une différence formidable. En effet, au paroxysme de la violence et de l'indifférenciation, surgit une vérité, un sens. La mort de Pinabel révèle la culpabilité de Ganelon à toute la communauté. On peut comparer ce "miracle" permettant de retrouver l'ordre et la paix à celui évoqué dans les mythes religieux. L'expulsion d'une victime-dieu, accusée d'être responsable des maux qui touchent la communauté, permet également de retrouver l'ordre, de sortir de l'indifférenciation. Pour Girard : "*les significations culturelles comportent forcément de l' "arbitraire" puisqu'elles établissent des décalages là où régnait la symétrie parfaite, puisqu'elles instituent des différences au sein de l'identique, puisqu'elles substituent au vertige de la réciprocité violente la stabilité des significations, la peste d'un côté, par exemple, et de l'autre le parricide et l'inceste*" (11) ; ou encore, la communauté en conflit d'un côté et, de l'autre, la défaite de Pinabel. Nous assimilons ainsi le texte relatif au duel judiciaire, comme le mythe, à un texte de persécution. La communauté a besoin d'un coupable pour se réconcilier. Le duel judiciaire constitue un moyen permettant de désigner un coupable.

---

(11) R. Girard, *La violence et le sacré*, p. 323.

Cette interprétation suggère que la loi repose sur un mécanisme sacrificiel (victime émissaire). Toutefois, à la lumière de l'hypothèse mimétique, nous sommes maintenant en mesure de mieux cerner cette relation. Pour le lecteur moderne, l'arbitraire de la désignation de la victime-coupable dans le cas de Pinabel ne fait aucun doute. En effet, la loi du plus fort (duel judiciaire) n'est pas compatible avec le principe de justice. C'est la méconnaissance de ce fait, la croyance en une désignation divine du coupable, au caractère "extérieur" de la loi (Jugement de Dieu), qui explique l'efficacité du processus de gestion de la violence et le retour à l'ordre. On méconnaît l'origine mimétique du mécanisme sacrificiel (unanimité contre une victime) qui fait apparaître Ganelon comme le vrai coupable. Comme dans les mythes, nous sommes en présence d'un mécanisme sacrificiel cathartique dont l'efficacité repose sur la méconnaissance de l'origine mimétique de la violence et du retour à l'ordre. Le mécanisme est efficace, gère le désordre, car les protagonistes du duel judiciaire, comme l'auteur qui en rend compte, croient à la culpabilité de la victime. Ils méconnaissent le caractère arbitraire de sa désignation (loi du plus fort).

Pour terminer, nous ferons remarquer que cette croyance à l'existence d'une violence pure (sacrifice, duel judiciaire, loi divine), capable de gérer le désordre, n'implique pas forcément de postuler la présence de dieux ou d'un Dieu agissant directement ou déléguant leurs pouvoirs. Prenons le cas de l'institution judiciaire dans les sociétés modernes. Elle ne conduit, ni à faire appel au jugement de Dieu, ni à considérer la loi humaine comme le prolongement d'une loi divine. Selon la conception moderne, l'homme puni par la loi est bien "coupable" (jugement), à l'inverse de la victime du sacrifice rituel qui est plutôt considérée comme "innocente" (inutilité du sacrifice, pratique "barbare"). Selon nous, une telle interprétation repose sur la méconnaissance de la fonction cathartique de la violence sacrificielle, qu'il s'agisse du sacrifice ou de la loi. La violence sacrificielle ne vise ni à perpétuer la violence, la fonction cathartique du sacrifice en témoigne (retour à l'ordre), ni à promouvoir la justice, ce n'est pas la véritable fonction de la loi. Elle est simplement contrainte d'avoir recours à la violence pour mettre fin à la violence. Elle ne peut trouver une efficacité que dans la méconnaissance qui la fonde, à savoir la croyance à l'existence d'une bonne et d'une mauvaise violence, à la présence d'une violence transcendante et pure, celle du sacrifice ou de la loi, et d'une violence immanente et impure, celle qui dresse les hommes les uns contre les autres.

La croyance en la vérité de la justice des hommes n'a fait que remplacer la croyance en la vérité de la justice divine. Cette croyance reste pétrie de méconnaissance car elle ne perçoit pas la nature sacrificielle de la loi, sa fonction essentiellement cathartique. La loi exercée par l'institution judiciaire repose sur un mécanisme sacrificiel. Elle est efficace car elle constitue une "vengeance" qui ne sera pas vengée (dernier mot de la vengeance). La croyance unanime en la vérité de la justice des hommes (vengeance légale) repose en réalité sur un phénomène mimétique (croyance collective), lequel assure l'efficacité du mécanisme sacrificiel (12).

En conclusion à ce chapitre, il apparaît que l'efficacité du mécanisme sacrificiel dans les sociétés relevant de l'ordre rituel repose sur la méconnaissance de l'origine mimétique de la violence et du retour à l'ordre. La communauté, en adoptant le point de vue exprimé dans le mythe (culpabilité de la victime), ne fait que reproduire cette méconnaissance. En imputant le désordre et le retour à l'ordre à une puissance surnaturelle dotée de pouvoirs magiques, la communauté sacralise et extériorise la violence. Tant la violence originelle, synonyme de désordre, que la violence sacrificielle, synonyme de retour à l'ordre. La communauté ne perçoit pas que la violence et sa résolution ont une origine humaine (comportements mimétiques) et que le sacrifice consiste à faire cause commune contre une victime innocente. L'efficacité du mécanisme de gestion de la violence repose donc sur la méconnaissance de l'origine mimétique de la violence et de sa résolution sacrificielle. Et si le même type de mécanisme et de méconnaissance était à l'oeuvre dans les théories économiques des théologiens et des libéraux ?

Dans la deuxième partie, nous avons mis en évidence la présence d'un mécanisme sacrificiel au sein des théories économiques des théologiens et des libéraux. Nous avons montré qu'on pouvait assimiler le respect de la loi (théologiens)

---

(12) Dans *Des choses cachées depuis la fondation du monde*, René Girard évoque un principe talmudique selon lequel tout accusé qui fait contre lui l'unanimité de ses juges doit être relâché. L'unanimité accusatrice est considérée ici comme suspecte, elle suggère l'innocence de l'accusé. Ce principe talmudique constitue une exception...qui confirme la règle !

et la poursuite de l'intérêt individuel (libéraux) à des modes de gestion de la violence par une violence "sacrificielle", c'est à dire une violence sacralisée, extériorisée. Il s'agit maintenant de tester la capacité de l'hypothèse mimétique à "démonter" ce mécanisme sacrificiel et à débusquer la présence éventuelle d'une méconnaissance qui fonderait son efficacité. Pour cela, nous devrons examiner les trois points suivants :

- premièrement, est-ce que les théories économiques, à l'image des mythes religieux, méconnaissent la nature mimétique (humaine) de la violence essentielle ? (chapitre 10)
- deuxièmement, si la réponse est positive, les théories économiques se montrent-elles néanmoins capables, à l'image des mythes religieux, de gérer la nature mimétique du désir et des comportements, source de la violence ? Par quel mécanisme parviennent-elles à gérer la violence mimétique ? (chapitre 11)
- troisièmement, si un mécanisme de gestion de la violence mimétique est présent au sein des théories économiques, son efficacité repose-t-elle, comme dans les mythes religieux, sur une méconnaissance, sur une interprétation erronée ? Quelle est la nature de cette méconnaissance ? (chapitre 12)

CHAPITRE 10

Théories économiques et méconnaissance de la nature mimétique de la violence essentielle

Relève-t-on dans les théories économiques des théologiens et des libéraux une conception mimétique du désir et de la violence ? Selon l'hypothèse mimétique, le désir n'est pas objectal (autonome) mais mimétique. Il est imitation du désir d'un Autre qui joue le rôle de modèle. Cela débouche sur un conflit puisque le médiateur (modèle), en possédant et en désignant l'objet au Sujet, constitue en même temps un obstacle à la réalisation du désir du Sujet. Dans cette optique, c'est donc une relation interpersonnelle médiatisée par un objet qui est à l'origine des conflits et de la violence, et non la volonté autonome de détenir l'objet (désir objectal). Dans un premier temps, nous allons faire un "détour de réflexion" par la théorie freudienne de la foule. En effet, cette théorie propose un point de vue intéressant en ce qui concerne le rapport autonomie-imitation, et elle présente des points communs significatifs avec les théories économiques des théologiens et des libéraux (1.). Dans un deuxième temps, à partir des liens établis avec la théorie freudienne de la foule, nous examinerons si les conceptions économiques des théologiens et des libéraux prennent en compte la notion de mimétisme pour expliquer le désordre et la violence (2. et 3.). Enfin, nous verrons que l'hypothèse mimétique permet de formuler un point de vue critique au sujet de la conception de la rationalité individuelle adoptée par les théories économiques (4.).

1. Théories économiques et théorie freudienne de la foule

Comme le soutient Jean-Pierre Dupuy, dont nous allons présenter l'argumentation (13), Freud propose une théorie de la foule qui entretient un rapport avec la conception du marché des

(13) Jean-Pierre Dupuy, *Introduction aux sciences sociales*, Ellipses, 1992, p. 197-203.

libéraux. Nous pensons que cette théorie de la foule entretient également un rapport avec l'approche des théologiens.

Jean-Pierre Dupuy relève que Freud, dans les *Essais de psychanalyse*, distingue deux types de foule. Le premier type de foule analysé par Freud est la foule rassemblée autour d'un chef. Les individus sacrifient leur intérêt personnel à un idéal collectif qui les dépasse. Selon lui, *"pareille restriction du narcissisme ne peut résulter que de l'action d'un seul facteur : de l'attachement libidinal à d'autres personnes. L'égoïsme ne trouve une limite que dans l'amour des autres, dans l'amour d'objets"* (14). Pour Freud, *"il est incontestable que le lien qui rattache chaque individu (au chef) est la cause du lien qui rattache chaque individu à tous les autres"* (15). Or, le lien qui relie chaque individu au chef provient de cette force affective qu'est la libido. Les membres de la foule ayant renoncé à leur *"idéal du moi"*, au profit d'un même objet libidinal, s'identifient les uns aux autres. C'est pourquoi la foule est le support privilégié des phénomènes de contagion : "*la charge affective des individus s'intensifie par induction réciproque : on se trouve comme poussé et contraint à imiter les autres, à se mettre à l'unisson avec les autres"* (16). Dès qu'un objectif sera fixé par le chef, chacun, comme poussé par les autres, participera à sa réalisation.

Comme le fait remarquer Jean-Pierre Dupuy, cette figure du chef est pour le moins paradoxale. Le chef paraît à la fois intérieur et extérieur à la foule. La foule a besoin d'un meneur fixant une direction pour se sentir une, mais simultanément, cette unité repose sur une différenciation absolue entre le chef et la foule. Comme l'écrit Moscovici : "*Les foules sont composées, en principe, d'individus qui, pour y participer, ont vaincu leurs tendances antisociales ou sacrifié leur amour de soi. Et pourtant, en leur centre se trouve un personnage qui est le seul à avoir conservé ces tendances, voire les a exagérées"* (17). Cet amour de soi, que seul le chef aurait conservé, renvoie à une conduite narcissique et autonome *"car quiconque manque de narcissisme manque aussi de pouvoir"* (18).

---

(14) Freud, *Essais de psychanalyse*, Petite Bibliothèque Payot, traduction S. Jankélévitch, p. 123. Cité par J.-P. Dupuy, op. cit., p. 198.
(15) Freud, op. cit., p. 114. Cité par J.-P. Dupuy, op. cit., p. 198.
(16) Freud, op. cit., p. 101-102. Cité par J.-P. Dupuy, op. cit., p. 199.
(17) Moscovici, *L'Age des foules*, Paris, Fayard, 1981, p. 331. Cité par J.-P. Dupuy, p. 200-201.
(18) Moscovici, op. cit., p. 331. Cité par J.-P. Dupuy, p. 201.

Selon nous, cette figure de la foule unifiée et rassemblée autour du chef, présente plusieurs caractéristiques communes avec les conceptions économiques des penseurs théologiens. Premièrement, la conception de Freud selon laquelle les membres de la foule sacrifient leur intérêt personnel pour réaliser un idéal collectif peut être rapprochée de celle des théologiens. Selon ces derniers, les membres de la communauté doivent également délaisser l'intérêt individuel pour réaliser une fin collective transcendante.

Deuxièmement, nous retrouvons le thème de l'unité. Chez Freud, l'attachement libidinal des individus au chef explique l'attachement entre les individus, donc l'unité de la foule. Si on remplace le chef par Dieu et la libido freudienne par la recherche de la béatitude, on retrouve ce qui fonde l'unité de la communauté pour les théologiens : la poursuite d'une fin commune déterminée par Dieu (loi divine). Ainsi, pour Thomas d'Aquin : "*la vie sociale d'une multitude ne pourrait exister sans un dirigeant qui recherche le bien commun ; car plusieurs recherchent nécessairement plusieurs buts, mais un seul n'en recherche qu'un*" (19). La nature sociale de l'homme nécessite la présence d'un chef qui doit avoir pour fonction d'unifier l'action de la multitude. Le chef doit utiliser la loi pour imposer une certaine orientation aux hommes : la recherche du bien commun.

Enfin, troisièmement, nous retrouvons la conception d'un chef ou d'un Dieu dont le pouvoir découle d'une différenciation absolue vis à vis des membres constituant la foule ou la communauté. Il est considéré comme extérieur (chef) ou transcendant (Dieu). Selon Thomas d'Aquin, même dans l'état d'innocence, cet état de nature parfait dans lequel l'homme se trouvait avant la faute originelle, *"si un homme avait été supérieur à un autre en connaissance et en justice, il aurait été choquant qu'il n'emploie pas cette supériorité au service des autres"* (20). Pour Thomas d'Aquin, la communauté a naturellement besoin d'un chef pour la gouverner L'ordre politique, caractérisé par la présence d'un gouvernant et d'institutions étatiques, découle d'un ordre naturel lié à la raison humaine. Celui qui a pour mission de conduire la communauté vers le bien commun, le monarque, jouit d'une délégation divine

(19) Thomas d'Aquin, *La Somme Théologique*, Cerf, 1984, I, II, 96, 4.
(20) Thomas d'Aquin, *La Somme Théologique*, Cerf, 1984, I, II, 96, 4.

qui légitime son pouvoir. Il n'est pas responsable de son action vis à vis de la communauté mais vis à vis de Dieu. Son pouvoir est lié à sa "supériorité naturelle". En résumé, il apparaît que la théorie de la foule-contagion de Freud présente certains points communs avec la conception des théologiens. Dans les deux représentations, il est question d'imitation d'un modèle (le chef, Dieu). L'autonomie et l'extériorité supposées du "chef" érigent ce dernier en modèle pour les individus. Ces derniers abandonnent leur "amour de soi" (égoïsme, poursuite de l'intérêt individuel). Ce comportement débouche sur une situation harmonieuse (contagion, ordre).

Jean-Pierre Dupuy relève que le deuxième type de foule analysé par Freud est la foule-panique. Elle émerge lorsque la foule perd son chef, c'est à dire lorsque les liens affectifs qui assuraient la cohésion de la foule disparaissent. Dans cette situation, *"chacun ne se préoccupe que de lui-même, sans nul souci pour les autres"* (21). Pour Freud *"la panique signifie la désagrégation de la foule et a pour conséquence la disparition de toute attache entre les membres de celle-ci"* (22). Comme il n'y a plus de centre régulateur, chacun ne voit que son avantage privé, ce qui semble produire un mouvement anarchique. La panique constitue donc en quelque sorte la négation de la foule. Toutefois, comme le remarque Freud, c'est à ce moment précis où tout ce qui faisait la foule a disparu, le chef, les liens affectifs, que la foule nous paraît le plus la foule. En effet, c'est bien dans la panique que la contagion peut atteindre *"des proportions extraordinaires"* (23).

Comme le suggère Jean-Pierre Dupuy, cette figure de la foule-panique entretient un rapport avec la représentation des économistes libéraux. En effet, selon ces derniers, des individus guidés par la poursuite de leur seul intérêt privé, comme dans la panique, produisent en définitive un ordre, un mouvement qu'ils n'avaient pas prévu au départ (ordre spontané). On retrouve bien l'image freudienne d'un phénomène de contagion (ordre) résultant d'une espèce de panique (chacun pour soi). On peut alors se demander, comme le fait Dupuy, par où passe le fluide. Comment la composition d'une multitude d'actes guidés par la

---

(21) Freud, *Essais de psychanalyse,* Petite Bibliothèque Payot, traduction S. Jankélévitch, p. 116. Cité par J.-P. Dupuy, p. 201.
(22) Freud, op. cit., p 118. Cité par J.-P. Dupuy, p. 201.
(23) Freud, op. cit., p. 117. Cité par J.-P. Dupuy, p. 202.

poursuite de l'intérêt individuel peut-elle produire une direction, un mouvement, un ordre ? Selon lui, comme nous le verrons, Freud n'apporte pas de réponse satisfaisante à cette question. Retenons seulement, pour l'instant, deux points. Premièrement, Freud évoque la notion de contagion, de mouvement harmonieux en ce qui concerne les deux types de foule qu'il met en évidence (foule-contagion et foule-panique). Deuxièmement, cette notion de contagion semble entretenir un rapport avec les deux conceptions de l'ordre véhiculées dans les théories économiques (ordre imposé et ordre spontané).

Nous allons maintenant revenir sur la question initiale. Les théories économiques intègrent-elles une conception mimétique du désir comme cause de la violence ? En établissant des liens avec la théorie freudienne de la foule, nous analyserons la conception des théologiens (2.), puis celle des libéraux (3.).

2. Volonté divine et médiation externe chez les théologiens : une méconnaissance de l'origine mimétique de la violence

Comme nous l'avons vu, la conception freudienne de la foule-contagion guidée par son chef présente de nombreux traits communs avec la représentation des théologiens. Freud et les penseurs théologiens raisonnent dans l'univers de la médiation externe. La façon dont ils conçoivent le désir évacue toute possibilité de conflit ou de rivalité entre les hommes. Revenons tout d'abord à la théorie freudienne de la foule. Selon Freud, l'attachement libidinal au chef produit un phénomène de contagion parce que les membres de la foule considèrent le chef comme fondamentalement différent (imitation non conflictuelle). L'autonomie et le narcissisme supposés du chef font de lui un modèle pour les individus composant la foule. Pour Freud, c'est grâce à cet attachement commun à une personne-modèle que la foule trouve une unité et que le chef peut exercer un pouvoir sur la foule.

Nous retrouvons ici une "figure" décrite par René Girard : la médiation externe. Dans cette figure, c'est l'imitation qui constitue la conduite essentielle mais elle se réalise sans conflit car le sujet considère le modèle comme fondamentalement différent et supérieur. La présence d'un chef supposé narcissique et autonome crée une situation de différenciation vis à vis de la foule. Freud affirme que le chef n'a nul besoin de l'amour ou de l'approbation des autres car il est autonome. Comme le suggère Jean-Pierre Dupuy, ne faudrait-il pas plutôt considérer que c'est parce qu'il a conquis les autres, qu'il donne l'impression de pouvoir s'en passer ? La foule et le chef entretiennent un rapport de doubles. L'autonomie du chef est un leurre. Les membres de la foule sont fascinés par le chef car ils le croient autonome, mais en même temps cette croyance à l'autonomie du chef est le produit de leurs regards fascinés. Le chef a besoin des autres pour se sentir autonome et les autres ont besoin d'un chef qui parait indifférent, hautain et narcissique pour croire à cette autonomie qui les fascine. Selon Jean-Pierre Dupuy, la représentation freudienne de la foule unie autour du chef repose sur une méconnaissance qui se manifeste par la croyance à l'autonomie du chef, à sa différence absolue (médiation externe). Cette figure, nous la retrouvons chez les penseurs théologiens. Selon nous, elle renvoie à une conception tout aussi mensongère du désir. Nous allons essayer de montrer que l'hypothèse mimétique permet en quelque sorte de révéler ce mensonge en proposant une autre interprétation du désir et de l'origine de la violence.

Les théologiens expliquent le désordre et la violence (conflits) par le non-respect de la loi divine. Ainsi, pour Adalbéron et Gérard, l'indifférenciation manifeste une situation de désordre car la volonté divine d'une hiérarchisation sociale en trois ordres n'est pas respectée. L'indifférenciation est source de violence, de conflits, car elle rend les hommes incapables de se situer les uns par rapport aux autres. Il faut empêcher les conflits et la rivalité entre les hommes en imposant une différenciation entre les hommes. La tripartition fonctionnelle est une représentation du social caractérisée par la médiation externe excluant toute possibilité de rivalité. Il est bien question d'imitation, mais on suppose que le sujet ne songe pas à se comparer à son modèle. Il considère que la distance qui les sépare est infranchissable. Les membres des trois ordres ne songent pas à se comparer les uns aux autres car ils s'estiment fondamentalement différents. Adalbéron et Gérard considèrent que cette différenciation est transcendante, naturelle (loi divine). Il en découle, selon eux, une nécessaire solidarité (services mutuels) et une répartition imposée empêchant toute possibilité de conflit entre les hommes. La médiation externe est synonyme d'ordre car elle est fondée sur la croyance à la présence d'une différence essentielle.

De même, pour Thomas d'Aquin, la poursuite de l'intérêt individuel (avaricia) est synonyme de désordre car elle ne respecte pas la loi divine ordonnant la recherche du bien commun. La parcimonie de la nature risque de conduire certains à privilégier leur propre intérêt (accumulation excessive de biens), empêchant les autres hommes de jouir du nécessaire pour atteindre la béatitude. D'où un risque de conflits entre les hommes pour le partage de ces biens rares. La loi, en condamnant la poursuite de l'intérêt individuel, constitue un mode de gestion de la violence. En imposant le juste prix, la loi permet de gérer la rareté, d'atteindre une justice distributive. Là encore, c'est parce qu'il raisonne dans l'univers de la médiation externe (différence homme-Dieu) que Thomas d'Aquin peut légitimer la présence de cette loi qui constitue une contrainte pour les individus. Cette loi est considérée comme extérieure aux hommes. Il s'agit de reproduire un modèle transcendant.

L'hypothèse mimétique (médiation interne) explique le désordre et la violence par la présence de comportements humains caractérisés par un phénomène d'imitation source de conflit. Les indices collectés révèlent que les théologiens n'adoptent pas une conception mimétique de la violence. Par contre, il est possible d'interpréter la pensée de Thomas d'Aquin à partir de l'hypothèse du désir mimétique. Revenons sur le récit du pêché originel, auquel Thomas d'Aquin se réfère pour expliquer la parcimonie de la nature. Adam désobéit à Dieu et mange la pomme. Mais s'agissait-il en fait de manger ? Non, car au sein du paradis tout s'offrait en abondance. Si tu manges de ce fruit, tu auras la connaissance qui éclaire la question du mal et tu seras comme Dieu. C'est le désir d'être et de connaître comme Dieu, c'est à dire le désir d'imiter et d'égaler Dieu qui conduit Adam à désobéir. Médiation interne. C'est ce mimétisme "négatif" car conflictuel, et non le fait d'avoir désobéi à Dieu, qui est à l'origine de la faute originelle et de la parcimonie de la nature (rareté). C'est le caractère mimétique du désir qui, une première fois il y a très longtemps, a eu des conséquences terribles pour la communauté. Thomas d'Aquin ne prend pas en compte la présence de ce mimétisme conflictuel. Il raisonne dans l'univers de la médiation externe.

Cette "lecture mimétique" du récit du pêché originel met en évidence la dimension conflictuelle de l'imitation : l'autre est à la fois modèle et rival. La théorie du désir mimétique (médiation interne) affirme que l'autre est obstacle parcc qu'il cst modèle.

C'est cette dimension fondamentalement conflictuelle du mimétisme qu'Adalbéron, Gérard ou Thomas d'Aquin ne prennent pas en compte. Ils postulent que l'Autre ou que Dieu est seulement modèle car il est différent, supérieur. Ils raisonnent dans un univers caractérisé par la médiation externe. Ils font référence à un modèle transcendant qu'il convient de reproduire. L'imitation consiste ici à reproduire une différenciation originelle. A travers le récit biblique du pêché originel s'opposent déjà les ordres de la loi, disons le droit, et le désir de connaissance, c'est à dire le savoir ou la science. Dans les représentations de Thomas d'Aquin, d'Adalbéron et de Gérard, le maître législateur, Dieu, dicte la loi. L'homme n'a qu'une seule chose à faire : obéir. En définitive, les théologiens ne prennent pas en compte le caractère à la fois imitatif et conflictuel du désir. S'il est bien question d'imitation, cette dernière n'a pas pour eux un caractère conflictuel. Selon nous, ils raisonnent dans l'univers de la médiation externe et méconnaissent l'origine mimétique du désir et de la violence.

3.
Rareté et autonomie du désir chez les libéraux : une méconnaissance de l'origine mimétique de la violence

Revenons sur la théorie freudienne de la foule. Plus précisément sur la façon dont Freud analyse la place du chef par rapport aux individus composant une foule. Comme le souligne Dupuy, Freud voit dans le chef ou le meneur la survivance du père de la horde primitive. Il estime que ce dernier était libre : *"Même à l'état isolé, ses actes intellectuels étaient forts et indépendants, sa volonté n'avait pas besoin d'être renforcée par celle des autres (...) Aujourd'hui encore les hommes composant une foule ont besoin de savoir que le chef les aime d'un amour juste et égal, mais le chef lui-même n'a besoin d'aimer personne, il est doué d'une nature de maître, son narcissisme est absolu, il est plein d'assurance et indépendant"* (24). On ne saurait être plus explicite. Freud croit à l'autonomie du chef, à son narcissisme absolu. Pour Freud, le chef s'aime lui-même et les individus aiment leur chef. Il adhère à une conception objectale du désir puisque l'attachement des individus au chef renvoie au

---

(24) Freud, *Essais de psychanalyse*, op. cit., p. 151. Cité par Jean-Pierre Dupuy, Introduction aux sciences sociales, Ellipses, 1992, p. 201.

jeu de la libido, au désir sexuel ou affectif, c'est à dire à l'attirance pour une personne, pour un "objet".

Comme le montre Christine Orsini, on retrouve la même conception lorsque Freud développe la théorie du complexe d'Oedipe (25). En effet, selon Freud, *"le petit garçon manifeste un grand intérêt pour son père ; il voudrait devenir et être ce qu'il est, le remplacer à tous égards"*. Mais, *"le petit garçon s'aperçoit que le père lui barre le chemin vers la mère ; son identification avec le père prend de ce fait une teinte hostile et finit par se confondre avec le désir de le remplacer, même auprès de la mère. L'identification est d'ailleurs "ambivalente" dès le début."* (26). Cette identification au père que Freud considère comme *"ambivalente dès le début"* pourrait assez facilement s'expliquer dans l'optique de l'hypothèse mimétique du modèle-obstacle. En effet, il est très intéressant de remarquer combien l'interprétation de Freud suggère le caractère mimétique du désir (médiation interne), comme s'il pressentait que les sentiments positifs d'imitation et de vénération de l'enfant pour le père étaient condamnés à se muer en sentiments négatifs de ressentiment et de culpabilité.

Mais Freud rejette l'hypothèse mimétique. Il tient trop à l'inceste, c'est à dire à la spontanéité de l'attirance "sexuelle" du petit garçon à l'égard de la mère. Freud considérait que cette hypothèse d'un désir "sexuel" autonome du petit garçon à l'égard de la mère était ce qu'il avait découvert de plus révolutionnaire et de plus important. Selon lui, la rivalité avec le père-modèle s'explique par l'attirance de l'enfant pour la mère. Ainsi, l'ambivalence qui était le phénomène à expliquer devient en quelque sorte chez Freud un principe d'explication. Selon Girard, Freud voit bien l'incompatibilité entre la conception mimétique du désir qui le détache de tout objet et la conception oedipienne qui l'enracine dans l'objet maternel. Mais il exclut la première au profit de la seconde car il croit à l'autonomie du désir, à la présence d'un "attracteur" qui est en même temps une "fin". Il sort ainsi de l'indétermination radicale qui résulte du cercle mimétique.

Girard reproche à Freud de croire à la présence, invraisemblable chez un enfant, de la rivalité consciente. En

---

(25) Christine Orsini, *La pensée de René Girard*, Retz, 1986, p. 51-53.
(26) Freud, *Essais de psychanalyse*, P.-B. Payot, p. 127. Cité par C. Orsini, op. cit., p. 52-53.

effet, *"le petit garçon s'aperçoit"* renvoie à une philosophie du sujet, à une psychologie de la conscience. Comme le souligne Christine Orsini, la conception de Freud juxtapose de façon incompréhensible deux attitudes du petit garçon considérées comme autonomes, le désir pour la mère et l'identification au père. En effet, chez Freud, cette identification au père ne joue finalement aucun rôle pour expliquer le comportement de l'enfant puisqu'il est censé "désirer la mère" de façon autonome. L'hypothèse mimétique nous semble plus pertinente que la conception freudienne. En effet, selon l'hypothèse mimétique, l'identification au père renvoie à un phénomène d'imitation qui ne peut qu'orienter le désir de l'enfant-disciple vers les "objets" du père-modèle, y compris la mère. C'est pour cette raison que le père est à la fois modèle et obstacle et non pas, comme le suggère Freud, parce que l'enfant et le père désireraient de façon autonome le même "objet". C'est un phénomène mimétique (imitation conflictuelle) qui produit l'ambivalence que Freud a très bien repérée, mais qu'il n'explique pas de façon satisfaisante car il croit au désir objectal, à l'autonomie du désir de l'enfant pour la mère.

La conception des économistes libéraux rejoint celle de Freud lorsque ce dernier analyse le comportement du chef ou du petit garçon dans le complexe d'Oedipe. Ils adoptent une conception objectale et autonome du désir. La libido freudienne est simplement remplacée par la poursuite autonome de l'intérêt individuel. Il y a toutefois une différence entre les deux approches. Pour les libéraux, tous les individus sont des *homo oeconomicus*, c'est à dire des êtres autonomes qui font des choix rationnels. Pour Freud, si on se réfère par exemple au cas de la foule-contagion, seul le chef est autonome. C'est la reconnaissance de cette autonomie du chef qui pousse les autres à le prendre pour modèle (27).

Les penseurs libéraux, même lorsqu'ils font référence à un sentiment comme l'envie, ne font pas appel à un phénomène comme l'imitation pour expliquer un tel comportement. Selon eux, l'envieux n'imite pas l'Autre, il désire spontanément un objet

---

(27) Cependant, pour Freud, l'autonomie est bien une caractéristique commune à tous les individus en ce qui concerne l'affectation de la libido. L'individu procèderait en quelque sorte avec sa libido comme un financier avec son capital. Il est censé être autonome au niveau de ses choix, au niveau de l'affectation de sa libido.

possédé par l'Autre. L'envieux, comme tous les individus, est un être autonome qui sait ce qu'il faut acquérir pour être bien classé dans la compétition économique. L'envie s'explique donc comme l'orgueil, la vanité ou le goût du luxe par la tendance naturelle (nature humaine) à accumuler des biens rares pour maximiser l'utilité et la satisfaction. Ce phénomène peut éventuellement être lié à un désir de reconnaissance par autrui, mais certainement pas à un phénomène d'imitation. Ainsi, les libéraux adoptent une conception objectale et autonome du désir comparable à celle de Freud lorsqu'il décrit la position du chef. Or, comme nous l'avons déjà indiqué, cette conception est un leurre. C'est le regard fasciné des autres qui confère au chef un sentiment d'autonomie. De même, ce sont l'autosuffisance et l'autonomie supposées du chef, son indifférence hautaine, la distance présumée infranchissable le séparant de la foule qui lui confèrent ce prestige que tous lui envient.

En fait, il manque à Freud une théorie rigoureuse du partage du sujet entre le Moi et l'Autre. Or, une telle théorie existe. C'est la théorie du désir mimétique. Le génie de Girard est d'être parvenu à relier ce qui, de prime abord, apparaît antinomique : l'imitation et la distinction, l'envie et l'effet de signe, le voir et l'être vu, l'admiration et la haine. Pour Girard, le désir n'est pas objectal mais mimétique. L'Autre est rival parce que modèle et modèle parce que rival. C'est l'imitation qui constitue le comportement essentiel. C'est l'Autre qui fascine le Sujet bien avant tout désir d'Objet. Le Sujet désire l'Objet parce que l'Autre qu'il imite le possède ou le désire. C'est le désir de l'Autre que le Sujet imite. En se choisissant un modèle, il se choisit en même temps un obstacle et un rival. Girard met en évidence la dimension acquisitive et conflictuelle de la mimesis.

Selon nous, l'intérêt de l'hypothèse mimétique provient du fait qu'elle est capable d'expliquer plus de phénomènes et qu'elle les explique mieux que d'autres hypothèses connues à ce jour. Selon la conception objectale du désir, l'envie est un sentiment qui s'explique par le fait que le Sujet désire spontanément un objet rare possédé par l'Autre. Selon la conception mimétique du désir, on envie l'Autre et non une chose. Plus précisément, c'est parce que l'Autre est modèle qu'il nous fait apparaître comme désirable un objet qu'il possède. L'envie est donc un rapport aux autres et non à des objets. C'est une relation interpersonnelle. Bien entendu, jamais le Sujet n'admettra qu'il est impuissant à désirer par lui même et qu'il ne fait qu'imiter le désir de cet

Autre qu'il exècre parce qu'il possède le bien désigné. Mais le mensonge fonctionne "sans se savoir lui-même". Chacun continue de croire au véritable narcissisme, non pas de lui-même, mais des Autres qu'il imite.

De façon plus générale, les hommes ne désirent pas des objets de façon autonome (approche économique, théorie objectale du désir), ni parce qu'ils veulent être bien vus (approche sociologique, théorie des effets de signe). Comme l'affirme Jean-Pierre Dupuy : "*Ils désirent les objets parce que ceux-ci sont possédés ou désirés par d'autres qui leur semblent jouir de ce à quoi ils aspirent le plus au monde : l'autonomie, c'est à dire la sortie de l'enfer mimétique où ils se trouvent plongés*" (28). En rester à la première conception, c'est rester au service du mensonge individualiste en affirmant que l'autonomie du désir caractérise tous les individus, lesquels accumulent des biens rares sans se soucier des autres.

C'est ce qu'affirment les penseurs libéraux à partir de leur conception objectale et autonome du désir. On a l'impression que, tel Narcisse, le sujet se prend lui-même comme objet de ses désirs. C'est à ce niveau que se situe le mensonge individualiste. Il s'agit de faire croire aux hommes qu'ils sont autonomes dans le monde moderne : "*Narcisse, apparemment, contemple son image dans les eaux d'une fontaine. La sagesse commune comprend qu'il se regarde lui-même. Mais les mots trahissent le mythe. Dans le reflet, derrière son image, Narcisse voit le visage de cet Autre qu'il imite. C'est attiré par lui qu'il se jette au fond des eaux*". (29). L'individu-modèle moderne ressemble comme deux gouttes d'eau au chef freudien que les autres imitent parce qu'ils le croient autonome (modèle). Mais l'autonomie de l'individu-modèle moderne, comme celle du chef, ne sont pas réelles. Elles sont liées à une croyance erronée des individus. C'est parce qu'il sert de modèle aux autres, c'est parce qu'il les a conquis que l'individu-modèle ou que le chef donnent l'impression de pouvoir s'en passer, d'être autonomes. Selon Jean-Pierre Dupuy, les désirs humains ne peuvent pas être autonomes dans le monde moderne. L'autonomie est un rapport de doubles. Nous adhérons à cette interprétation. Freud passe finalement très près de la "vérité" car dans la théorie de la foule-contagion, il met bien en évidence le rapport qui existe

---

(28) Jean-Pierre Dupuy, *L'enfer des choses*, p. 91
(29) Jean-Pierre Dupuy, *L'enfer des choses*, p. 88

entre l'autonomie et l'imitation. Toutefois, comme les membres de la foule, il croit à l'autonomie du chef et ne peut donc repérer le jeu mimétique. En postulant l'autonomie de tous les individus, les libéraux méconnaissent encore plus la réalité. Ils ne peuvent ainsi repérer que c'est l'imitation de modèles supposés autonomes qui oriente les comportements individuels.

L'hypothèse mimétique permet de proposer une interprétation de la notion de rareté différente de celle des libéraux. Nous savons que la conception objectale du désir, défendue par les penseurs libéraux, appréhende la rivalité ou la compétition comme un produit de la rareté (conflit objectal). L'hypothèse mimétique, au contraire, voit dans la rareté un produit de la rivalité ou de la compétition. Cette rivalité est elle-même liée à un comportement d'imitation visant la différenciation. C'est parce que les hommes cherchent à se différencier qu'ils imitent des modèles supposés autonomes et produisent une situation de rivalité, synonyme pour eux de rareté.

Les économistes libéraux postulent que la rareté produit la rivalité. Ils assimilent cette dernière à un conflit d'appropriation pour un objet rare qu'ils appellent "satisfaction" ou "bonheur". Ils attribuent ce besoin de rivaliser et de dominer à des sentiments comme l'orgueil, l'égoïsme, l'envie, la prodigalité, le goût du luxe. Pour eux, ces sentiments sont des "expressions" de la poursuite de l'intérêt individuel, laquelle est considérée comme une conduite naturelle (postulat du naturalisme universaliste). Selon nous, une telle référence à la nature humaine n'explique absolument pas les comportements humains. En effet, supposer que les hommes sont naturellement "mauvais" (égoïstes), ou plutôt "vicieux" comme l'affirme Mandeville, est aussi insuffisant et trompeur que de les supposer "bons" comme le postule Jean-Jacques Rousseau. Cela dispense de réfléchir au pourquoi de leur violence ou, plus précisément, cela conduit à se méprendre sur la véritable origine de la violence humaine.

Selon la conception objectale du désir, les individus sont supposés désirer spontanément des objets. On explique la rivalité par la rareté des biens, elle-même perçue comme une contrainte naturelle. La théorie du désir mimétique, comme le montre Paul Dumouchel (30), renverse cette logique. Elle fait de la rareté la

(30) Cf. l'analyse de Paul Dumouchel, *L'enfer des choses*, 2ème Partie, p. 135 et suiv.

conséquence, et non la cause, de la rivalité. Postuler, comme le fait Tocqueville, que les hommes ne sont pas heureux dans le monde moderne parce qu'ils constituent des obstacles les uns pour les autres (besoin de se différencier) est une réponse largement supérieure à la conception des économistes libéraux. Tocqueville perçoit la nature essentiellement interpersonnelle, non objectale, du conflit. L'hypothèse du désir mimétique permet en quelque sorte d'approfondir l'intuition de Tocqueville en postulant que c'est la convergence mimétique des désirs vers les mêmes objets qui crée les rapports conflictuels entre les hommes et leur donne ainsi l'impression que les biens sont rares.

En résumé, pour les économistes libéraux, la compétition économique est le produit de la rareté des biens. Pour nous, la rareté est le produit de la convergence mimétique des désirs vers les mêmes biens. Le désir mimétique trouvant son origine dans des relations interpersonnelles, aucune quantité de biens, fût-elle très abondante, ne saurait satisfaire les individus. Même dans l'état d'abondance imaginé par Hume, on peut penser que le caractère mimétique du désir créerait des conflits, à l'image de ces enfants qui ne parviennent pas à se partager sans dispute des objets identiques disponibles en quantité suffisante. L'état d'abondance originel du paradis terrestre décrit dans la Bible débouche lui aussi sur une situation de conflit provoquée par le désir de l'homme d'imiter et d'égaler Dieu. Dans tous les cas, c'est le caractère mimétique du désir qui produit les conflits et la compétition et non la rareté des biens. Cette dernière est produite par la convergence mimétique des désirs vers les mêmes objets. La conception des économistes libéraux d'un désir autonome est mensongère, elle relève d'une interprétation erronée, d'une méconnaissance.

En conclusion, nous considérons que les théologiens et les libéraux, tout comme Freud, ne reconnaissent pas le caractère mimétique du désir et de la violence. L'hypothèse mimétique postule que la conduite essentielle est l'imitation, laquelle provoque un conflit pour la possession de l'objet (violence). Les théologiens attribuent la violence au non-respect d'une volonté divine provoquant une situation de conflits entre les hommes (indifférenciation ou poursuite de l'intérêt individuel). Il s'agit pour eux d'imposer aux individus le respect de la loi divine, c'est à dire l'imitation d'un modèle transcendant synonyme de médiation externe (imitation sans conflit). Les libéraux, quant à eux, attribuent la violence à la rareté des biens dans un contexte où les individus sont censés accumuler le plus de biens possible pour maximiser leur bonheur (rationalisme utilitariste et autonomie du désir). Selon eux, la poursuite naturelle de l'intérêt individuel permet de gérer cette violence potentielle car elle stimule la production et réduit la rareté de façon relative. Ainsi, les deux modes de gestion de la violence retenus dans les théories économiques des théologiens et des libéraux, respect de la loi ou poursuite de l'intérêt individuel, découlent de leurs conceptions de l'origine de la violence et de la nature du désir.

L'hypothèse mimétique postule que les deux conceptions du désir adoptées par les théologiens et les libéraux reposent sur une analyse incomplète. Les théologiens, en raisonnant dans le cadre de la médiation externe, ne perçoivent pas le caractère conflictuel du désir ; les libéraux, en affirmant l'autonomie du désir, méconnaissent son caractère imitatif. L'hypothèse mimétique, en postulant le caractère conflictuel de l'imitation, intègre ces deux points de vue. Elle se montre capable d'unifier les deux conceptions opposées du désir proposées par les théologiens et les libéraux. Elle postule que ces deux conceptions reposent sur une approche tronquée et mensongère du désir et de l'origine de la violence. Ces deux conceptions méconnaissent l'origine mimétique du désir et de la violence.

4. Hypothèse mimétique et critique de la rationalité

Jean-Pierre Dupuy considère qu'il existe deux conceptions opposées de la rationalité individuelle : la théorie causale de la décision (approche libérale) et la théorie évidentialiste. Nous allons exposer son approche de la théorie causale de la décision (4.1.), puis de la théorie évidentialiste (4.2.), en essayant de montrer que l'hypothèse mimétique permet de formuler une critique de ces deux théories et d'élaborer une autre conception de la rationalité individuelle. Le dernier paragraphe abordera la question de la rationalité individuelle dans les théories économiques des théologiens (4.3.).

4.1. Critique de la théorie libérale du choix rationnel

Jean-Pierre Dupuy critique l'approche libérale de la rationalité. Nous allons exposer son analyse et essayer de montrer que l'hypothèse mimétique apporte un point de vue éclairant sur la conception libérale.

Tout d'abord, l'analyse de Dupuy (31). Selon Maurice Allais, prix Nobel d'économie, *"en matière de rationalité, la maxime fondamentale est : seule compte l'avenir"* (32). Il s'agit là d'un des principes essentiels de la théorie du choix rationnel défendue par les économistes libéraux. Cette maxime ne signifie évidemment pas que la passé est sans importance. Par exemple, il est bien évident que l'expérience que nous avons acquise oriente nos actions présentes. Selon Dupuy, Maurice Allais veut simplement dire ceci : si je dois effectuer un choix entre plusieurs actions présentes, je ne dois m'intéresser qu'à leurs conséquences prévisibles. Conséquence doit être pris ici dans son sens étymologique, c'est à dire ce qui accompagne l'action en venant après elle. Quoi que je décide de faire maintenant, cela ne peut avoir un effet que sur l'avenir, certainement pas sur le passé. Le passé est fixe, notre décision présente ne saurait le modifier. Certains penseront sans doute qu'il n'est point besoin d'être prix Nobel d'économie pour formuler une telle évidence et que violer la maxime d'Allais dénote forcément un comportement irrationnel. Pourtant, selon Amos Tversky, psychologue cognitif de Stanford, les axiomes de la théorie du choix rationnel sont dans la pratique fréquemment violés (33). Selon lui, nous violons cette maxime dans beaucoup de décisions ou d'actes de la vie quotidienne, voire lorsqu'il s'agit de nos convictions les plus intimes comme nos convictions religieuses. Par exemple, voici deux situations illustrant des comportements irrationnels au sens d'Allais.

Première situation. J'observe que certaines personnes accordent une cote élevée à un club privé. Elles sont prêtes à payer le prix fort pour s'y faire admettre. Me fiant à leur opinion, je me fixe à moi-même cet objectif. Je décide donc de payer ce prix élevé et je suis admis. Ma déception est grande. L'ambiance, les activités, tout me paraît médiocre. Que faut-il faire : abandonner ou continuer à fréquenter le club ?

(31) Jean-Pierre Dupuy, *Sciences sociales et sciences cognitives*, op. cit.. Nous reprenons l'analyse développée dans les pages 61 à 72.
(32) Cité par Jean-Pierre Dupuy, Sciences sociales et sciences cognitives, p. 61.
(33) Cf. Jean-Pierre Dupuy, *Sciences sociales et sciences cognitives*, p. 63. G.A. Quattrone and A. Tversky, "Self-Deception and the Voter's illusion" in J. Elster (ed), *The Multiple Self*, Cambridge University Press, 1987.

Considérant tout ce qu'il m'en a coûté pour y être accepté, je me convaincs que le club, finalement, n'est pas si mal que cela. Je décide donc de continuer à le fréquenter.

De toute évidence, la maxime d'Allais n'est pas respectée. Ce comportement est irrationnel. En effet, le fait d'avoir payé un prix ou un coût élevé dans le passé pour obtenir X ne devrait pas influencer mon jugement présent sur la désirabilité de X. Ma croyance passée, dotée d'une certaine rationalité (je me suis fié au jugement des autres en situation d'incertitude), ne devrait pas constituer une raison pour ma croyance présente dans la mesure où j'ai une bonne raison de la réviser (ma propre expérience). Toutefois, tout se passe comme si ma croyance passée était cause de ma croyance présente.

Deuxième situation. Ce deuxième cas d'irrationalité est appelé en anglais "the sunk cost fallacy", ce que Jean-Pierre Dupuy traduit par "le sophisme de l'amortissement". Il est bien connu des économistes. Selon la théorie du choix rationnel, contrairement aux pratiques comptables, toute dépense doit être considérée comme amortie dès qu'elle a été réalisée. L'irrationalité ne concerne pas ici une croyance présente, mais une action liée à une croyance. En voici une illustration. J'achète un équipement coûteux pour occuper mes temps de loisir. Par exemple, je décide d'investir dans une parabole et un téléviseur sophistiqués pour recevoir un grand nombre de chaînes. Quelle erreur ! Je croyais naïvement que j'aurais accès à des programmes de qualité. En fait, je les trouve encore plus médiocres que ceux dispensés par la télévision française. Que faut-il faire ? Se débarrasser de l'équipement ou continuer à le faire fonctionner ? Selon la maxime d'Allais, la rationalité exige que je ne tienne pas compte du coût de l'équipement. En effet, cette dépense a été réalisée dans le passé et seul compte l'avenir. Je dois donc agir comme si on m'avait donné l'équipement. J'en conclus qu'il vaut mieux ne pas utiliser l'équipement. Je fais passer son coût d'acquisition par pertes et profits. Je suis rationnel car, en agissant ainsi, je reconnais a posteriori l'irrationalité de mon investissement de départ.

En réalité, selon Tversky, bien peu d'individus se comportent ainsi. Pour la majorité, cet équipement ayant nécessité une dépense importante, il faut l' "amortir". Dans cette optique, il faut utiliser l'équipement même si cela coûte beaucoup (frais de fonctionnement et ennui généré par les programmes) et rapporte peu au regard d'autres options possibles consistant à mieux occuper ses loisirs. Du point de vue du principe d'Allais, voilà bien une irrationalité flagrante. L'action vise non pas ses conséquences causales mais le besoin qu'on éprouve de se prouver qu'on a fait le bon choix. Je suis en train d'utiliser l'équipement que j'ai acheté, c'est la preuve qu'il est parfaitement adapté à mes besoins. Me voilà rassuré. Selon l'interprétation orthodoxe, l'individu qui agit ainsi est de mauvaise foi. Son comportement vise à changer le passé (remise en cause du principe de la fixité du passé) en contrefaisant ce qu'aurait été la conséquence causale d'un passé différent plus désirable. Jean-Pierre Dupuy établit un parallèle avec la logique vindicatoire. L'acte vengeur tente lui aussi de modifier le passé, en fait de l'abolir, en prétendant annuler une première violence par une nouvelle. En réalité, il ne fait que les additionner. Le sophisme de l'amortissement ne fait qu'ajouter des coûts d'exploitation (dépenses de fonctionnement et ennui généré par les programmes) à un coût d'investissement injustifié, comme pour se venger de lui. Finalement, pour les orthodoxes, ce comportement est irrationnel car en agissant ainsi le sujet se dote d'un pouvoir inconcevable : le pouvoir de choisir son passé.

Selon Jean-Pierre Dupuy, il convient en fait de distinguer deux théories de la décision. La première est la théorie orthodoxe qu'on peut nommer théorie causale de la décision Elle s'appuie sur le principe d'Allais qui considère le passé comme fixe. La seconde est la théorie évidentialiste, de l'anglais *evidence* : signe, manifestation, preuve. Elle appréhende la décision comme un "signe", une preuve, en rapport avec un évènement ou une croyance passés. Les orthodoxes rejettent la thèse évidentialiste car, selon eux, elle intègre un comportement irrationnel se manifestant par le pouvoir de choisir son passé (mauvaise foi). Cependant, les exemples précédents semblent indiquer que ce comportement "irrationnel" est monnaie courante. Cela ne remet-il pas en cause le principe d'Allais et du même coup la doctrine libérale, laquelle postule que l'individu effectue des choix "rationnels" au sens d'Allais ?

Selon nous, l'hypothèse mimétique est capable d'expliquer de façon plus satisfaisante les croyances ou les comportements que nous venons d'évoquer. Elle postule, en effet, que le processus mental responsable des croyances repose sur des mécanismes d'imitation et d'auto-renforcement, voire sur des phénomène d'hystérésis. On peut ainsi concevoir qu'un évènement mental, la croyance ancrée chez un modèle, puisse être à l'origine de la croyance d'un sujet imitant sans pour autant constituer une raison pour ce dernier. Dans l'exemple relatif au club privé, si j'imite ma croyance passée, si je prends modèle sur elle, c'est parce que cette croyance vient d'un d'autre, d'un modèle que je considère comme autonome. Dans ce contexte, on comprend que son impression présente (médiocrité du club) puisse être interprétée par le sujet comme peu crédible. Si je suis déçu par le club, cela doit provenir de moi-même. Peut-être ne suis-je pas assez cultivé pour l'apprécier à sa juste valeur ? L'hypothèse mimétique est capable de rendre compte d'une telle situation. Elle permet de comprendre pourquoi l'expérience personnelle a finalement peu de poids dans le jugement final.

Dans l'exemple relatif à l'achat d'un équipement coûteux, je suis également dans la logique de l'imitation. Ce que j'imite, cette fois-ci, c'est le comportement qui serait le mien si j'avais effectué le bon choix. Selon nous, le problème essentiel à résoudre est de déterminer d'où provient cette volonté de se prouver à soi-même qu'on a bien effectué le bon choix. Les orthodoxes considèrent qu'il y a dans ce comportement de la mauvaise foi. Nous pensons, au contraire, que l'individu qui agit ainsi est de bonne foi. Pour admettre cela, il suffit simplement d'introduire l'hypothèse d'une origine mimétique de la décision de s'équiper. Si la décision de s'équiper est le résultat de l'influence d'un Autre qui sert de modèle, on peut comprendre que l'expérience présente (programmes jugés ennuyeux) ait peu de poids dans la décision finale. Etant fasciné par mon modèle, supposé autonome, je considère que son avis est éclairé. Si je suis déçu par les programmes, cela doit être de ma faute. Je ne sais peut-être pas les apprécier à leur juste valeur.

L'hypothèse mimétique révèle ainsi l'insuffisance de l'approche orthodoxe, la faiblesse de son pouvoir explicatif, liées au fait qu'elle adopte une conception de la rationalité qui tend à méconnaître l'origine mimétique des croyances et des comportements. La conception de la rationalité de l'individu véhiculée par la théorie économique libérale doit être remise en cause. Elle repose sur la théorie causale de la décision (fixité du passé, seul compte l'avenir) qui ne prend pas en compte l'origine mimétique des croyances et des comportements. Elle suppose que les individus sont autonomes, tant au niveau de leurs croyances que de leurs actes, c'est à dire qu'ils ne se laissent pas influencer par les autres. Selon nous, il est impossible de comprendre les comportements individuels si on ne prend pas en compte les influences interpersonnelles. En définitive, la thèse évidentialiste nous semble plus apte à rendre compte de la réalité que la théorie causale de la décision. La conception de la rationalité qu'elle propose mérite donc d'être étudiée de façon plus approfondie.

4.2. Efficacité et limites de la théorie évidentialiste

Comme précédemment, nous présenterons tout d'abord l'approche de Jean-Pierre Dupuy au sujet de la thèse évidentialiste (34). Nous essaierons ensuite de montrer que l'hypothèse mimétique est capable d'expliquer l'efficacité de cette thèse et d'en révéler les limites.

Jean-Pierre Dupuy relève qu'on retrouve la problématique du choix rationnel chez Max Weber dans *L'éthique protestante et l'esprit du capitalisme*. Dans cet ouvrage, Max Weber s'intéresse à la doctrine de la prédestination. Selon cette doctrine, chacun appartient sans le savoir à un camp, celui des élus ou celui des damnés. Il n'y a rien qui puisse permettre aux hommes de gagner leur salut. Toutefois, selon les calvinistes, la grâce divine se manifeste par des signes qui s'acquièrent par l'action. Le signe le plus important est le succès obtenu en mettant à l'épreuve sa foi dans une activité professionnelle. Cela nécessite de travailler sans arrêt pour faire fructifier la richesse. Ainsi, loin de condamner ceux qui accumulent de la monnaie ou des richesses en grande quantité et qui les font fructifier, l'éthique protestante les montre en exemple. A condition, toutefois, qu'ils ne jouissent pas de cette richesse. En effet, selon l'éthique protestante, la monnaie est un bien qui appartient à Dieu. Il faut éviter de la dilapider pour des jouissances personnelles.

On comprend ainsi pourquoi l'esprit du capitalisme, comme le montre Max Weber, s'accorda si bien avec cet ascétisme protestant, lequel devait favoriser un formidable développement de l'accumulation capitaliste. L'émergence de la doctrine protestante a justifié et encouragé les valeurs individualistes dont le capitalisme se nourrissait. Les économistes libéraux ont en quelque sorte repris la doctrine calviniste en l'aménageant. Ils postulent que la recherche de l'intérêt

(34) Jean-Pierre Dupuy, *Sciences sociales et sciences cognitives*. Nous reprenons l'analyse développée dans les pages 72 à 85.

personnel est dans la nature de l'homme (naturalisme individualiste) et qu'elle favorise la prospérité économique (lutte contre la rareté). Progressivement, la recherche de la jouissance personnelle (maximisation de la satisfaction) sera considérée comme un mobile tout à fait naturel et légitime dans le cadre du capitalisme. Contrairement à la conception protestante, la jouissance personnelle sera valorisée.

Les luthériens accusèrent les calvinistes d'interpréter de façon erronée la doctrine de la prédestination. Selon eux, si la grâce divine est prédestinée, le comportement des hommes sur Terre ne saurait modifier cette allocation transcendantale. Ils reprochèrent aux calvinistes d'en revenir au dogme du "salut par les oeuvres", de prendre le signe pour la chose. Ils provoquèrent la colère de ces derniers, outrés qu'on puisse assimiler leur position à la doctrine catholique qu'ils rejetaient par dessus tout. Les luthériens considèrent comme irrationnelle la position des calvinistes. Selon eux, si on fait sienne la doctrine de la prédestination, l'attitude rationnelle consisterait à mener une vie oisive plutôt que de travailler san relâche. A priori, la conception "fataliste" véhiculée par la doctrine de la prédestination rend la critique luthérienne tout à fait fondée. Pourtant, comme essaie de l'expliquer Max Weber, force est de constater que la majorité des individus a fait le choix inverse, comme s'il avait partie liée avec l'irrationnel. Mais, comme le fait remarquer Jean-Pierre Dupuy, si on plaque l'étiquette "irrationnel" sur le choix puritain, il faut savoir à quoi on s'expose. En effet, comme le montre Max Weber, c'est cette conception puritaine de l'existence qui *"a veillé sur le berceau de l'homo oeconomicus moderne"*, donné naissance au rationalisme économique et transformé l' *"esprit calculateur du capitalisme"*, *"de simple moyen économique en un principe général de conduite"* (35). Ce rationalisme des acteurs, ce rationalisme individualiste, incarne pour beaucoup le summum de la Raison dans l'histoire.

Comme le fait remarquer Jean-Pierre Dupuy, le débat entre luthériens et calvinistes est du plus grand intérêt. Il est très révélateur de constater que la position des économistes libéraux sur une question en apparence aussi "scientifique" que la rationalité de l'individu a des racines théologiques. Cela ne saurait étonner tous ceux qui, adhérant à la problématique

(35) Cité par Jean-Pierre Dupuy, op. cit., p. 74.

girardienne, pensent que la question de la Raison trouve son origine dans la pensée religieuse ou magique, pensée fondatrice qui renvoie à une logique sacrificielle. En effet, comme le montre Max Weber, c'est bien ce comportement "irrationnel", du point de vue des luthériens (travailler et accumuler sans relâche), qui va l'emporter et permettre le développement du capitalisme. Dès lors, comment expliquer qu'un comportement "irrationnel" puisse fonder ce que l'on considère aujourd'hui en économie comme le summum de la Raison : le rationalisme individualiste ?

Selon Dupuy, il y a deux façons d'interpréter la position des calvinistes. Nous allons essayer de montrer que l'hypothèse mimétique permet d'unifier ces deux approches et qu'elle réhabilite de ce fait le choix calviniste. La première interprétation est celle des luthériens. Les luthériens reprochent aux calvinistes de prendre le signe (capacité à réussir) pour la chose (faire partie des élus), de faire comme si le signe était la cause de la chose. Selon les luthériens, les puritains qui agissent ainsi sont de mauvaise foi. Ils veulent se faire croire qu'ils ont été élus par Dieu. Ils se mentent à eux-mêmes. L'individu choisit de travailler sans relâche car il veut se donner les signes qu'il est élu. Il essaie ainsi de se cacher qu'il s'est auto-proclamé élu. Finalement, la critique des luthériens rejoint la conception d'Allais. L'individu agit comme s'il avait le pouvoir de fixer son passé, ce qui est incompatible avec la notion de prédestination. La présence de ce pouvoir "magique" manifeste un comportement irrationnel. Les orthodoxes, partisans de la théorie causale de la décision, en concluent qu'être rationnel dans ce contexte consisterait à ne pas travailler. A quoi bon se fatiguer si l'élection est prédestinée !

La deuxième interprétation est proposée par Jean-Pierre Dupuy qui veut démontrer que, contrairement à ce qu'affirment les orthodoxes, le choix évidentialiste (calviniste) est rationnel. Il part du principe que les puritains ne sont pas de mauvaise foi, c'est à dire qu'ils prennent vraiment le signe pour la chose. Ils pensent vraiment qu'ils font partie des élus. Ils doivent alors affronter un difficile problème. Ils doivent juger non incohérent de croire à la fois qu'ils ont été élus par Dieu, c'est à dire que Dieu a choisi pour eux, et qu'ils étaient libres de choisir de travailler ou non lorsqu'ils ont choisi de travailler. En effet, s'interroger sur la rationalité de l'individu n'aurait pas de sens si ce dernier n'était pas doté d'une faculté de libre arbitre lui donnant la possibilité d'agir autrement qu'il ne le fait. Selon

Dupuy, cela suppose de croire à la compatibilité du déterminisme et du libre arbitre.

Pour cela, selon Dupuy, il faut rejeter le principe de fixité du passé pour lui substituer le principe de la fixité du lien temporel qui unit les évènements. L'agent, se considérant libre, doit se doter d'un pouvoir d'invalider le passé. Ce pouvoir n'est pas causal. Ainsi, le sujet pense qu'il a bien été élu en t1 et donc décide de travailler en t2 (choix évidentialiste). Mais il sait qu'il est en son pouvoir de ne pas travailler en t2 (libre arbitre). Il est donc en son pouvoir en t2 de faire quelque chose (ne pas travailler) tel que, s'il le faisait, son élection ne se serait pas produite en t1. En effet, le lien entre le passé et son action étant fixe, s'il avait été élu en t1, il aurait choisi de travailler. En agissant autrement qu'il le fait, il accèderait à un autre monde possible (puisqu'il est libre) dans lequel le passé serait différent. L'individu se dotant d'un pouvoir contrefactuel (non causal) sur le passé choisit donc de travailler.

Pour Jean-Pierre Dupuy, le choix calviniste (évidentialiste) est donc rationnel. Contrairement à ce qu'affirment les orthodoxes, le choix évidentialiste ne fait pas appel à un espèce de "pouvoir magique" de changer ou de choisir le passé. Le pouvoir en question est un pouvoir contrefactuel, c'est à dire que l'individu adopte une attitude en conformité avec le scénario qu'il a retenu. Il croit, de bonne foi, qu'il fait partie des élus. Ce scénario est l'inscription dans le passé de son action libre future. Selon Jean-Pierre Dupuy, *"l'agent agit selon un scénario déjà prêt, mais parce qu'il est libre, il peut se hisser au niveau où ce scénario se trouve écrit et exercer sur lui une forme de pouvoir"* (36). L'individu aurait ainsi l'expérience d'une forme de temporalité qu'il nomme le temps du projet. Le sujet exécute un plan qu'il s'est donné à lui-même. Il est à la fois auteur et acteur. Les tenants de l'orthodoxie, au contraire, estiment que les évènements ne jouent aucun rôle "évidentiel". Ils se situent dans le temps de l'histoire où les évènements surgissent sans éclairer le passé car ils sont considérés comme de purs commencements.

L'interprétation de Jean-Pierre Dupuy est très intéressante. Elle postule, contre l'orthodoxie, la rationalité du choix calviniste. Nous sommes globalement d'accord avec cette interprétation. Toutefois, nous nous en écartons sur un point.

(36) Jean-Pierre Dupuy, *Sciences sociales et sciences cognitives*, p. 85.

Tout d'abord, nous sommes d'accord avec Jean-Pierre Dupuy pour considérer que les calvinistes qui choisissent de travailler sont de bonne foi. Ils ont foi dans le décret divin qui stipule à la fois qu'il y a prédestination et que la réussite professionnelle est un signe indiquant qu'on fait partie des élus. Mais comment concilier ces deux éléments ? Contrairement à l'interprétation de Dupuy, nous postulons que l'individu ne sait pas s'il fait partie des élus ou non. S'il décide de travailler, c'est parce qu'il adhère au décret divin stipulant que la réussite professionnelle "signale" qu'on fait partie des élus. Il prend effectivement le signe pour la chose. Cependant, rechercher la réussite professionnelle demande de fournir beaucoup de travail pour un résultat qui n'est pas assuré. Son choix d'opter pour un travail sans relâche est "rationnel" dans la mesure où s'il ne fait rien, il n'a aucune chance de réussir. Et cette attitude n'est pas incompatible avec la notion de prédestination. En effet, dans l'optique calviniste, si l'individu travaille et réussit, cela ne signifie pas pour autant qu'il est responsable de son élection. La réussite n'est pas la cause de l'élection, elle en est uniquement le signe.

L'individu détient un certain pouvoir. Il est l'acteur d'un scénario que Dieu a déjà écrit. Comme il prend le décret divin au pied de la lettre (bonne foi), il croit à la fois qu'il n'est pas l'auteur de ce scénario (prédestination) et que la grâce divine se manifeste par des signes (réussite professionnelle) qui s'acquièrent par l'action (travailler). Il va donc essayer de tout mettre en oeuvre pour acquérir le signe manifestant qu'il fait partie des élus. Il est donc bien "rationnel" de travailler, comme l'affirme la thèse évidentialiste, tout en sachant que le résultat n'est pas garanti.

Selon nous, l'hypothèse mimétique permet de rendre compte de l'efficacité de la thèse évidentialiste, mais aussi d'en révéler les limites. Dans l'optique mimétique, si l'individu choisit de travailler c'est parce qu'il adhère à la volonté d'un Autre-modèle, personnifié ici par Dieu. Certes, il pourrait ne pas travailler, mais puisque sa croyance vient d'un modèle (Dieu) qui affirme que la réussite professionnelle "signale" l'élection, l'opportunité de ne pas travailler lui paraîtra logiquement "irrationnelle". Max Weber relève fort justement que la majorité des hommes, dans ce contexte, opte pour le travail. Ainsi, à partir du moment où on introduit l'hypothèse d'une origine mimétique de la croyance, le choix de travailler apparaît tout à fait logique. L'adhésion au décret divin manifeste que l'individu raisonne dans le cadre de la médiation externe (imitation non conflictuelle).

L'hypothèse mimétique permet de comprendre pourquoi la théorie évidentialiste est efficace, pourquoi elle parvient à prédire le comportement des individus. Selon la thèse évidentialiste, l'individu interprète son comportement présent (choix) comme un signe qui éclaire son passé (je fais ou non partie des élus, j'ai fait ou non le bon choix en adhérant à un club privé, j'ai eu ou non raison d'acheter tel matériel pour me distraire). Le choix qu'il effectue (travailler pour réussir, participer aux activités du club, utiliser le matériel) lui "signale" qu'un certain évènement favorable s'est produit dans le passé (je fais partie des élus, j'ai eu raison d'adhérer au club, j'ai bien fait d'acheter tel matériel). Ainsi, en soutenant que l'individu croit à la fixité du lien unissant le passé et son action présente perçue comme un signe, la théorie évidentialiste opte pour une forme de déterminisme. Elle rejoint à ce niveau l'hypothèse mimétique qui postule que l'individu est "déterminé" par un modèle. C'est pour cette raison qu'elle est "efficace". Mais cette "efficacité" intègre une méconnaissance, une interprétation mensongère. Selon nous, en effet, être rationnel dans l'optique évidentialiste revient à adopter un comportement en conformité avec une croyance ou un comportement passés (déterminisme) en méconnaissant l'origine mimétique de cette croyance ou de ce comportement. C'est essayer de concilier déterminisme et libre arbitre sans percevoir que le choix de l'individu est orienté par la présence d'un modèle.

L'hypothèse d'une origine mimétique du désir et des croyances remet en cause l'interprétation évidentialiste. Elle postule que si l'individu croit à la fixité du lien entre le passé et son action présente (déterminisme), c'est parce qu'il méconnaît le fait qu'il est déterminé par les croyances ou les comportements d'Autres-modèle. Si l'individu reproduit sa croyance passée, parfois au mépris de sa propre expérience, c'est parce que cette croyance provient d'un Autre qui est son modèle, et non pas parce que cette décision lui "signale" qu'il ne s'est pas trompé. Imaginons un instant que celui qui sert de modèle change d'avis pour une raison quelconque. Selon l'hypothèse mimétique, le choix de l'individu sera modifié puisqu'il est déterminé par son modèle. Selon la thèse évidentialiste, un tel évènement n'aurait aucun effet sur le choix présent de l'individu puisque ce dernier est déterminé par son passé qui dans ce cas est inchangé. Ainsi, l'individu croit jouir d'une certaine autonomie, d'un pouvoir contrefactuel sur le passé, mais ceci est un leurre. Il ne fait que reproduire la croyance ou le comportement de son modèle. Détenir un véritable pouvoir contrefactuel nécessiterait qu'il ne se laisse pas influencer. Le pouvoir contrefactuel que l'individu croit exercer sur le passé est lié à la méconnaissance du pouvoir que le modèle exerce sur lui. Selon nous, l'hypothèse mimétique se révèle plus explicative que la thèse évidentialiste. Elle rend compte de l'efficacité de la thèse évidentialiste tout en montrant ses limites. L'hypothèse mimétique concilie de façon plus satisfaisante déterminisme et libre arbitre : le pouvoir de choix existe bien mais le choix est orienté par un modèle.

La position des économistes libéraux relative à la notion de rationalité se démarque de la thèse évidentialiste dans la mesure où elle postule l'autonomie des individus Elle présente toutefois un point commun avec cette dernière puisqu'elle elle méconnaît l'origine mimétique des croyances et des comportements. L'approche libérale qui adopte la théorie causale de la décision (principe d'Allais) repose sur l'hypothèse d'une autonomie des individus. Elle postule cette autonomie, c'est à dire rejette toute forme de transcendance ou d'influence extérieure synonymes de déterminisme. En affirmant que l'individu est libre et autonome, elle postule l'absence de décret divin orientant la conduite des individus. Mais en adoptant cette position, la doctrine libérale méconnaît le fait que Dieu, désormais, c'est les Autres. Elle ne perçoit pas que l'individu se laisse guider par d'Autres-modèle supposés autonomes. Le sujet pense ainsi accéder lui-même à une forme d'autonomie. Cette croyance à l'autonomie est un leurre.

Un phénomène comme la consommation de masse dans les économies modernes renvoie à ce type de croyance. Au départ, le sujet vise la différenciation. Mais cela passe par l'imitation d'un modèle supposé autonome. Comme tout le monde se comporte ainsi, cela ne peut qu'aboutir à terme à un échec de cette stratégie différentielle. En effet, plus les individus s'imitent et moins ils sont différents. Dans ce contexte, parler d'autonomie de l'individu comme le font les libéraux, c'est adopter un point de vue erroné et mensonger. Le libre arbitre de l'individu se manifeste au contraire ici par une exacerbation du mimétisme liée au besoin de se distinguer. Dans le monde moderne, cela peut conduire à inventer des critères de distinction complètement dérisoires. Selon nous, la volonté contemporaine de battre des records absurdes (livre des records), comme par exemple absorber une nourriture abondante ou rester éveillé le plus longtemps possible, relève de ce type de comportement. Des divisions arbitraires se creusent entre des individus qui ne peuvent supporter leur parfaite identité.

La rationalité est une notion qui suppose l'autonomie de l'individu, l'absence d'influence extérieure au niveau de ses choix. Les économistes libéraux ont donc raison d'appréhender cette notion dans un contexte théorique qui postule l'autonomie des individus. Toutefois, le problème qui se pose et qui, selon nous, explique l'incapacité de la théorie causale de la décision à rendre compte des comportements réels, c'est que l'autonomie n'existe pas dans le monde réel. Le désir étant mimétique, raisonner en terme de rationalité individuelle n'a pas de sens. Etant donné que l'individu est déterminé par des modèles, étant donné qu'il subit l'influence des autres, ses choix ne sont pas autonomes. On pourrait dès lors considérer que la question de la rationalité est significative seulement au niveau du modèle. Mais ce serait oublier que la croyance du modèle à sa propre autonomie est un leurre, une croyance erronée. Le modèle et le sujet, comme le chef et la foule, entretiennent une relation de doubles. L'hypothèse mimétique révèle que le modèle n'est pas autonome. C'est le regard fasciné des autres qui lui donne l'impression qu'il est autonome. Méconnaissance. De plus, le modèle lui-même peut entretenir des rapports mimétiques avec d'autres qu'il prend pour modèle (37). Ainsi, même au niveau du modèle, se poser la question de sa rationalité n'est pas significatif dans la mesure où ce dernier n'est pas réellement autonome.

En définitive, nous retiendrons la capacité de l'hypothèse mimétique à unifier les représentations des théoriciens en mettant en évidence leurs limites. L'hypothèse mimétique éclaire la théorie causale de la décision, elle explique son incapacité à rendre compte des comportements réels. Cette incapacité est liée au fait qu'elle opte pour l'hypothèse d'une autonomie des individus et donc méconnaît l'origine mimétique des croyances et des comportements. L'hypothèse mimétique permet également de relativiser les succès remportés par la thèse évidentialiste.

---

(37) Il arrive aussi que le modèle ignore qu'il joue le rôle de modèle. Dans la vie courante, par exemple, nous prenons fréquemment des décisions qui sont déterminées par le comportement ou par l'avis d'une personne (modèle), sans que cette dernière sache qu'elle exerce telle une influence sur nous.

Cette dernière aussi méconnaît l'origine mimétique des croyances et des comportements, mais elle lui substitue une autre forme de déterminisme (fixité du lien unissant le passé et l'action présente) qui lui assure une certaine efficacité. Selon nous, l'hypothèse mimétique concilie déterminisme et libre arbitre de façon plus satisfaisante que l'hypothèse évidentialiste. Elle postule d'emblée que l'attitude fondamentale est l'imitation, que le sujet n'est pas autonome. Mais il a bien un pouvoir de choix. Dans les exemples précédents, l'individu ne fait que confirmer par son choix présent une croyance ou un comportement passés. Si ces derniers lui paraissent plus crédibles que ce que lui révèle sa propre expérience, c'est parce qu'il se laisse influencer par un Autre-modèle, supposé autonome. Finalement, les deux théories méconnaissent l'origine mimétique des croyances et des comportements.

4.3. La question de la rationalité chez les théologiens

Quelle est la conception des théologiens du Moyen Age en ce qui concerne la question de la rationalité individuelle ? Dans la doctrine catholique comme dans la doctrine protestante, on retrouve la présence d'un décret divin. Nous sommes dans la logique de l'imitation. Il s'agit de reproduire la volonté d'un Autre, ici Dieu, de le prendre pour modèle. Toutefois, nous relevons une différence essentielle entre l'approche calviniste et l'approche des théologiens du Moyen Age. Elle concerne la question du libre arbitre. Dans la doctrine calviniste, le poids du déterminisme est d'autant plus important que la théorie de la prédestination, contrairement à la doctrine catholique, refuse l'idée selon laquelle un "bon comportement" sur Terre permettrait de "gagner son paradis". Selon la doctrine calviniste, Dieu a déjà choisi. De ce point de vue, l'ascétisme protestant est plus méritocratique que l' "amour du prochain" catholique. Toutefois, le décret divin protestant est beaucoup plus favorable aux valeurs individualistes. Contrairement au sujet catholique du Moyen Age qui doit "gagner son paradis" en sacrifiant son intérêt personnel immédiat au profit du bien commun (respect des obligation de solidarité, services mutuels, juste prix), le puritain a tout à fait le droit, et même le devoir, de s'enrichir. Sa réussite professionnelle manifeste qu'il fait partie des élus. Le puritain jouit d'un certain libre arbitre, les valeurs individualistes ne sont plus condamnées.

Parce qu'elle se situe dans un monde dominé par le politico-religieux, l'approche des théologiens du Moyen Age ne laisse aucune place au libre arbitre. L'homme doit se soumettre à la loi divine, il ne jouit d'aucune autonomie. Le paysan du Moyen Age est "enfermé" dans son ordre, contraint au labeur, pris dans un réseau d'obligations qui lui enlève tout libre arbitre. Pour les théologiens du Moyen Age, le politique ne doit avoir d'autre fonction que de réaliser la fin transcendante de la communauté. Dieu dit la loi et l'homme doit obéir. Au plan économique, les notions de services mutuels (Adalbéron-Gérard) et de juste prix (Thomas d'Aquin) renvoient à cette conception d'un ordre imposé par une volonté divine. A la différence de la doctrine protestante, la volonté divine "catholique" condamne les valeurs individualistes et rejette la notion de libre arbitre (comportements individuels imposés). Cette différence pèse lourd dans la question de la rationalité. Dans ce contexte, se poser la question de savoir si l'individu a un comportement rationnel n'a pas de sens. La rationalité a pour condition le libre arbitre, c'est à dire un pouvoir de choix. Pour les théologiens du Moyen Age, Dieu a déjà décidé de la fin à réaliser et des moyens pour atteindre cette fin. L'homme doit se soumettre à la volonté divine.

En conclusion à ce chapitre, il apparaît que l'hypothèse mimétique éclaire à la fois la position des théologiens du Moyen Age et celle des économistes libéraux. Chez les théologiens, l'Autre (Dieu) est supposé transcendant. Il détermine un ordre imposé excluant toute possibilité de libre arbitre, ce qui rend non pertinente la question de savoir si l'individu est rationnel. Chez les libéraux, l'individu est considéré comme autonome. L'Autre n'est censé exercer aucune influence sur lui. Dans ce contexte, se poser la question de la rationalité de l'individu au niveau de ses choix semble pertinent. Toutefois, nous considérons que la théorie causale se fourvoie car elle ne perçoit pas l'origine mimétique du désir et des comportements. Selon nous, dans le monde moderne, l'Autre est d'autant plus présent que Dieu n'est plus là pour guider les hommes. Finalement, théologiens et libéraux ont en commun de méconnaître l'origine mimétique des croyances et des comportements.

Ce chapitre nous a permis de mettre en évidence que théologiens et libéraux n'adoptaient pas une conception mimétique du désir et de la violence dans leurs théories. Si l'hypothèse mimétique est pertinente, c'est à dire si le désir et la violence, contrairement à ce qu'affirment théologiens et libéraux, sont de nature mimétique, il faudrait alors supposer que le respect de la loi (théologiens) et que la poursuite de l'intérêt individuel (libéraux) parviennent à gérer ou à contenir cette violence mimétique (fonction cathartique) sans le savoir et sans le vouloir. Pour qu'un tel scénario soit plausible, il faudrait que le respect de la loi et que la poursuite de l'intérêt individuel parviennent à gérer effectivement la violence mimétique, c'est à dire qu'elles fournissent des "solutions" appropriées au caractère mimétique du désir et de la violence. Nous allons voir qu'un tel scénario résiste fort bien à l'examen des faits, manifestant ainsi la pertinence de l'hypothèse mimétique.

CHAPITRE 11

Respect de la loi et poursuite de l'intérêt individuel : des modes de gestion du désir mimétique

Selon l'hypothèse mimétique, le désir provient d'autrui. C'est le caractère imitatif du désir qui est à l'origine de la violence humaine. C'est une relation interpersonnelle, et non la volonté autonome de posséder tel ou tel bien, qui fait naître le désir et la rivalité. C'est l'imitation du désir d'un Autre-modèle qui produit la rivalité et le conflit pour la détention de l'objet (violence). Pour que la pertinence de l'hypothèse mimétique soit reconnue, il convient alors de résoudre le problème suivant. Comment les théories économiques peuvent-elles parvenir à gérer la violence mimétique à partir d'une conception non mimétique du désir et de la violence ? Pour éviter l'aggravation du désordre et l'élargissement de la violence qui conduiraient à la destruction de la société, il faudrait que ces théories apportent, sans le vouloir, une "solution" au problème de la confrontation directe et frontale pour la possession de l'objet. Nous allons essayer de montrer qu'il en est bien ainsi.

Dans la première partie, nous sommes parvenu au constat que théologiens et libéraux s'opposaient quant à la façon de concevoir les comportements économiques des individus relatifs à la détention de biens ou de richesses. Chez les théologiens, la loi divine impose ou influence la répartition des biens. Elle condamne toute conduite individualiste d'accumulation des richesses. Chez les libéraux, au contraire, la poursuite de l'intérêt individuel est perçue de façon positive. Elle conduit l'individu à accumuler des richesses pour maximiser la satisfaction ou le bonheur. Nous voici donc à nouveau confrontés au caractère antinomique des théories. Nous allons essayer de montrer que l'hypothèse mimétique est en mesure d'éclairer des conceptions et des pratiques aussi divergentes car elle est capable de les unifier. Le principe d'une circulation continuelle des biens ou des objets précieux, dans les sociétés primitives, apporte une "solution" au caractère mimétique du désir (1.). Il en va de même en ce qui concerne, d'une part, le partage imposé (ou orienté) issu du respect de la loi (théologiens), et d'autre part, l'accumulation privée issue de la poursuite de l'intérêt individuel (libéraux). Ces pratiques et ces comportements ont pour caractéristique commune de gérer le conflit mimétique (2.).

1.
La circulation des biens dans les sociétés primitives : une solution au caractère mimétique du désir

Fidèle au principe selon lequel on ne peut comprendre l'organisation et le fonctionnement des sociétés "modernes", ainsi que les théories économiques censées en rendre compte, sans se référer à la présence d'un système fondateur (système sacrificiel), nous allons faire un "détour de réflexion" par les sociétés primitives. Mark Anspach, anthropologue américain, considère que l'hypothèse mimétique est pertinente pour expliquer les comportements des membres des sociétés primitives (38). Selon lui, elle permet de comprendre pourquoi les membres de ces sociétés pratiquent, pour l'essentiel, le don et les échanges de dons (potlatch), ce qui se traduit par une circulation continuelle des biens (absence d'accumulation individuelle). Plusieurs exemples puisés dans des récits d'ethnologues lui permettent de confirmer cette observation. A.M. Hocart constate que la propriété à Fiji, en Asie, *"change de mains très rapidement, surtout s'il s'agit d'une nouveauté"* (39), car la coutume fijienne autorise à solliciter ce dont on a envie et incite à répondre positivement à de telles sollicitations. Selon E.M. Thomas, il en va de même chez les Bochimans d'Afrique : *"un bochiman se donnera beaucoup de mal pour éviter de rendre d'autres Bochimans jaloux"* et c'est pour cette raison que *"les quelques biens qu'ils possèdent circulent constamment entre les membres du groupe"* (40).

Il semblerait ainsi que les objets changent de mains chaque fois que quelqu'un désire ce que possède quelqu'un d'autre. Pour expliquer de tels comportements, Mark Anspach

(38) Mark Rogin Anspach, "L'économie comme processus rituel", *Revue du Mauss*, n° 15-16, p. 126-134.
(39) Arthur Maurice Hocart, *The Northern States of Fiji*, Royal Anthropological Society, Londres, 1952. Cité par Mark Anspach, p. 128.
(40) Elizabeth Marshall Thomas, *The Harmless People*, Knopf, New-York, 1959, p. 22. Cité par Mark Anspach, p. 128-129.

propose le mobile suivant : *"le désir de posséder les possessions des autres"* (41). Ainsi, les objets seraient désirés à cause de leur possesseur. Ce mobile semble transparent dans le cas du commerce kula des Trobriandais. Selon Anspach, contrairement à ce que laisse entendre Polanyi (42), la valeur des objets donnés au cours de la kula s'avère ne pas être d'ordre purement esthétique car, selon les propres termes de Polanyi, *"on échange des bracelets et des colliers ayant de préférence appartenu à des personnes distinguées"* (43). Polanyi précise même que *"certains objets kula sont de gros coquillages graisseux portés au bras qui sont dépourvus de toute valeur, si ce n'est leur association avec d'anciens possesseurs"* (44). Ce que dit Dominique Casajus au sujet des objets du potlatch dont la valeur s'accroît à chaque échange va dans le même sens : *"C'est la circulation des choses qui leur donne (...) leur valeur"* (45).

Selon Anspach, le fait que la circulation donne de la valeur aux choses peut permettre de comprendre pourquoi un objet devrait changer de mains : *"s'il est vrai que les objets changent de mains lorsqu'ils sont désirés, il est également vrai qu'ils sont désirés parce qu'ils sont passés par les mains des autres"* (46). Selon lui, faire en sorte que les objets changent constamment de mains est un bon moyen de prévenir les conflits que *"la convergence, vers un seul et même objet, de deux ou plusieurs mains également avides ne peut manquer de provoquer"* (47). Ainsi, le moyen qui consiste à faire circuler rapidement les biens (dons), en tirant prestige de l'étalage de ce que l'on donne aux autres et aux dieux (offrandes), aurait la capacité de gérer le caractère mimétique du désir. Chez les 'Are 'Are de Mélanésie, nous avons pu relever des pratiques comparables. Les objets précieux (monnaies) étant de nature

---

(41) Mark Rogin Anspach, article cité, p. 129.
(42) *"Le commerce kula des Trobriandais (...) est essentiellement une recherche esthétique"*. Karl Polanyi, *Primitive, Archaic and Modern Economies*, Georges Dalton (ed.), Doubleday, Garden City, New York, 1968.
(43) Karl Polanyi, *La Grande Transformation. Aux origines politiques et économiques de notre temps*, trad. Catherine Malamoud et Maurice Angeno, Gallimard, Paris, 1983 (1944), p. 80.
(44) Karl Polanyi, op. cit., 1968, p. 200.
(45) Dominique Casajus, "L'énigme de la troisième personne", p. 71, in Jean-Claude Galey (éd.), *Différence, valeurs, hiérarchie*, p. 65-78.
(46) Mark Rogin Anspach, art. cit., p. 130.
(47) Mark Rogin Anspach reprend ici une citation de René Girard, *Des choses cachées depuis la fondation du monde*, Grasset, Paris, 1978, p. 16.

sacrée (offrande aux morts-dieux), ils doivent circuler sans cesse de fête funéraire en fête funéraire. De même, une cérémonie rituelle comme la "fête du grand" conduit à détruire les richesses accumulées de façon excessive. Ces pratiques rituelles, en interdisant l'accumulation, favorisent la circulation des biens et des objets précieux. Elles empêchent la nature mimétique du désir de déboucher sur la violence. Cette "stratégie" nécessite la présence d'obligations de solidarité et d'interdits qui vont en quelque sorte générer de telles conduites.

Cette pratique d'une circulation continuelle des biens, relevée dans les sociétés primitives, semble s'opposer à la pratique de l'échange marchand des sociétés modernes où les individus accumulent des biens. Selon Anspach, ces comportements opposés résultent en fait d'une même nécessité : gérer le caractère mimétique du désir. Nous allons essayer de montrer que cette hypothèse peut tout à fait s'appliquer aux comportements relevés dans les théories économiques des théologiens et des libéraux.

2.
Partage imposé ou accumulation privée des biens : deux solutions au caractère mimétique du désir

Nous allons voir que des comportements aussi divergents que la circulation continuelle des biens (sociétés primitives), leur partage imposé (théologiens) ou encore leur accumulation privée (libéraux) ont pour dénominateur commun d'apporter une solution au caractère mimétique et conflictuel du désir. Ainsi, il existerait différentes "solutions" permettant de satisfaire le désir de posséder ce qu'ont les autres, tout en évitant le conflit frontal sur l'objet. Les théologiens préconisent une répartition imposée des richesses car, selon eux, il convient d'étouffer ce qui constitue le moteur de la rivalité et du désordre : la poursuite de l'intérêt individuel. Obligations de solidarité, services mutuels et justice distributive sont les manifestations d'une même nécessité : imposer ou influencer la répartition des richesses pour éviter tout conflit frontal sur l'objet. Pour Adalbéron et Gérard, la différenciation en trois ordres permet de contenir la violence. En effet, la spécialisation qui en résulte contraint chacun des ordres à fournir aux autres ce qu'il possède (nourriture, sécurité, spiritualité). Les paysans, réduits au labeur, sont en fait les seuls véritables producteurs de richesses économiques. Ils nourrissent les clercs et les guerriers, mais ne sauraient en aucun cas se comparer à eux (hiérarchisation). Il ne peut y avoir de conflit sur l'objet du fait du caractère imposé de la répartition (services mutuels).

Pour Thomas d'Aquin, la répartition de la production doit respecter la justice distributive, ce qui implique la fixation de "justes prix". Tout conflit sur l'objet apparaît, là encore, impossible. Le "juste prix" a pour fonction d'éviter une accumulation individuelle excessive de richesses et d'assurer à chacun la jouissance du nécessaire pour atteindre la béatitude. Ainsi, nous constatons que les conceptions développées par les théologiens se révèlent capables de gérer le caractère mimétique du désir et de la violence. Qu'elle soit imposée (Adalbéron, Gérard) ou orientée (Thomas d'Aquin) par la loi, la répartition des biens est telle qu'elle empêche tout conflit frontal sur l'objet.

Les libéraux, contrairement aux théologiens, sont favorables à l'accumulation privée des richesses issue de la poursuite naturelle de l'intérêt individuel. Il s'agit d'alimenter le moteur de la rivalité en laissant le désir des individus s'exacerber dans un contexte de compétition et de concurrence. Là encore, il est très intéressant de remarquer que l'accumulation privée des richesses permet de gérer le caractère mimétique du désir, source de la violence. En effet, dans le domaine économique, il existe un moyen simple de satisfaire le désir de posséder ce que l'Autre possède, c'est d'acquérir un bien identique. Ainsi, il ne pourra pas y avoir de violence frontale pour la détention de l'objet, mais seulement une tendance à accumuler des biens identiques à ceux possédés par les Autres-modèle. Acquérir le même bien que l'Autre-modèle apporte une solution "pacifique" au désir de posséder le bien même. La poursuite de l'intérêt individuel constitue un moyen de gérer la violence mimétique. Elle satisfait le caractère imitatif et conflictuel du désir en orientant les individus vers cette "saine occupation" que constitue l'accumulation de richesses. Cela nécessite seulement un développement de la production et de la consommation de masse.

En définitive, l'hypothèse mimétique est capable de relier des pratiques aussi différents, voire antinomiques, que la circulation continuelle des biens dans les sociétés relevant de l'ordre rituel, leur répartition imposée dans les sociétés dominées par l'ordre politique, ou encore leur accumulation privée dans les sociétés relevant de l'ordre économique. En effet, dans tous les cas, ces pratiques évitent une confrontation directe et frontale sur l'objet. La nature mimétique du désir ne peut pas déboucher sur la violence. Les théories économiques des théologiens et des libéraux se révèlent ainsi capables de gérer le caractère mimétique du désir, source de la violence humaine, par deux méthodes opposées. Soit on empêche, par une répartition imposée ou contrôlée, tout conflit frontal sur l'objet (théologiens) ; soit on détourne le désir sur l'appropriation d'objets identiques à ceux possédés par les Autres-modèle (libéraux). L'hypothèse mimétique permet ainsi d'unifier le caractère antinomique des comportements économiques (partage imposé contre accumulation individuelle). Elle révèle que les théories économiques des théologiens et des libéraux ont pour point commun de proposer une solution au caractère mimétique et conflictuel du désir.

L'hypothèse mimétique se montre également capable d'unifier le caractère antinomique des conceptions du désir véhiculées par les théories : imitation non conflictuelle contre autonomie conflictuelle. La médiation externe des théologiens comme l'autonomie conflictuelle des libéraux apportent des solutions appropriées au caractère mimétique du désir. Soit on empêche le caractère conflictuel du désir mimétique de jouer en imposant la médiation externe (imitation non conflictuelle, reproduction d'une différenciation originelle). Soit on trouve une solution "pacifique" à son caractère conflictuel en postulant l'autonomie du désir. En effet, dans ce dernier cas, on renforce la croyance des individus à l'autonomie...des Autres. Cette croyance les conduit à imiter des modèles et à accumuler des biens identiques aux leurs. Là encore, l'hypothèse mimétique démontre sa capacité à unifier le caractère antinomique des conceptions développées dans les théories économiques .

En définitive, il apparaît que les théories économiques n'adoptent pas une conception mimétique du désir et de l'origine de la violence, mais le respect de la loi (théologiens) et la poursuite de l'intérêt individuel (libéraux) se montrent aptes à apporter une solution au caractère conflictuel du désir mimétique. Les théories économiques des théologiens et des libéraux feraient donc barrage à la violence mimétique sans le vouloir et sans le savoir. L'hypothèse mimétique suggère que l'efficacité du processus de gestion de la violence doit s'accompagner, tant chez les théologiens que chez les libéraux, d'une interprétation mensongère. En effet, les deux théories parviennent à gérer le caractère mimétique du désir et de la violence (imitation conflictuelle) en le méconnaissant. Si nous parvenons à mettre au jour, au sein des théories économiques des théologiens et des libéraux, la présence et le contenu de cette interprétation mensongère, nous aurons la confirmation de la pertinence de l'hypothèse mimétique et de son extraordinaire capacité à unifier les théories économiques.

CHAPITRE 12

Efficacité des théories économiques et méconnaissance

Il convient d'approfondir la question de l'efficacité du processus de gestion de la violence dans les théories économiques. En effet, nous venons de justifier cette efficacité par le fait que le respect de la loi ou que la poursuite de l'intérêt individuel se montraient capable de gérer le caractère mimétique du désir, source de la violence humaine. Mais il s'agit là d'un simple constat. Si la violence est mimétique, il doit exister un véritable mécanisme de gestion de cette violence, que théologiens et libéraux méconnaissent forcément puisqu'ils adoptent une conception non mimétique du désir et de la violence. Nous référant à l'approche girardienne du sacrifice dans le religieux primitif (tous contre un), nous pensons que ce processus de gestion de la violence mimétique pourrait reposer sur un mécanisme sacrificiel, lui-même de nature mimétique. Nous allons essayer de montrer que les théories économiques, à l'image des mythes, méconnaissent la nature mimétique (phénomène sacrificiel) du processus de gestion de la violence et élaborent de ce fait une interprétation mensongère de ce dernier. A l'image des mythes, cette interprétation mensongère conditionne l'efficacité du processus de gestion de la violence. Ainsi, notre propos est de montrer que l'hypothèse mimétique permet de proposer une explication beaucoup plus éclairante de l'efficacité du processus de gestion de la violence (fonction cathartique) que celle fournie par les théologiens et les libéraux dans les théories économiques.

Dans un premier temps, nous présenterons une nouvelle figure mimétique, la médiation réciproque, ainsi que la notion de prophétie autoréalisatrice qui lui est associée (1.). Nous essaierons ensuite de montrer que les théories économiques entretiennent un rapport avec cette notion de prophétie autoréalisatrice, tant en ce qui concerne les théologiens (2.) que les libéraux (3.). L'efficacité des théories économiques repose sur une interprétation mensongère qui méconnaît la nature mimétique du mécanisme de gestion de la violence.

1.
Médiation double et prophétie autoréalisatrice : le caractère enchevêtré de la hiérarchie

Nous allons introduire une nouvelle figure liée au désir mimétique. Cette figure est la médiation double évoquée par René Girard dans son premier ouvrage, *Mensonge romantique et vérité romanesque*. Il présente cet ouvrage comme un travail de critique littéraire. Comme dans la médiation interne, le sujet et le modèle sont dans la même sphère sur le plan culturel, sociologique ou psychologique. Toutefois, l'imitation est supposée réciproque. X imite Y et Y imite X. Dès lors, on peut se demander quelle réalité ou quel objet vont sortir de cette imitation croisée ? On serait tentés de dire aucun. En fait, nous allons voir que la nature mimétique du désir est capable de produire, dans le cadre de la médiation double, une réalité ou un objet qui n'étaient pas là au départ.

Dans cet ouvrage, Girard analyse les oeuvres de grands romanciers (Stendhal, Proust, Dostoïevski...etc.) car il considère que la littérature en sait beaucoup plus que les sciences humaines sur les rapports de désir. Par exemple, dans *Le Rouge et le Noir*, Stendhal décrit une situation de rivalité entre M. de Rênal et Valenod. M. de Rênal prête à Valenod le désir d'engager Julien comme précepteur pour ses enfants. Mais ceci n'est qu'une représentation. M. de Rênal s'imagine que Valenod veut prendre Julien à son service. De Rênal veut devancer Valenod et propose à Julien de devenir le précepteur de ses propres enfants. Ce faisant, il indique à Valenod l'enjeu de la rivalité. Valenod veut à son tour engager Julien. Ainsi, l'illusion de départ est devenue réalité. Le point de départ de ce processus est toujours un "hasard", par exemple une impression ou une rumeur, lesquelles font basculer l'ensemble vers un "attracteur" dont on croit ensuite à la nécessité. Une autre impression ou une autre rumeur auraient fait basculer l'ensemble vers un autre "objet" et auraient produit une autre réalité. Selon nous, le principal intérêt de cette figure de la médiation double est de révéler que la rivalité n'a pas d'objet. En effet, l'objet (ici engager Julien) n'est pas le véritable enjeu, ni la cause de la rivalité, mais bien son effet.

Ce résultat provient d'une curieuse collaboration négative. En effet, lorsque les rivaux constatent qu'ils désirent la même chose, le modèle se transforme en obstacle qu'il convient de devancer. Mais, comme le fait remarquer Girard, *"le pantin n'est pas moins pantin lorsque les ficelles sont croisées"*. De Rênal et Valenod ne perçoivent pas qu'ils se copient mutuellement. Nous sommes à la Restauration. Jamais la bourgeoisie n'a été autant fascinée par les privilèges en voie d'extinction de la noblesse. Inversement, jamais les aristocrates n'ont autant envié les bourgeois. L'aristocrate de Rênal et le bourgeois Valenod sont fascinés l'un par l'autre. Chacun, en prenant l'autre pour modèle-obstacle, voit là le moyen de se différencier dans un monde où les points de repère s'estompent et où les valeurs traditionnelles sont remises en cause.

Le roman de Stendhal suggère ainsi que plus une différence sociale est petite et plus elle engendre d'affection. C'est également l'avis de Tocqueville qui relève que les sociétés démocratiques sont continuellement fiévreuses. Selon lui, c'est précisément parce qu'elles sont égalitaires qu'elles sont envieuses. Les hommes auraient tendance à supporter d'autant plus mal le poids de l'inégalité que celle-ci se ferait plus légère : "*Ils ont détruit les privilèges gênants de quelques-uns de leurs semblables ; ils rencontrent la concurrence de tous (...) Quelque démocratique que soit l'état social et la constitution politique d'un peuple, on peut (...) compter que chacun de ses citoyens apercevra toujours près de soi plusieurs points qui le dominent, et l'on peut prévoir qu'il tournera obstinément ses regards de ce seul côté. Quand l'inégalité est la loi commune des sociétés, les plus fortes inégalités ne frappent point l'oeil ; quand tout est à peu près de même niveau, les moindres le blessent. C'est pour cela que le désir de l'égalité devient toujours plus insatiable à mesure que l'égalité est plus grande*". Tel est le paradoxe énoncé par Tocqueville.

Selon ce principe, une différence nulle doit engendrer une affection maximale. Les désirs rivaux s'exaspérant d'autant plus que les individus se sentent proches, ils deviennent capables d'inventer un monde plus réel que n'importe quel objet de la réalité physique ou sociale. Jean-Pierre Dupuy rapproche le travail de critique littéraire de Girard de la théorie des systèmes de Heinz von Foerster : "*Une liaison entre deux éléments est triviale si l'état de l'un est parfaitement déterminé par l'autre, et réciproquement (...) Plus les éléments d'un système sont "trivialement" couplés, plus ce système a de chances d'être instable, et moins l'agitation qu'il manifeste est maîtrisable par les éléments individuels. Ceux-ci ne peuvent que "réagir" aux "réactions" de leurs voisins. Ils sont incapables de saisir que les phénomènes collectifs et convulsifs qu'ils engendrent viennent d'eux-mêmes."* (48). La théorie de la médiation double rend tout à fait compréhensible ce phénomène pour le moins étonnant. Ce ne sont ni le Sujet, ni la société qui décident du désirable, mais l'Autre. Les individus étant devenus des doubles, c'est leur collaboration involontaire qui fait jaillir l'objet. Cette théorie suggère que les raisons des conflits ne sont certainement pas à rechercher dans une psychologie ou une culture de la domination ou, ce qui revient au même, de la reconnaissance par autrui. Elle permet de mettre en évidence la présence de l'absence de l'objet. C'est le mimétisme qui fait jaillir l'objet du conflit. Le conflit n'est pas objectal, il est mimétique.

La figure de la médiation double montre qu'une représentation (ou une prévision) peut devenir "vraie" par le simple fait que les actions qu'elle engendre la réalisent. Jean-Pierre Dupuy rappelle la conception de Merton qui éclaire ce principe (49). En 1936, dans un article intitulé *Les conséquences non anticipées des actions sociales intentionnelles*, Merton nommait ce phénomène paradoxal "prophétie autoréalisatrice" (self-fulfiling prophecy). Selon Merton, les acteurs se représentent une réalité qu'ils croient extérieure à eux-mêmes. Ils adoptent le point de vue positiviste selon lequel la réalité est le critère du vrai car elle est préexistante. Dès lors, l'erreur ne peut-être que dans les représentations. Le schéma suivant résume cette conception (50).

VISION POSITIVISTE : HIERARCHIE SIMPLE

(48) Jean-Pierre Dupuy, *L'enfer des choses*, p. 79-80. Cf. Christine Orsini, *La pensée de René Girard*, op. cit., p. 143.
(49) Cf. Jean-Pierre Dupuy, *Introduction aux sciences sociales*, p. 225-227.
(50) Ce schéma et le suivant sont tirés de l'ouvrage de Jean-Pierre Dupuy, *Introduction aux sciences sociales*, p. 226.

Toutefois, selon Merton, c'est bien évidemment leur représentation de la réalité qui détermine les actions et les comportements des individus. Ainsi, la réalité qui émerge n'est qu'une des réalités possibles car elle est le produit de l'action des individus qui, ayant adopté une certaine représentation de la réalité, l'ont réalisée. On se trouve ici en face d'une "hiérarchie enchevêtrée". En effet, l'observateur extérieur voit bien qu'il y a simultanément relation de cause à effet entre les représentations et la réalité, ce que les acteurs ne perçoivent pas. Le schéma suivant résume cette conception.

VISION DE MERTON : HIERARCHIE ENCHEVÊTREE

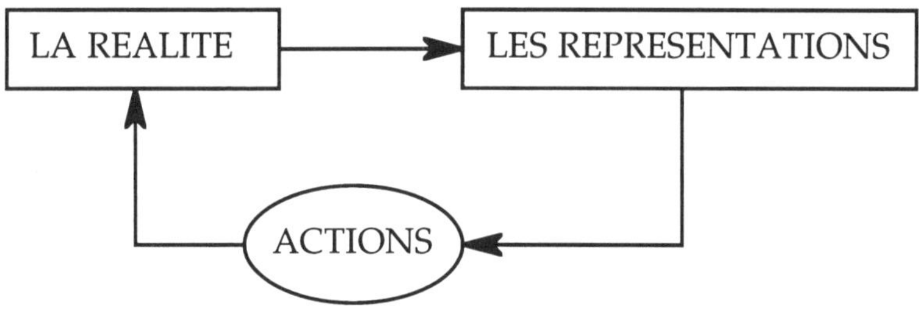

En définitive, selon Merton, les acteurs ne perçoivent pas que ce sont eux qui produisent la réalité ou la totalité qui émerge (hiérarchie enchevêtrée). Toutefois, c'est bien parce qu'ils extériorisent cette réalité ou cette totalité, c'est à dire c'est bien parce qu'ils commettent une erreur d'interprétation (hiérarchie simple), qu'ils font émerger une réalité, un sens, un ordre.

Nous allons essayer de montrer que les théories économiques des penseurs théologiens (2.) et des penseurs libéraux (3.), d'une part, méconnaissent le fait qu'elles intègrent une situation de hiérarchie enchevêtrée, et d'autre part, élaborent une interprétation erronée des phénomènes économiques.

2.
Efficacité des théories des théologiens et méconnaissance de la nature mimétique du mécanisme sacrificiel

Comme nous l'avons déjà relevé, le holisme renvoie à une conception hiérarchique simple. Chez les penseurs théologiens, le niveau englobant est constitué par le niveau collectif (la totalité) et le niveau englobé par le niveau individuel (les individus).

LA CONCEPTION DES THEOLOGIENS :
UNE HIERARCHIE SIMPLE

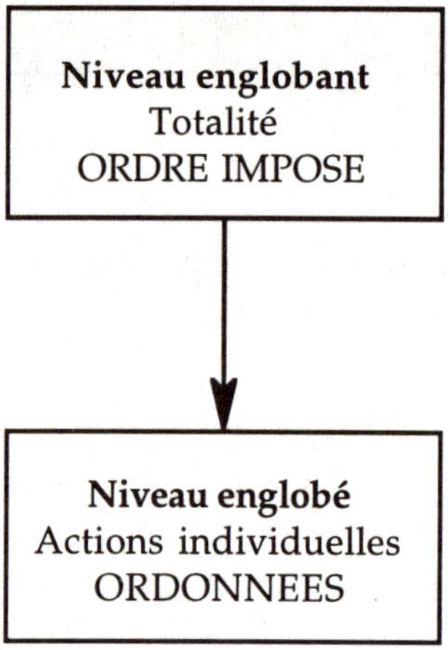

Dans la deuxième partie, nous avions qualifié cette conception hiérarchique de logique (hiérarchie simple). A la lumière de la prophétie autoréalisatrice, il apparaît maintenant que cette représentation contient sa possible inversion. En effet, du point de vue de l'observateur extérieur, il y a simultanément relation de cause à effet entre la représentation et la réalité, ou encore, entre les individus et la totalité. Comme le montre le schéma suivant, nous sommes en présence d'une hiérarchie enchevêtrée et non d'une hiérarchie simple.

LE CARACTERE ENCHEVÊTRE DE LA HIERARCHIE

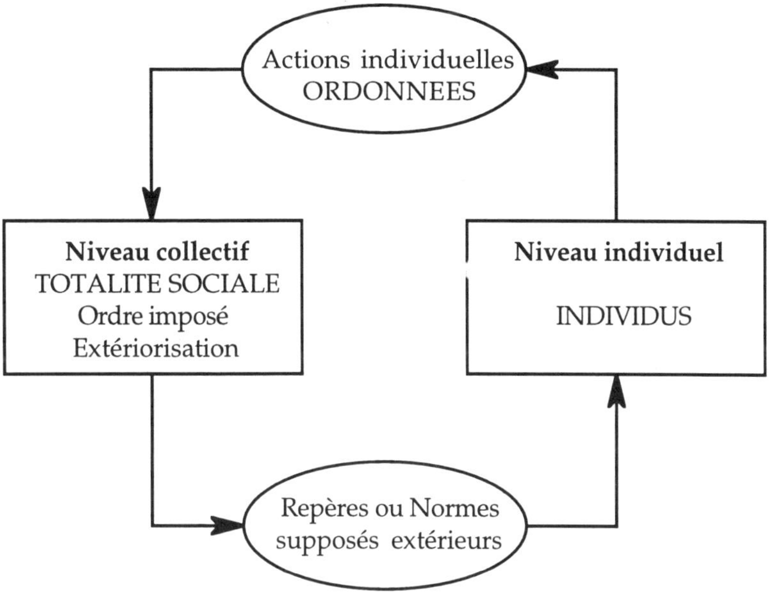

Les individus extériorisent la totalité socio-économique (présence supposée d'une volonté transcendante) sans se rendre compte que ce sont eux qui la produisent à partir de comportements ordonnés à cette volonté transcendante. Ainsi, la hiérarchie peut être inversée. La totalité (la réalité) devient alors une production des individus puisque ce sont eux qui font émerger cette totalité par leurs comportements et leurs actions. Cependant, le système fonctionne et produit un ordre parce que les individus se font une représentation faussée de la totalité (de la réalité) consistant à l'extérioriser, à la considérer comme transcendante. La conception des théologiens postule la présence d'une hiérarchie simple. Elle méconnaît la présence d'une hiérarchie enchevêtrée. Cette dernière révèle le caractère arbitraire de leur représentation, laquelle a besoin de recourir à une extériorisation du social (volonté divine) pour imposer sa conception de l'ordre. C'est l'extériorisation de la loi, la croyance en son caractère transcendant, qui permet de gérer la violence. A partir du moment où on croit à la médiation externe, tout risque de conflit au niveau de la répartition des richesses est évacué.

Nous retrouvons ici la figure freudienne de la foule-contagion, unie autour d'un chef qu'elle considère comme autonome. Les membres de la foule croient à l'autonomie différenciatrice du chef. Nous considérons que cette croyance des individus au narcissisme et à l'autonomie du chef relève d'une méconnaissance. En réalité, les individus et le chef entretiennent une relation de doubles. C'est la méconnaissance de ce fait qui produit la contagion, laquelle n'est rien d'autre qu'un phénomène mimétique sans conflit (médiation externe). C'est la fascination des individus pour le chef, la croyance à son autonomie supposée (différenciation-extériorisation), qui crée l'unité de la foule, le phénomène de contagion. Chez les théologiens, la loi divine joue en quelque sorte le même rôle que le chef freudien. Son extériorisation (différenciation absolue homme-Dieu, transcendance de la loi) produit une situation d'ordre, un phénomène de contagion. Elle gère la violence mimétique.

Selon nous, l'hypothèse mimétique est plus pertinente que l'argumentation des théologiens pour expliquer l'efficacité de la loi à gérer la violence, à produire de l'ordre. En effet, chez les théologiens, l'affirmation du caractère transcendant de la totalité (volonté divine) interdit de poser la question de l'origine. Comme dans le structuralisme, l'ordre est supposé être déjà là au départ. C'est bien l'idée que l'on retrouve dans la conception holiste propre à Dumont et aux théologiens. Pour les théologiens, l'ordre et la totalité sociale sont présents dès l'origine car ils sont le produit d'une volonté transcendante. C'est cette volonté transcendante qui fixe les caractéristiques de l'ordre. Dans ce contexte, le désordre et la violence sont appréhendés comme le produit d'une "désobéissance", d'un non-respect des règles édictées par cette volonté transcendante, d'une transgression de la loi divine. Dès lors, la "solution" préconisée pour gérer ce désordre et cette violence potentiels, c'est le respect de la loi divine, synonyme d'ordre. Dans ce schéma de pensée, en postulant que l'ordre est déjà là au départ, on refuse de poser la question de la genèse de l'ordre, du passage du désordre à l'ordre. Les théologiens postulent en quelque sorte que cette question n'a pas de sens. Or, cette question nous semble essentielle. Si on veut comprendre comment on passe du désordre à l'ordre, comment on gère la violence, il faut se poser la question de l'origine de la culture.

L'hypothèse mimétique peut apporter une réponse à ce type de question. Selon cette hypothèse, la violence et le processus de gestion de la violence sont de nature mimétique. Il existe un véritable mécanisme de gestion de la violence (mécanisme sacrificiel) dont l'efficacité repose sur une méconnaissance. Précédemment, nous avons montré que l'efficacité du mécanisme sacrificiel dans le religieux primitif pouvait s'expliquer par un phénomène mimétique, en l'occurrence la croyance collective à la culpabilité d'une victime-dieu. De la même façon, dans la représentation des théologiens, c'est un phénomène mimétique, en l'occurrence la croyance collective à l'extériorité de la loi, qui gère la violence. L'extériorisation de la loi et de la totalité sociale (ordre imposé) repose sur une interprétation erronée, sur une méconnaissance. La violence cathartique (respect de la loi) est d'origine humaine et non pas divine. Son efficacité repose sur un phénomène collectif d'origine mimétique.

C'est un phénomène mimétique (adhésion collective à une loi supposée transcendante, imitation-reproduction d'un modèle) qui gère la violence mimétique. Il empêche le caractère conflictuel du désir de jouer. Si l'imitation produit ici de l'ordre, et non du désordre comme le suggère l'hypothèse mimétique, c'est parce qu'on impose la médiation externe. La théorie du désir mimétique permet ainsi de comprendre pourquoi la différenciation et la hiérarchisation entre les hommes (Adalbéron-Gérard), loin de favoriser des conflits qui pourraient naître de ces "inégalités", permettent au contraire de canaliser les désirs et de prévenir la violence. A condition, bien entendu, d'accepter l'univers de la médiation externe qui évacue la dimension conflictuelle du désir. Imposer par la loi une structure sociale différenciée gère la violence mimétique en empêchant le caractère conflictuel du désir mimétique de s'exprimer.

On peut tenir le même raisonnement en ce qui concerne la théorie économique de Thomas d'Aquin. En effet, selon lui, c'est la loi divine qui impose le juste prix permettant d'atteindre la justice distributive. La violence mimétique est gérée par une autre violence (respect de la loi) légitimée par son extériorisation (volonté divine). Or, cette extériorisation de la loi et de la totalité sociale est arbitraire (hiérarchie enchevêtrée), elle repose sur une méconnaissance. Mais cette méconnaissance permet de gérer le désir mimétique en l'empêchant de jouer. Répartition contrôlée et médiation externe interdisent tout conflit sur l'objet.

3.
Efficacité des théories des libéraux et méconnaissance de la nature mimétique du mécanisme sacrificiel

Nous allons montrer que l'efficacité du processus de gestion de la violence dans la théorie économique libérale repose sur une méconnaissance, sur une interprétation erronée. Dans un premier temps, nous verrons que l'approche libérale renvoie à une situation de hiérarchie enchevêtrée et non de hiérarchie simple (3.1.). Deuxièmement, nous essaierons de montrer que la théorie économique libérale, à l'image des mythes religieux, propose une interprétation erronée de la réalité, et que son efficacité (gestion du désordre) est liée à cette méconnaissance. L'hypothèse mimétique est plus pertinente que l'hypothèse du désir objectal et autonome, défendue par les libéraux. Elle permet d'éclairer le rapport qui unit efficacité et méconnaissance (3.2.).

3.1. Hiérarchie enchevêtrée, foule et marché : la nature mimétique de la contagion

Jean-Pierre Dupuy essaie de montrer que l'approche économique des libéraux renvoie à une situation de hiérarchie enchevêtrée. Nous allons exposer son analyse (51). Comme chez les théologiens, nous sommes en présence d'une conception hiérarchique simple. Mais, cette fois-ci, ce sont des individus autonomes qui sont censés produire la totalité économique. Toutefois, comme les libéraux considèrent qu'il ne doit y avoir aucune volonté imposant sa loi, l'ordre est considéré comme spontané. Les individus sont censés produire une totalité, un ordre, sans le vouloir. Le schéma suivant illustre cette conception des économistes libéraux.

(51) Jean-Pierre Dupuy, *Introduction aux sciences sociales,* Ellipses, 1992. Nous exposons l'analyse développée dans les pages 197-203 et 240-242.

LA CONCEPTION DES LIBERAUX : UNE HIERARCHIE SIMPLE

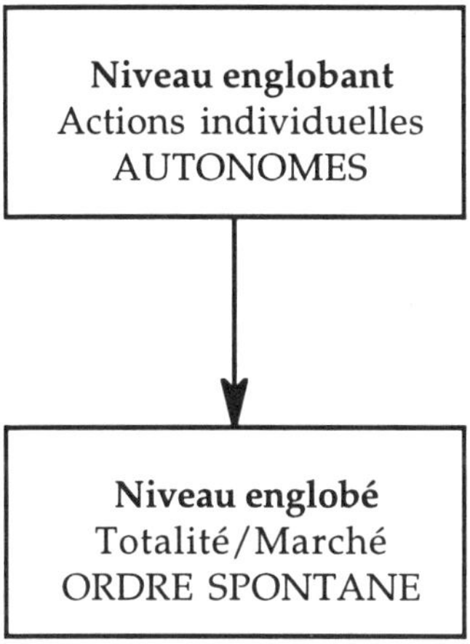

Comment les individus peuvent-ils produire un ordre sans le vouloir ? Comment la composition d'une multitude d'actes guidés par la poursuite de l'intérêt individuel peut-elle produire un mouvement, une direction, un ordre ? Jean-Pierre Dupuy relève que cette situation caractérise à la fois la foule-panique, analysée par Freud, et la conception du marché, adoptée par les libéraux. Précédemment, nous avons vu comment Freud analysait le cas de la foule-panique dans les *Essais de psychanalyse*. Privé de ce centre régulateur que constituait le chef, chacun semble poursuivre son propre intérêt, produisant un mouvement apparemment anarchique. Et pourtant, comme le fait remarquer Freud, alors que la panique constitue apparemment la négation de la foule, c'est dans ces moments-là que la contagion peut atteindre des proportions extraordinaires et que la foule apparaît le plus la foule. On peut se demander par où passe le fluide ? Qu'est-ce qui crée le mouvement et la direction ? Jean-Pierre Dupuy relève que Freud n'apporte pas de réponse à cette question car sa conception du désir l'en empêche (52). Il ne peut expliquer comment la panique peut produire un

(52) Cf. Jean-Pierre Dupuy, *Introduction aux sciences sociales*, Ellipses, 1992, p. 201-202 et p. 241-242.

phénomène de contagion car il a fondé sa théorie sur l'idée que c'étaient les liens libidinaux, unissant les individus au chef, qui produisaient la contagion, l'unité de la foule. En observateur subtil, Freud relève toutefois le paradoxe suivant : alors même que le chef a disparu, c'est bien dans la panique que la contagion peut atteindre des proportions extraordinaires.

Comme le suggère Jean-Pierre Dupuy, l'hypothèse du désir mimétique est capable d'expliquer ce paradoxe apparent. Pour cela, il suffit d'admettre que l'imitation est la conduite essentielle en matière de désir. Dans la figure de la foule spontanément unie autour d'un chef, c'est la fascination des individus pour le chef-modèle, supposé autonome, qui crée l'unité de la foule et le phénomène de contagion. Mais cette représentation des individus d'un chef narcissique et autonome est mensongère. En réalité, la foule et le chef entretiennent une relation de doubles. Le chef est une singularité de la foule. Lorsque la foule perd son chef, le mouvement de panique-contagion qui en découle peut de la même façon s'expliquer par le caractère mimétique des comportements. Jean-Pierre Dupuy compare ce phénomène à la situation provoquée par un feu qui se déclare dans une salle de spectacles. Chaque spectateur qui faisait partie d'une masse perçoit d'abord les autres comme un obstacle qui lui barre le chemin et qui gêne sa fuite. Mais la question essentielle est : quelle direction faut-il prendre ? Où se trouve la sortie de secours ? En l'absence d'informations, la conduite "rationnelle" consiste à suivre celui qui prend une direction précise, car on en déduit qu'il connaît peut-être une sortie de secours. En fait, ce dernier ne fait qu'emboîter le pas décidé d'un autre, qui lui-même suit quelqu'un d'autre, et ainsi de suite. On comprend ainsi comment l'imitation peut produire un mouvement...de foule, un phénomène de contagion dans une situation de panique.

Selon Jean-Pierre Dupuy, la conception mimétique du désir (hypothèse mimétique) est capable de rendre compte des deux types de foule analysés par Freud. Elle révèle qu'il n'y a pas de différence essentielle entre ces deux types de foule car ils sont tous deux le résultat d'un comportement de nature mimétique. L'imitation explique le phénomène de contagion qui se produit à la fois dans le cas de la foule-contagion et dans le cas de la foule-panique. Le chef était une singularité de la foule. Lorsqu'il disparaît, c'est la foule qui devient singularité car elle prend une certaine direction. Mais cette direction prise par la foule est en dernier lieu arbitraire, car le mouvement de foule se produira qu'il y ait une sortie de secours, plusieurs, ou pas du tout. C'est la représentation que les individus se font de la réalité, la certitude que celui qui les précède se dirige vers unc sortie de secours, qui crée le mouvement. Ce mouvement collectif est le résultat d'un comportement d'imitation.

Mais il y a plus étonnant encore. La nature mimétique du désir est capable, à partir de la représentation que les individus se font de la réalité, de produire cette réalité. Dans l'exemple précédent, la foule arrivera sans doute par tâtonnements à trouver une issue de secours, si elle existe. S'il n'y a pas d'issue de secours, la foule ne pourra l'emprunter. Les individus, même s'ils croient à l'existence d'une sortie de secours, ne seront pas en mesure de modifier la réalité. Il existe, dans ce cas, une réalité incontournable et préexistante, l'absence ou la présence de sortie de secours, indépendante de la croyance et de l'action des individus. Or, précédemment, nous avons relevé que la représentation des libéraux reposait sur une figure paradoxale. Les individus se réfèrent à une totalité qu'ils considèrent comme extérieure (ordre spontané), alors même que ce sont eux qui la produisent par leurs actions et par leurs comportements. Il y a production endogène d'une extériorité. Cela implique que les individus doivent être capables, par le jeu du désir mimétique, de produire la réalité qu'ils se sont représentée.

Selon Jean-Pierre Dupuy, la représentation des libéraux correspond bien à ce type de situation. En effet, nous sommes en présence d'une hiérarchie enchevêtrée. Il y a simultanément relation de cause à effet entre la réalité et la représentation, ou encore entre la totalité et les comportements individuels. La hiérarchie simple proposée par les libéraux, comme le montre le schéma ci-après, peut donc être inversée. La réalité ou la totalité, extériorisée par les individus, leur fournit des points de repère qui déterminent leurs comportements, lesquels font émerger une certaine réalité ou totalité. En effet, l'observateur extérieur voit bien que ce sont les actions des individus, issues de leur représentation de la réalité ou de la totalité (extériorisation), qui produisent cette réalité ou cette totalité. Toutefois, c'est parce que les acteurs adoptent ce point de vue positiviste, consistant à considérer qu'il y a une réalité ou une totalité préexistante, toujours déjà là, en un mot extérieure, que le système peut fonctionner. L'ordre repose donc sur une conception faussée et mensongère de la réalité.

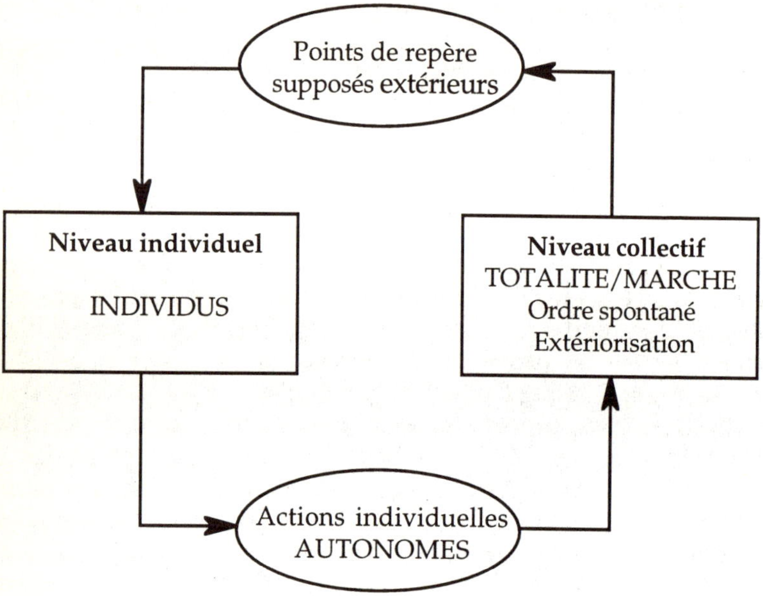

C'est bien à un mécanisme de ce type que renvoie la notion de "prix de marché" chez les libéraux. Les individus extériorisent les prix. Ils les appréhendent comme des données extérieures, déterminées par le marché (confrontation de l'offre et de la demande globales). En réalité, ce sont eux qui font émerger les prix par leurs offres et leurs demandes individuelles. Michel Aglietta, André Orléan et Jean-Pierre Dupuy ont tenté de montrer l'erreur de la théorie walrasienne qui persiste à se représenter le marché comme une agrégation d'individus autonomes, c'est à dire hermétiques à toute influence interpersonnelle (53). Comme nous allons le voir, la non-perception par les individus du caractère mimétique de leurs comportements peut les conduire à produire, sans qu'ils s'en

(53) Michel Aglietta et André Orléan, *La violence de la monnaie*, PUF, Paris, 1982. Michel Aglietta, "Régimes monétaires, monnaie supranationale, monnaie commune. Une mise en perspective des problèmes monétaires européens", CEPII, Document de travail n° 88-04, 1988. Jean-Pierre Dupuy, *Le sacrifice et l'envie*, Calmann-Lévy, Paris, 1992.

rendent compte, la réalité qu'ils se sont représentée. De la même façon, la non-prise en compte par les économistes du rôle du mimétisme dans les comportements et dans les phénomènes économiques, peut les conduire à élaborer une interprétation erronée, parfois même délirante, de la réalité. Pour illustrer cela, nous allons nous pencher sur les phénomènes boursiers et sur les comportements financiers.

3.2. Méconnaissance et prophétie autoréalisatrice : critique du discours économique

Selon Aglietta et Orléan, pour un individu qui achète ou qui vend des titres sur le marché financier, il s'agit moins de former une prévision objective de la valeur future de tel titre que d'anticiper la valeur que le marché, à savoir la foule des autres intervenants, lui donnera. Il s'agit donc de prévoir les anticipations des autres, mais comme chacun fait de même, on aboutit à une cascade d'anticipations croisées, ce qui débouche sur une indécidabilité radicale. Selon André Orléan (54), dans cette situation où règne l'incertitude, il existe une seule stratégie "rationnelle" : l'imitation. En effet, dans ce contexte, l'individu va adhérer facilement à une croyance ou à une intention propres à un Autre (imitation d'un modèle), car il va estimer que ce dernier est peut-être en possession d'informations privilégiées. Dans ces conditions, le marché peut se laisser guider par une simple rumeur faisant basculer tous les jugements dans une direction unanime.

Ces emballements mimétiques peuvent permettre d'expliquer la brutalité et l'ampleur des mouvements de cours qui caractérisent parfois les marchés financiers. L'alliance de l'indétermination et du mimétisme révèle la possibilité d'élire et de réaliser pratiquement n'importe quelle anticipation. Nous étions dans l'incertitude la plus radicale, il n'y avait plus de sens. Peu importe désormais la direction que l'on va prendre, peu importe à la limite qu'il s'agisse d'une fausse direction reposant sur un mensonge. Tout peut désormais avoir un sens car on a enfin trouvé une direction. Ce qui paraît extraordinaire dans ce processus, c'est que même un mensonge ou un mauvais jugement, c'est à dire une interprétation erronée, a toutes les

(54) André Orléan, "Mimétisme et anticipations rationnelles", *Recherches économiques de Louvain*, vol. 52, n° 1, 1986.

chances de se réaliser, de se trouver validé. Il suffit qu'une majorité d'individus partage le même sens, la même interprétation, pour que l'anticipation se trouve réalisée. Ainsi, n'importe quelle représentation, même la plus irrationnelle (délire), peut se faire réalité du seul fait d'avoir été partagée.

L'identité avec les pratiques sacrificielles relatives au religieux primitif est trop évidente pour ne pas retenir l'attention. Dans les sociétés primitives, c'est également au sommet de l'indifférenciation, une forme de "panique", que l'accusation même la plus irrationnelle contre une victime (mauvais oeil par exemple) fait boule de neige et conduit à l'unanimité violente contre cette victime (sacrifice). Seul un mimétisme exacerbé, rendu possible par une situation d'indifférenciation extrême, est susceptible d'expliquer un tel phénomène. Ainsi, la culture primitive et le marché financier moderne ont peut-être plus de points communs qu'on ne pourrait le supposer à priori. En l'occurence, essayer de comprendre la culture primitive peut se révéler plus utile pour expliquer les mouvements de cours sur les marchés boursiers contemporains que de consulter les manuels d'économie financière. Ces manuels postulent l'autonomie et la rationalité des comportements individuels.

Comme l'ont montré Michel Aglietta et André Orléan (55), un auteur comme Keynes a bien mis en évidence ce mécanisme. Keynes considère que la conduite rationnelle, en situation d'incertitude sur le marché financier, consiste à imiter l'Autre car ce dernier a peut-être en sa possession des informations qui le conduisent à agir comme il le fait (vente ou achat de titres). Chacun imitant chacun, on peut dès lors considérer que la hausse ou la baisse des cours est le produit de comportements mimétiques (imitation réciproque). Ces derniers sont liés, au départ, à une impression ou à une rumeur, c'est à dire à un phénomène qui n'a pas d'objectivité. A l'image de Monsieur de Rênal et de Valenod, les individus qui agissent sur le marché financier peuvent s'inventer un monde plus réel que n'importe quel objet de la réalité physique. Il suffit pour cela qu'ils s'imitent réciproquement. X croit que Y veut acheter tel titre car ce dernier détiendrait certaines informations qu'il ne possède pas. X achète alors le titre mais, ce faisant, il indique à Y ce qu'il convient d'acheter. Et Y à son tour acquiert le titre.

---

(55) Michel Aglietta et André Orléan, *La violence de la monnaie,* PUF, 1982.

Ce phénomène d'imitation réciproque va impliquer un nombre croissant d'individus. Et lorsque le marché aura rendu son verdict, à savoir lorsque le titre aura effectivement monté, la méconnaissance par les acteurs du caractère mimétique de leurs comportements les conduira à estimer qu'ils ne s'étaient pas trompés. Dans ce processus, les individus ne perçoivent jamais que ce sont eux, par leurs comportements, qui sont directement responsables de l'évolution des cours, que ce sont eux qui font surgir une réalité qu'ils ont commencé par imaginer. Ainsi, une simple impression, rumeur ou croyance, peut faire monter ou baisser les cours. Ne dit-on pas à la bourse de Chicago que les cours grimperont si les 49ers remportent le Superbowl ?

Comme le fait remarquer Frédéric Lordon (56), les individus auront bien du mal à repérer la véritable nature du phénomène. Comment la croyance qu'ils partagent au départ pourrait-elle ne pas être vraie puisqu'ils la voient se réaliser devant leurs yeux. Bien entendu, un observateur un peu plus subtil finira par se poser des questions si, pour expliquer la variation des cours, on s'obstine à lui proposer des théories à base de 49ers ou toute autre interprétation délirante. Mais la prophétie autoréalisatrice peut se faire plus subtile, se rendre plus présentable en se vêtant des oripeaux du discours économique. La théorie économique peut alors apporter son concours à ce jeu du travestissement en discours rationnel. Selon Frédéric Lordon, cela est rendu possible par le fait que la science économique comporte elle-même beaucoup d'ambiguïtés et d'incertitudes. Les paradigmes coexistent, nombreux et contradictoires, au lieu de se succéder comme le voudrait une science arrivée à maturité. Ce foisonnement équivoque manifeste la présence d'une multitude d'énoncés et de mécanismes économiques qui peuvent être utilisés pour justifier à peu près tout et n'importe quoi.

Des individus curieux mais aux capacités critiques limitées, méconnaissant le principe de la prophétie autoréalisatrice, adhèreront sans difficulté à quelques morceaux d'économie bien choisis servis par les économistes. Quant aux individus les plus subtils, conscients du mécanisme infernal de la prophétie autoréalisatrice, mais aussi du fait qu'on ne peut avoir raison seul

---

(56) Frédéric Lordon, "Marchés financiers, crédibilité et souveraineté", *Revue de l'OFCE, Observations et diagnostics économiques*, n° 50, juillet 1994, p. 105-124.

contre le marché, ils accepteront bien volontiers de subir le diktat du délire collectif dans la mesure où ils seront capables d'en tirer profit. En effet, dans un tel contexte, le bon analyste financier sera celui qui, ayant repéré le caractère mimétique (non objectal) des comportements, saura prévoir le comportement dominant de la foule. Et non celui qui essaiera de prévoir l'évolution de tel ou tel titre à partir d'une analyse financière "objective". C'est bien le comportement dominant de la foule, achat ou vente, qui provoquera la hausse ou la baisse du cours.

Une telle interprétation, cependant, n'est pas admise par les théoriciens de l'économie, ou plus exactement par la majorité d'entre eux. En effet, ils postulent la rationalité et l'autonomie des agents. Evoquer comme nous le faisons des déterminations extra-économiques, qui plus est psychologiques, c'est contrevenir à l'hypothèse de rationalité substantive des agents en vigueur chez les économistes. Notre interprétation conduit à mettre l'accent sur ce qui n'est rien d'autre qu'une disposition psychologique (imitation) pour expliquer les mouvements de cours sur le marché financier.

Comme le montre Michel Aglietta (57), la disposition psychologique fondamentale des agents financiers est d'être soucieux et inquiets. Ils ont peur d'assister à l'évaporation de leur patrimoine financier. En termes plus techniques, ils ont l'obsession de la liquidité. Préoccupés par sa préservation et angoissés de la savoir exposée à tous les caprices du monde, leurs comportements peuvent se traduire par des manifestations quasi paranoïaques. En effet, le propre d'un inquiet est de faire de tout un sujet d'inquiétude. Comme l'écrit J. Postel : *"Sur le plan clinique, le mécanisme du délire (paranoïaque) est essentiellement interprétatif. L'interprétation morbide amène le malade à donner une signification allant dans le sens de son délire à des évènements banals"* (58). Une telle définition semble pouvoir s'appliquer à certaines observations qui ont été faites sur les marchés financiers. Les exemples ne manquent pas de périodes durant desquelles toutes les informations économiques et statistiques sont systématiquement interprétées de façon négative, le plus souvent au mépris du bon sens.

---

(57) Michel Aglietta, "Régimes monétaires, monnaie supranationale, monnaie commune. Une mise en perspective des problèmes monétaires européens", CEPII, Document de travail n° 88-04, 1988.
(58) Jacques Postel, "Paranoïa", *Encyclopoedia Universalis*, Paris.

Ce qui est remarquable, c'est que l'argumentation des agents pour justifier leurs comportements présente toujours une cohérence interne. L'identité avec la paranoïa est troublante. En effet, la paranoïa se présente également comme *"un délire, bien systématisé sans aucune atteinte démentielle (...) qui s'instaure avec une conservation complète de la clarté et de l'ordre de la pensée, de la volonté et de l'action"* (59). En fait, c'est le recours à une argumentation économique qui permet ici d'apporter légitimité et rationalité à ce qui n'est le plus souvent rien d'autre qu'une interprétation délirante d'informations statistiques macro-économiques.

Frédéric Lordon cite un exemple édifiant de ce type de pathologie interprétative (60). Il s'agit de l'épisode de déprime boursière de la fin des années 80 qui conduisit à interpréter le recul du chômage, évènement plutôt positif du point de vue des fondamentaux de l'économie, comme un évènement lourd de menace. Les agents expliquèrent alors que le reflux du chômage était annonciateur de tensions sur le marché du travail et donc de hausses de salaires qui viendraient ultérieurement réduire les profits. C'est ainsi que la cote connut une forte baisse. Comme le fait remarquer Frédéric Lordon, on peut supposer que la nouvelle inverse n'aurait pas été mieux accueillie. A l'annonce d'une hausse du chômage, ce sont à n'en pas douter tous les autres arguments, soigneusement écartés dans l'interprétation précédente, qui auraient eu la faveur des agents pour légitimer le pessimisme généralisé : baisse de la consommation et des profits, déficit accru des budgets sociaux, hausse prévisible des cotisations...etc. Lorsqu'un évènement aussi objectivement positif qu'une résorption partielle du chômage est interprété de façon aussi négative, il ne nous paraît pas raisonnable de vouloir rechercher à tout prix une explication postulant la rationalité des agents. Il semble plus pertinent de faire dériver leurs comportements d'une aberration de jugement de nature psychopathologique.

Nous considérons que le discours économique, élaboré dans un tel contexte, est lui-même une production délirante. En effet, il propose un ensemble d'énoncés théoriques ayant pour

---

(59) Jacques Postel, "Paranoïa", *Encyclopoedia Universalis*, Paris.
(60) Frédéric Lordon, "Marchés financiers, crédibilité et souveraineté", *Revue de l'OFCE, Observations et diagnostics économiques*, n° 50, juillet 1994, p. 105-124.

but d'expliquer a posteriori les phénomènes observés, ici la chute des cours, à partir d'une autonomisation et d'une rationalisation des comportements, lesquels ne sont en l'occurence ni autonomes ni rationnels. Le discours économique dominant (théorie économique) ne perçoit pas que ces phénomènes sont fondés sur des comportements mimétiques. Ainsi, il alimente et il reproduit l'interprétation erronée des individus.

Et ce type de phénomène n'est pas exceptionnel. Le 8 mars 1996 est publié le chiffre des créations nettes d'emplois aux Etats-Unis pour le mois de février : +705.000 emplois. Cette bonne nouvelle, indiquant un recul important du taux de chômage ramené à 5,5% de la population active, devait déclencher un fort recul des cours sur les marchés financiers aux Etats-Unis et en Europe. Cette information provoqua une hausse sensible des taux d'intérêt à long terme, qu'on expliquât par le fait que les opérateurs craignaient une hausse de l'inflation consécutive aux risques de tensions sur le marché du travail et d'augmentation de la demande. Or, selon un mécanisme bien connu, lorsque les taux d'intérêt montent les cours des titres baissent. En effet, la hausse des taux est synonyme de révision à la baisse des investissements et des prévisions de profits. Les agents se mettent donc à vendre des actions. Ils cèdent également des obligations anciennes, censées rapporter moins, pour acheter des obligations nouvelles plus rémunératrices (hausse des taux). Ces comportements provoquèrent une baisse effective des cours des actions et des obligations anciennes (chute de la cote).

La baisse des cours semble ainsi relever d'une rationalité économique implacable. Mais ce serait oublier que le risque de reprise de l'inflation aux Etats-Unis était alors quasiment nul. Pratiquement tous les économistes l'affirmaient. Les agents n'avaient donc aucune raison d'agir comme ils l'ont fait, sinon la crainte de subir une perte en ne faisant pas comme tout le monde au même moment. Sur un marché mondial dérèglementé, que nulle autorité n'est plus en mesure de contrôler, le gagnant est celui qui est capable d'anticiper l'évolution des cours, de prévoir ce que va faire la majorité. Pour expliquer la brutalité et l'ampleur des mouvements de cours, nous pensons que le mimétisme constitue un principe beaucoup plus pertinent que les postulats de rationalité objective et d'autonomie des agents, véhiculés par le discours économique dominant. En l'occurence, les comportements ne sont ni autonomes ni rationnels.

Les marchés sont capables de changer de modèle théorique comme d'humeur. En effet, dans le basculement du pessimisme généralisé à l'euphorie, état que les marchés connaissent aussi parfois, on assiste à une révision complète des schémas interprétatifs. Ce qui était perçu comme négatif devient source d'opportunité, les faisceaux d'indices qui convergeaient vers des perspectives de baisse sont désormais considérés comme des signes annonciateurs d'une hausse des cours. Cette référence à la rationalité économique pour expliquer des comportements aussi "irrationnels" illustre bien le pouvoir de la prophétie autoréalisatrice et le rôle fondamental de la méconnaissance dans ce processus. Nous soutenons que la théorie économique, en rationalisant les comportements des agents, alimente et reproduit cette méconnaissance. Parallèlement, nous constatons que cette méconnaissance de la nature interpersonnelle et imitative des comportements est source d'efficience puisqu'elle permet de gérer le désordre, de produire un ordre, de faire naître une tendance. Cette association inattendue entre efficacité et méconnaissance manifeste la présence d'un lien entre les théories économiques et les mythes religieux. En effet, les mythes religieux sont efficaces (gestion de la violence) dans la mesure où les individus adhèrent à l'interprétation qu'ils proposent (culpabilité de la victime), c'est à dire méconnaissent l'innocence de la victime sacrificielle. Les théories économiques et les mythes religieux reposent sur un mécanisme de gestion de la violence par la violence dont le fondement sacrificiel, synonyme de méconnaissance et d'arbitraire, doit rester caché. Leur efficacité "sociale" est conditionnée par l'adhésion des individus à l'interprétation erronée qu'ils véhiculent.

Selon nous, l'hypothèse du désir mimétique permet d'expliquer de façon plus satisfaisante que l'hypothèse du désir objectal et autonome, défendue par les libéraux, comment la poursuite de l'intérêt individuel parvient à gérer la violence. En rejetant les notions de désir objectal, de rationalité et d'autonomie des individus, l'hypothèse mimétique se montre capable d'apporter une explication "objective" à cette énigme de la gestion de la violence. Pour les libéraux, l'efficacité du processus de gestion de la violence repose sur le fait que la poursuite autonome de l'intérêt individuel permet de stimuler la production, de lutter contre la rareté. Pour eux, la poursuite de l'intérêt individuel constitue une violence positive (cathartique) car elle permet de faire barrage à la violence essentielle liée à la rareté des biens. La violence permet de gérer la violence. Dans cette représentation, nous rencontrons d'une part le principe de l'autonomie du désir, les individus sont censés accumuler le plus de biens possible de façon autonome (désir objectal), et d'autre part la figure freudienne de la foule-panique (chacun pour soi) exprimant un risque de violence lié à la rareté des biens. Dès lors, comment expliquer que cette figure de la foule-panique débouche chez les libéraux sur une situation d'ordre (ordre spontané) qui évoque l'idée de contagion ?

L'hypothèse mimétique est capable d'intégrer ce paradoxe apparent. Selon l'hypothèse mimétique, les individus ne sont pas autonomes. Ils croient simplement à l'autonomie de ceux qui leur servent de modèles, ce qui les conduit à les imiter. Le phénomène de contagion, ainsi que l'ordre qui émerge, résultent de ces comportements mimétiques. Cela nécessite que les individus, d'une part, extériorisent la totalité économique (par exemple le prix de marché), et d'autre part, qu'ils imitent ceux qui leur servent de modèle, c'est à dire qu'ils croient au caractère autonome du désir de leurs modèles. Chacun imitant chacun (imitation réciproque), cela aboutit généralement à ce que la réalité qui émerge soit finalement celle que les individus avaient imaginée au départ. Ils extériorisent la totalité économique (ordre spontané) sans se rendre compte que ce sont eux qui la produisent à partir de leurs comportements mimétiques. La conception hiérarchique simple contenue dans la théorie économique des libéraux (ordre spontané) cache une hiérarchie enchevêtrée qui révèle le caractère arbitraire de la représentation. La notion de hiérarchie enchevêtrée postule que les individus produisent la totalité économique qu'ils se sont représentée (prophétie autoréalisatrice).

Contrairement à ce qu'affirme la théorie économique libérale, la poursuite de l'intérêt individuel est source d'ordre non pas parce qu'elle réduit la rareté, mais parce qu'elle méconnaît la nature mimétique de la violence et du processus de gestion de cette violence. Elle méconnaît le fait que la violence mimétique est gérée par un processus mimétique (mécanisme sacrificiel). Si l'imitation est source d'ordre dans les sociétés modernes, et non pas de désordre ou de conflit comme le suggère l'hypothèse mimétique (modèle-obstacle), c'est parce qu'elle conduit les individus à acquérir des biens identiques à ceux possédés par les Autres-modèle. La croyance à l'autonomie du désir de ces Autres-modèle permet en quelque sorte de gérer pacifiquement le caractère conflictuel du désir mimétique. Tout au moins pour ceux qui ont suffisamment de moyens pécuniaires pour acquérir les biens en question.

En ce sens, l'accroissement de la production permet de gérer la violence non pas, comme l'affirment les libéraux, parce qu'elle réduit la rareté (solution au conflit objectal), mais parce qu'elle "satisfait" le caractère mimétique du désir (solution au conflit mimétique). La conception des libéraux repose donc sur une méconnaissance, sur un mensonge qu'on peut qualifier d'individualiste. Ils postulent la capacité d'une conduite comme la poursuite autonome de l'intérêt individuel à stimuler la production et à gérer la contrainte rareté, source de la violence. En réalité, les individus ne cessent d'imiter des modèles qu'ils croient autonomes ou, plus étonnant encore, ils s'imitent réciproquement. Ils ne se rendent pas compte que ce sont eux qui produisent par des comportements mimétiques cette impression de rareté des biens. Les économistes libéraux ont tort de considérer la rareté comme naturelle, elle est le produit de la convergence mimétique des désirs vers les mêmes biens. L'hypothèse mimétique est plus pertinente que l'hypothèse du désir objectal et autonome. Elle révèle que cette dernière est pétrie de méconnaissance.

CONCLUSION TROISIEME PARTIE

La deuxième partie nous avait permis d'établir un rapport entre les théories économiques des théologiens ou des libéraux et le mécanisme sacrificiel propre au religieux primitif. Nous avions noté que les théories économiques, à l'image du sacrifice dans les sociétés religieuses, géraient la violence par une violence "extériorisée". Cela suggérait la présence d'un mécanisme sacrificiel au sein de ces théories. L'hypothèse mimétique, en révélant comment fonctionne le mécanisme sacrificiel, permet en quelque sorte de confirmer et de renforcer ce point de vue. Elle assimile le sacrifice à un mécanisme mimétique (tous contre un), à un phénomène collectif producteur d'ordre. Elle dévoile ainsi l'arbitraire du mécanisme sacrificiel qui parvient à gérer le désordre par l'unanimité obtenue contre une victime qui n'y est pour rien. L'efficacité du mécanisme sacrificiel (retour à l'ordre) repose sur la croyance collective à la culpabilité de la victime, c'est à dire sur une interprétation mensongère des membres de la communauté. Ces derniers sont incapables de repérer la nature mimétique de leurs comportements, le caractère arbitraire de l'unanimité vengeresse (conflit sans objet).

La communauté adopte en quelque sorte le point de vue exprimé dans le mythe religieux. L'hypothèse mimétique permet de postuler que le mécanisme sacrificiel, tel qu'il est présenté par les mythes religieux et tel qu'il est appréhendé par les membres des sociétés primitives, présente trois caractéristiques essentielles : une méconnaissance de l'origine mimétique de la violence (postulat d'une origine divine de la violence, pouvoirs magiques maléfiques) ; une capacité, néanmoins, à gérer la violence mimétique (fonction cathartique du sacrifice) ; et enfin, une interprétation mensongère du processus de gestion de la violence (croyance à la culpabilité de la victime-dieu, méconnaissance de la nature mimétique du processus de gestion).

Nous avons retrouvé ces trois caractéristiques au sein des théories économiques des théologiens et des libéraux. Premièrement, à l'image des mythes religieux, les théories économiques des théologiens et des libéraux méconnaissent l'origine mimétique du désir et de la violence. Dans les mythes et dans le religieux primitif, on considère que la violence est extérieure aux hommes. Elle est imputée à la présence d'une puissance surnaturelle maléfique semant le désordre dans la communauté. Nous constatons que les théories économiques, à l'image des mythes religieux, ont pour point commun de ne pas adopter une conception mimétique du désir et de la violence. Les théologiens raisonnent dans le cadre de la médiation externe (imitation d'un modèle "supérieur"), ils ne perçoivent pas le caractère conflictuel du désir. Les libéraux postulent l'autonomie du désir, ils ne reconnaissent pas son caractère imitatif. L'hypothèse mimétique intègre ces deux conceptions en postulant le caractère conflictuel de l'imitation. Elle permet d'unifier les conceptions antinomiques des théologiens et des libéraux : elle suggère qu'elles reposent toutes deux sur une interprétation tronquée qui méconnaît la nature mimétique du désir et de la violence.

Deuxièmement, le respect de la loi (théologiens) et la poursuite de l'intérêt individuel (libéraux), comme le sacrifice (sociétés primitives, mythes), apportent une solution au caractère mimétique du désir. Le partage des richesses imposé par la loi (services mutuels, juste prix) ou leur accumulation privée liée à la poursuite de l'intérêt individuel (acquisition de biens identiques à ceux possédés par les Autres-modèle), comme leur circulation continuelle (interdiction de s'approprier des objets précieux, offrandes sacrificielles, dons), permettent d'éviter tout conflit frontal pour la détention des objets. L'hypothèse mimétique se montre ainsi capable d'unifier les conceptions antinomiques des théologiens et des libéraux en révélant que ces conceptions, tout en méconnaissant l'origine mimétique du désir et de la violence, parviennent à lui faire barrage. L'imitation non conflictuelle des théologiens comme l'autonomie accumulative des libéraux constituent des réponses appropriées au caractère mimétique du désir. On empêche le caractère conflictuel de l'imitation de jouer soit en imposant la médiation externe (différenciation "naturelle", imitation d'un modèle transcendant, répartition imposée), soit en satisfaisant le caractère mimétique du désir (imitation de modèles supposés autonomes, acquisition de biens identiques à ceux détenus par les modèles).

Enfin, troisièmement, les deux caractéristiques précédentes suggèrent que la capacité des théories économiques à gérer la violence mimétique repose, comme dans les mythes, sur une interprétation mensongère du processus de gestion de la violence. Dans les mythes, l'extériorisation de la violence en général et du sacrifice en particulier (violence pure), s'appuie sur une extériorisation de la totalité sociale et sur une hiérarchisation du rapport individu-totalité (holisme). On croit que des divinités sont à l'origine de la communauté et qu'elles ont fixé des règles à observer (interdits). De même, dans les théories économiques, l'extériorisation de la loi (théologiens) et de la poursuite de l'intérêt individuel (libéraux) ont pour corollaire une extériorisation de la totalité socio-économique et une hiérarchisation du rapport individu-totalité. L'ordre, qu'il soit imposé (théologiens) ou spontané (libéraux), n'est pas considéré comme le produit de la volonté des individus. Or, du point de vue de l'observateur extérieur, la relation n'est pas hiérarchique mais circulaire. On a une relation simultanée de cause à effet entre le niveau collectif (la totalité) et le niveau individuel. La totalité apparaît à la fois comme la cause et comme le produit de l'action des individus : la hiérarchie est enchevêtrée.

La méconnaissance par les acteurs du caractère enchevêtré de la hiérarchie, explique l'efficacité du processus de gestion de la violence. Pour que la violence soit gérée, pour que l'ordre soit maintenu, il faut que les acteurs extériorisent la totalité, c'est à dire qu'ils adoptent un point de vue hiérarchique et positiviste. C'est précisément le point de vue adopté dans les mythes et dans les théories économiques des théologiens et des libéraux. Il est au coeur de leurs représentations. Or, ce point de vue est un leurre car il occulte le fait que la totalité (ou la réalité) est avant tout une production des individus. Ces derniers, par des comportements mimétiques se manifestant, soit par la croyance collective à la culpabilité de la victime (mythes et ordre rituel), soit par une imitation non conflictuelle ordonnée par la loi (théologiens et ordre politique), soit par l'imitation de modèles supposés autonomes (libéraux et ordre économique), n'ont fait que réaliser une certaine totalité (ou réalité), conforme à la représentation qu'ils s'étaient donnée au départ. L'extériorisation de la totalité sociale par les individus assure l'efficacité du processus de gestion de la violence. En effet, elle révèle leur incapacité à repérer que c'est la nature mimétique de leurs comportements qui est à l'origine, tant du désordre potentiel, que de l'ordre effectif.

Contrairement à ce que postulent les mythes et les théories économiques, l'efficacité du processus de gestion de la violence ne repose pas sur l'élimination voulue par des divinités d'un coupable (mythe), sur le respect d'une loi divine synonyme d'ordre (théologiens), ou encore sur le fait que la poursuite de l'intérêt individuel permet de lutter contre la rareté naturelle des biens (libéraux) ; elle repose sur l'incapacité des individus à repérer le caractère arbitraire et mensonger de l'extériorisation de la violence. Distinguer entre une violence impure synonyme de désordre et une violence pure synonyme de retour à l'ordre (sacrifice, loi, poursuite de l'intérêt individuel), supposée extérieure, apparaît parfaitement arbitraire à partir du moment où on a repéré le caractère mimétique, c'est à dire humain, de la violence. C'est bien un phénomène mimétique (imitation conflictuelle) qui est à l'origine tant de la violence que du processus de gestion de la violence. Les théories économiques, comme les mythes, proposent donc une version des faits et de la réalité qui se révèle arbitraire et mensongère. Toutefois, cette méconnaissance est source d'ordre, elle conditionne l'efficacité du processus de gestion de la violence

En définitive, notre parti pris en faveur de l'hypothèse mimétique se justifie par son extraordinaire capacité à unifier le caractère antinomique des théories. A notre connaissance, aucune autre hypothèse n'est capable à ce jour d'unifier, c'est à dire de relier et d'intégrer à partir d'un principe théorique simple, les conceptions antinomiques des théologiens et des libéraux concernant la nature du désir (imitation non conflictuelle contre autonomie conflictuelle), la distribution des richesses (partage imposé contre accumulation privée), les comportements des individus (recherche du bien commun contre poursuite de l'intérêt individuel), ou encore la notion d'ordre (ordre imposé contre ordre spontané). L'hypothèse mimétique révèle que ces conceptions économiques antinomiques ont en commun, premièrement, de méconnaître l'origine mimétique du désir et de la violence ; deuxièmement, de faire preuve néanmoins d'une capacité à gérer la nature mimétique du désir et de la violence ; troisièmement, de proposer une interprétation erronée fondée sur la méconnaissance du caractère mimétique du processus de gestion de la violence (mécanisme sacrificiel). L'efficacité du processus de gestion de la violence repose ainsi, comme dans les mythes et dans le religieux primitif, sur une interprétation mensongère de l'origine de la violence et de sa résolution. Ce pouvoir unificateur de l'hypothèse mimétique permet de mettre au jour l'identité des théories économiques des théologiens et des libéraux, c'est à dire le caractère superficiel et trompeur du point de vue antinomique que nous avions adopté au départ. Cette identité des contraires a été révélée progressivement du fait de l'étonnante filiation que nous avons pu établir entre les théories économiques et les mythes religieux.

CONCLUSION GENERALE

Comme le souligne Karl Popper (1), on s'est souvent interrogé sur ce curieux évènement qui s'est produit quelque part en Grèce aux VIe et Ve siècles avant Jésus-Christ : l'invention d'une philosophie rationnelle. Les premiers philosophes grecs, fondateurs de notre tradition scientifique, se sont efforcés de comprendre les phénomènes naturels comme l'avaient fait avant eux les créateurs de mythes. A l'époque "pré-scientifique", les créateurs de mythes s'exclamaient face à un orage, *"Voilà Zeus en colère"*, ou encore, lorsque la mer était mauvaise, *"Poséidon se fâche"*. C'est ce type d'explication qui répondait aux attentes avant que la tradition rationaliste n'ait introduit de nouveaux critères d'analyse. L'innovation introduite par les premiers philosophes grecs provenait de ce qu'ils ont commencé à discuter à propos de ces phénomènes. Au lieu d'accepter les mythes religieux de manière non critique, ils les ont mis en question. Il ne s'agissait plus seulement de raconter des mythes mais de les faire discuter par l'auditoire. Cette situation n'avait jamais eu de précédent. La discussion d'un mythe pouvait ainsi conduire à l'énoncé d'un nouveau mythe, jugé plus rationnel.

Nous adhérons à la thèse de Karl Popper selon laquelle ce qu'on appelle "science" se distingue des mythes qui l'ont précédée, non parce qu'elle en est différente en nature, mais parce qu'elle s'accompagne de la tradition d'une analyse critique. Cette dimension critique constitue le pilier sur lequel repose, encore aujourd'hui, la tradition scientifique. Les hypothèses scientifiques peuvent être assimilées à des mythes, c'est à dire à des représentations de la réalité. Toutefois, les "mythes scientifiques" que nous produisons se distinguent des mythes religieux dans la mesure où ils se transforment sans cesse pour essayer de donner des divers phénomènes observés une analyse toujours meilleure. Comme le précise Karl Popper, ce qui importe pour une hypothèse scientifique, c'est son pouvoir explicatif et la résistance qu'elle est susceptible d'opposer à la critique et aux tests. Dans la même optique, on peut considérer que la plupart des hypothèses scientifiques n'admettent aucune démonstration, au sens strict du terme, mais seulement un constat de fécondité qui dure jusqu'à ce que l'on trouve mieux.

---

(1) K.R. Popper, *Conjonctures et réfutations*, Payot, 1985, Chapitre 4, p. 191-199

Cette perspective nous conduit à poser trois questions essentielles au sujet de l'hypothèse mimétique et de l'hypothèse sacrificielle :

- premièrement, qu'est-ce qui confère à l'hypothèse mimétique et à l'hypothèse sacrificielle leur capacité à rendre compte du réel et leur pouvoir explicatif, marques de la scientificité ? (1.)

- deuxièmement, comment expliquer que des hypothèses dotées d'une aussi forte capacité à expliquer le réel soient rejetées par la théorie économique dominante ? (2.)

- troisièmement, peut-on envisager l'élaboration d'un nouveau paradigme économique à partir de ces deux hypothèses ? (3.)

1.
La fécondité des deux hypothèses : pouvoir explicatif et complexité

Les développements récents des sciences physiques, biologiques et cognitives, notamment l'émergence de la notion de complexité, apportent un éclairage nouveau sur le fonctionnement des sociétés humaines et sur les représentations qui en rendent compte (sciences sociales). Comme le souligne Jean-Pierre Dupuy (2), l'invention du concept de complexité revient au mathématicien John von Neumann, un des plus grands génies de ce siècle, créateur de la théorie des jeux, de la théorie des automates et de l'ordinateur digital. En 1948, un symposium au California Institute of Technology devait opposer von Neumann et un neuropsychiatre passionné de logique et de philosophie, Warren McCulloch, créateur de la cybernétique. McCulloch exposa qu'il était parvenu à modéliser le fonctionnement d'un cerveau par une machine abstraite, capable selon lui de penser, de former des concepts, de mémoriser, de faire des apprentissages. Il fondait ainsi l'intelligence artificielle et postulait la possibilité de réduire l'esprit humain à un mécanisme.

Introduisant le concept de complexité, Von Neumann essaya de démontrer qu'être complexe c'est avant tout être capable de complexification. Selon lui, ce dont est capable un

(2) J.-P. Dupuy, *Sciences sociales et sciences cognitives,* p. 135-139.

"objet complexe" est infiniment plus complexe que la somme de ses composantes. La matrice est dépassée par sa descendance. Fondateur de la théorie des automates, il contestait ainsi la position de McCulloch. Si l'automate est complexe, le concepteur qui le construit en est bien la "cause", mais son comportement doit échapper au concepteur. Selon von Neumann, il est donc impossible de réduire l'esprit humain à un mécanisme, aussi complexe soit-il.

Pour von Neumann, la machine artificielle et la machine vivante sont différentes en nature (3). La machine artificielle, une fois constituée, ne peut que dégénérer, alors que la machine vivante est, tout au moins temporairement, non dégénérative, voire générative, c'est à dire apte à accroître sa complexité. La machine vivante, bien que constituée d'éléments peu fiables comme des molécules et des cellules qui se dégradent, est capable de régénérer, reconstituer, reproduire les éléments qui se dégradent, c'est à dire de s'auto-réparer. Inversement, une machine artificielle, par exemple un moteur de voiture, est constituée de pièces fiables car hautement vérifiées. Ici, les risques de panne sont égaux à la somme des risques de détérioration de chaque élément. La machine vivante est capable de fonctionner malgré une "panne locale", c'est à dire de réaliser ses buts par des moyens détournés. La machine artificielle pourra tout au plus diagnostiquer l'erreur, puis elle s'arrêterera de fonctionner. Ainsi, alors que tout désordre interne (panne locale, bruit, erreur) dégrade la machine artificielle (entropie), la machine vivante fonctionne toujours avec une part de bruit (dégradation des cellules par exemple) et se montre capable de gérer ce dernier.

La complexité apparut à von Neumann comme étant un concept clé. Cette notion signifie que la machine vivante (ou naturelle) met en jeu un nombre d'unités et d'interactions infiniment plus élevé que la machine artificielle. L'être vivant est soumis à une logique de fonctionnement toute autre, une logique qui fait intervenir l'indétermination, le désordre, le hasard comme facteurs d'une organisation supérieure ou auto-organisation. L'organisme vivant fonctionne malgré et avec du désordre, du bruit, de l'erreur, lesquels ne sont pas forcément dégénératifs et peuvent même être régénérateurs. En définitive,

---

(3) Cf. Edgar Morin, *Le paradigme perdu : la nature humaine*, Essais, Seuil, 1979, p. 127-129. Nous reprenons la présentation d'Edgar Morin.

la machine vivante fait preuve d'une grande fiabilité d'ensemble bien que ses éléments constitutifs soient peu fiables car aisément dégradables. Ce paradoxe s'éclaire si on assimile l'organisation du système vivant à un processus d'autoproduction ou de réorganisation permanente, lequel expulse l'entropie qui se produit de façon continue à l'intérieur du système et répond aux atteintes désorganisatrices issues de l'environnement.

Tels sont les principes d'organisation de la complexité. C'est l'aptitude à la réorganisation permanente qui donne aux systèmes vivants souplesse et liberté par rapport aux machines. Le système auto-organisateur est d'autant plus complexe qu'il est moins strictement déterminé, que les parties qui le constituent sont dotées d'une relative autonomie, que leurs complémentarités ne peuvent être dissociées de concurrences ou d'antagonismes, c'est à dire d'un certain bruit. Un degré de complexité plus élevé tolère une augmentation de cette part de bruit. Le "bruit" est lié tant au fonctionnement qu'à l'évolution du système vivant. Ainsi, la mutation peut être assimilée à un bruit. Ce dernier peut provoquer l'apparition d'une innovation et d'une complexité plus riche. Dans ce cas, le bruit, loin de provoquer un désordre fatal, suscite un nouvel ordre. Si étonnant que puisse paraître ce processus d'émergence d'un ordre par le bruit pour l'observateur, il ne peut se concevoir que comme le déclenchement par le "bruit" d'un processus désorganisateur, lequel processus provoque une réorganisation sur une base nouvelle. Ainsi, le changement et l'innovation, dans l'ordre du vivant, ne peuvent être conçus que comme le produit d'un désordre enrichissant, car devenant source de complexité. Tout système vivant est donc menacé par le désordre et, en même temps, s'en nourrit.

Comme le souligne Jean-Pierre Dupuy, cette conception a des implications importantes dans les sciences du vivant (4). Par exemple, depuis la découverte de la structure chimique du code génétique en 1953 par Watson et Crick, on sait que ce sont des mécanismes physico-chimiques qui sont à l'origine de la vie. Mais la vie est infiniment plus complexe que les mécanismes physico-chimiques qui l'engendrent. Comme l'écrit Jean-Pierre Dupuy : "*Tout se passe comme si le chemin qui mène des composants et de leurs interactions à la totalité était irréversible. Une fois la totalité constituée, elle devient autonome par rapport*

(4) Cf. J.-P. Dupuy, op. cit., p. 136-137.

à ses conditions de production" (5). Ce point de vue est remarquable en ce sens qu'il permet de concilier réductionnisme et substantialisme. En effet, on ne peut ni réduire la vie aux seuls éléments physico-chimiques qui la constituent (réductionnisme), ni l'expliquer par l'existence d'une "matière vivante" (vitalisme ou substantialisme) comme le faisaient la plupart des biologiestes avant la découverte de Watson et Crick. La vie renvoie à la notion de système auto-organisateur. Elle nécessite la présence d'une organisation particulière de la matière physico-chimique. Ainsi, c'est bien de la "matière" qui est à l'origine de la vie, mais sans la présence d'un système auto-organisateur capable de "traiter" cette matière, la vie ne pourrait exister. En effet, le jeu des combinaisons et des interactions des millions de molécules qui constituent le moindre des systèmes cellulaires est statistiquement improbable par rapport aux "processus normaux", lesquels auraient dû entraîner la décomposition du système et la dispersion de ses constituants.

La problématique de Von Neumann, notamment l'introduction du concept de complexité, a également des implications en sciences sociales. Nous pensons que la fécondité de l'hypothèse sacrificielle et de l'hypothèse mimétique est peut-être liée à leur capacité à rendre compte de la complexité du "social". Elles constitueraient un cadre théorique pertinent pour appréhender la complexité propre aux sociétés humaines. Ces deux hypothèses feraient preuve d'une certaine aptitude à décrire les modalités du système auto-organisateur qui gouverne le social et ses représentations (sciences sociales). Deux indices essentiels justifient notre position.

Premier indice. L'hypothèse mimétique et l'hypothèse sacrificielle font preuve d'une forte capacité à unifier le réel. Il est très révélateur de constater que ce qui était considéré comme du "bruit" dans le système des théologiens, la poursuite de l'intérêt individuel, devient un facteur d'ordre chez les libéraux. Inversement ce qui était considéré comme source d'ordre dans le système des théologiens, la recherche du bien commun, est appréhendé comme source de désordre, comme "bruit", dans le système des libéraux. Dans l'optique de la complexité, la pénétration de valeurs et de comportements individualistes ne doit pas être interprétée comme la faillite du système, mais comme le moment et la façon qu'il a de se réorganiser. Cela

(5) J.-P. Dupuy, op. cit., p. 137.

implique la présence d'un système auto-organisateur capable d'assimiler les valeurs et les comportements individualistes, tantôt à une source de désordre (bruit) qu'il faut expulser, tantôt à une source d'ordre qu'il faut intégrer. Ainsi, ce qui serait invariant à travers l'histoire, ce n'est pas la nature du désordre ou du bruit, laquelle de toute évidence change, mais la façon de gérer ce désordre ou ce bruit à partir du système auto-organisateur.

Selon nous, l'hypothèse sacrificielle et l'hypothèse mimétiques sont dignes d'intérêt car elles permettent précisément d'échafauder une interprétation logique relative au mode de fonctionnement de ce système auto-organisateur. Dans cette perspective, il faut appréhender le respect de la loi (théologiens) et la poursuite de l'intérêt individuel (libéraux) comme deux modes de gestion de la violence, c'est à dire comme deux "solutions" à un même problème, celui de l'origine mimétique de la violence. Dans les deux approches économiques, c'est un mécanisme sacrificiel qui gère la nature mimétique de la violence. Ces deux hypothèses permettent ainsi d'unifier les théories économiques des théologiens et des libéraux.

Jean-Pierre Dupuy cite Jon Elster, le philosophe du choix rationnel : "*une des lignes de clivage les plus tenaces à l'intérieur du domaine des sciences sociales est celle qui oppose deux formes de pensée que l'on associe respectivement aux noms d'Adam Smith et d'Emile Durkheim : c'est l'opposition entre Homo oeconomicus et Homo sociologicus. Celui-là est censé être guidé par une rationalité instrumentale, tandis que le comportement de celui-ci est dicté par des normes sociales. Le premier est "tiré" par la perspective d'avantages à venir alors que le second est "poussé" de derrière par des forces quasi inertielles (...). Il est facile de caricaturer le premier comme un atome social et autosuffisant et le dernier comme le jouet stupide des forces sociales*" (6). Ainsi, comme le souligne Jean-Pierre Dupuy, *homo sociologicus* est poussé de l'arrière. Il se réfère à des normes, des coutumes, des habitudes, des valeurs qui le poussent à agir comme il le fait. Il n'a aucune autonomie, aucun pouvoir de choix. Il est le jouet de "forces extérieures" qui lui imposent une certaine conduite. A l'inverse, *homo oeconomicus* semble dégagé de tout ce qui pourrait s'apparenter à des subordinations ou des déterminations venant de l'extérieur. Il est

(6) Jon Elster, *The Cement of Society*, Cambridge University Press, 1989. Cité par Jean-Pierre Dupuy, op. cit., p. 7.

libre, autonome et rationnel. Il agence des moyens rares pour maximiser ses fins. Ses choix sont uniquement déterminés par l'appréhension des conséquences de ses actions (théorie causale de la décision).

Cette façon de présenter les choses peut s'intégrer à notre constat de départ de l'antinomie des conceptions économiques des théologiens et des libéraux. Dans cette optique, nous serions tenté d'assimiler l'homme décrit par les théologiens à *homo sociologicus*, et celui décrit par les économistes libéraux à *homo oeconomicus*. En effet, les penseurs théologiens postulent la présence d'une volonté transcendante (Dieu) déterminant la fin de la communauté (recherche du bien commun). Les hommes doivent se soumettre à la loi divine pour réaliser cet ordre transcendant (conception holiste). Les actes de l'individu sont déterminés de l'extérieur. Cette conception de l'homme présente de nombreux points communs avec *homo sociologicus*. A l'inverse, la conception de l'homme adoptée par les économistes libéraux s'apparente à *homo oeconomicus*. Elle est caractérisée par la liberté. Il n'y a aucune volonté, qu'elle soit extérieure ou intérieure, imposant une fin aux individus. Ces derniers sont libres de choisir leurs propres fins et les moyens de les atteindre. Dans le domaine économique, ils sont censés avoir une conduite rationnelle, caractérisée par la poursuite de l'intérêt individuel. Ils sont dotés d'une échelle de préférences propre qui leur permet de maximiser leur satisfaction de façon autonome. Les croyances ou les comportements des autres ne les intéressent pas. Ils ne se laissent influencer ni par Dieu ni par les autres.

L'approche des théologiens renverrait donc à une forme de sociologisme et celle des libéraux à une sorte d'économisme. L'hypothèse mimétique nous révèle qu'il est possible d'unifier ces deux paradigmes dans la mesure où on peut assimiler le respect de la loi, fondé sur la croyance au déterminisme, et la poursuite de l'intérêt individuel, fondée sur la croyance à l'autonomie, à deux modes de gestion du conflit mimétique. En effet, la répartition issue du respect de la loi et l'acquisition d'un bien identique à celui possédé par l'Autre-modèle ont en commun d'éviter tout conflit frontal sur l'objet. De même, sur une question comme celle de la rationalité, l'hypothèse mimétique permet de dépasser l'opposition entre déterminisme et autonomie. Elle montre comment les deux paradigmes peuvent s'articuler l'un sur l'autre. Elle remet en cause la théorie causale de la décision et révèle les limites de la théorie évidentialiste. Elle postule qu'il est possible de concilier déterminisme (influence d'un modèle) et libre arbitre (pouvoir de choix entre plusieurs options, pouvoir de choisir le modèle).

En définitive, nous constatons que l'hypothèse mimétique est capable d'unifier des phénomènes ou des comportements en apparence sans rapports, voire antinomiques, comme la haine et la vénération (ambivalence de la victime sacrificielle), la contagion et la panique (foule-contagion et foule-panique), ou encore l'imitation et la distinction (faire comme l'Autre-modèle pour se différencier des autres). Selon nous, ce qui fait la force de l'hypothèse mimétique, c'est cette capacité à rendre compte de la divergence, de l'antinomie ou de l'ambivalence à partir d'un principe théorique simple permettant d'unifier le réel. Le mimétisme est capable de produire la paix et le conflit, l'adoration et la haine, la contagion et la panique. Les rapports et les comportements humains sont expliqués par le jeu de liens à la fois complémentaires, concurrentiels et antagonistes. L'hypothèse mimétique fait preuve ainsi d'une aptitude certaine à rendre compte des principes d'organisation qui sont ceux de la complexité.

En résumé, c'est parce que l'hypothèse mimétique et l'hypothèse sacrificielle montrent une certaine aptitude à rendre compte de la complexité qu'elles permettent d'expliquer plus de choses et qu'elles les expliquent mieux. Elle sont scientifiques au sens où toutes les grandes hypothèses le sont. Elle ont une valeur opératoire, un pouvoir explicatif plus grands que le point de vue qui sous-tend les théories économiques des théologiens et des libéraux. Elles permettent de proposer une interprétation plus riche, plus explicative, d'un phénomène comme l'antinomie des théories économiques. Elles sont capables de les unifier. Elles révèlent l'identité des contraires.

Deuxième indice. La méconnaissance propre aux acteurs et aux théoriciens de l'économie peut être assimilée à une forme de "bruit", lequel se révèle source d'ordre. Nous retrouvons, là encore, une des caractéristiques propres aux systèmes complexes. Ils sont capables de produire de l'ordre à partir du "bruit". Pour montrer cela, il faut mettre au jour le rôle essentiel que joue la méconnaissance propre aux acteurs et aux théoriciens dans la gestion du désordre.

L'observation du mode de fonctionnement du religieux primitif est très instructive pour comprendre la fonction de la méconnaissance. Nous savons que le religieux primitif attribue la crise au pouvoir malfaisant d'un coupable-dieu et le retour à l'ordre au pouvoir bienveillant de ce coupable sacrifié. Il extériorise (sacralisation) le désordre comme le retour à l'ordre, la violence essentielle comme la violence sacrificielle. Ainsi, il méconnaît la nature humaine de la victime qui, en réalité, n'est pas plus responsable du retour à l'ordre qu'elle n'était responsable du désordre. C'est le caractère mimétique du désir et des comportements qui est à l'origine, tant de la violence humaine (imitation conflictuelle et processus de vengeance), que du retour à l'ordre (unanimité contre une victime). Les participants au sacrifice, c'est à dire la communauté dans son ensemble, adoptent de façon unanime (imitation-contagion) le point de vue exprimé dans le mythe fondateur, à savoir la croyance à la culpabilité de la victime. L'efficacité du mécanisme sacrificiel repose ainsi sur la méconnaissance tant de l'origine mimétique (humaine) de la violence que du processus de réconciliation (tous contre un).

Nous avons essayé de montrer que le même type de méconnaissance était à l'oeuvre dans les théories économiques des théologiens et des libéraux. Comme les mythes des sociétés primitives, les théories économiques parviennent à gérer la violence en méconnaissant l'origine mimétique de la violence et de sa résolution. Cette filiation surprenante entre les théories économiques et les mythes religieux rejoint l'intuition de Popper au sujet de l'origine mythique de la science. Elle suggère que le religieux primitif et que les mythes ont quelque chose à nous apprendre sur la façon dont le savoir économique se constitue, qu'un mécanisme sacrificiel, de nature mimétique, est présent au sein des théories économiques.

Nous considérons que l'hypothèse mimétique a une valeur scientifique plus grande, une capacité à expliquer le réel plus forte que l'hypothèse d'autonomie des individus. Dans les sciences dures, la réalité est considérée à juste titre comme séparée de la représentation des théoriciens. La représentation doit uniquement avoir pour fonction de rendre compte de la réalité. Si on estime qu'une théorie scientifique (représentation) rend compte de façon incorrecte ou incomplète d'un phénomène observé, de la réalité, c'est la théorie (représentation) qui sera remise en cause et non la réalité (7).

(7) Le texte de la note 7 se trouve au bas de la page suivante.

Le même principe devrait s'appliquer aux sciences sociales, donc à la science économique. Or, nous estimons que la théorie économique libérale influence la réalité dont elle prétend rendre compte. Bien entendu, on pourrait considérer que ce problème est inhérent aux sciences sociales dans la mesure où elles sont conduites à interpréter les rapports humains. En effet, à partir du moment où on admet que la réalité peut être produite par les individus parce qu'elle n'est pas indépendante de la perception qu'ils en ont (prophétie auto-réalisatrice), il en résulte que les conceptions et les valeurs véhiculées par une science sociale peuvent influencer les comportements des individus, donc la réalité. Mais, cela remettrait en cause la qualité "scientifique" de la représentation proposée car il faudrait admettre qu'elle influence la réalité, alors qu'elle devrait en rendre compte de façon indépendante.

Une façon de résoudre le problème est de considérer, comme le font les libéraux, que les conceptions et les valeurs postulées par la représentation traduisent les caractéristiques effectives d'une nature humaine universelle. La science économique libérale ne ferait ainsi que mettre en évidence les lois propres au fonctionnement de l'économie, comme le physicien décrit celles de la matière. Nous pensons au contraire que la théorie libérale, en véhiculant des postulats comme l'utilitarisme ou l'autonomie des comportements individuels, n'est pas sans influence sur la réalité dont elle prétend rendre compte. Ce point est essentiel. On peut considérer que le monde au sein duquel nous évoluons a été en partie institué par la théorie économique libérale elle-même, ne serait-ce que parce que notre imaginaire est fortement investi d'idées et de représentations liées au noyau dur (liberté, individualisme, autonomie du désir, maximisation de la satisfaction). Contrairement à ce qui se passe

(7) Nous sommes bien entendu conscient du fait qu'il ne peut y avoir séparation totale entre le sujet et l'objet. Le rapport entre le sujet et l'objet se traduit forcément par une description cérébrale de l'objet. Ainsi, la représentation que va proposer le sujet sera forcément influencée par son histoire propre, ses schémas de pensée. Nous voulons simplement souligner que le principe d'une séparation nécessaire entre le sujet et l'objet est plus difficile à respecter dans le domaine des sciences sociales. En effet, toutes les observations en sciences sociales sont des observations humaines de comportements humains : le sujet et l'objet sont de même nature. Il y a description du sujet par un sujet. D'où un risque accru que le théoricien déforme et influence la réalité dont il prétend rendre compte de façon objective.

dans les sciences dures, il n'y a pas séparation entre la représentation des théoriciens et la réalité. La représentation influence la réalité.

Nous considérons que l'hypothèse mimétique relève d'une approche "plus scientifique" car la représentation qu'elle propose est indépendante de la réalité. Elle postule précisément que ce qui assure l'efficacité du processus de gestion de la violence dans les théories économiques (fonction cathartique), c'est l'autonomisation des comportements et de la totalité sociale (extériorisation du marché) par les individus, c'est à dire leur incapacité à repérer la nature mimétique de leurs comportements. Les individus produisent, sans le savoir, la réalité qu'ils se sont représentée parce qu'ils l'extériorisent. L'hypothèse mimétique suggère que la théorie économique libérale, en proposant une version des faits fondée sur le postulat d'une autonomie des comportements, participe à la production de cette méconnaissance et de cette réalité. Ce postulat d'autonomie du comportement individuel contribue à la méconnaissance de son caractère mimétique. Contrairement à ce que les libéraux affirment, leur représentation n'est pas indépendante de la réalité économique, elle l'influence. Ce qui nous semble le plus critiquable, c'est que la théorie libérale a tendance à alimenter et à renforcer la représentation erronée que se font les individus. En postulant l'autonomie des individus, elle soutient le point de vue de ces derniers, lesquels croient soit à leur propre autonomie, soit à l'autonomie d'Autres-modèle. Elle alimente, sans le savoir, la méconnaissance propre aux acteurs économiques.

On peut établir un parallèle entre la représentation que se font les individus et la représentation que proposent les théoriciens lorsqu'ils cherchent à expliquer un phénomène économique. Revenons sur la question des comportements individuels sur le marché financier en situation d'incertitude. Un individu pense qu'un tel va acheter tel titre. Il l'acquiert. Il indique ainsi à ce dernier ce qu'il convient d'acheter. Le phénomène d'imitation se généralise et provoque la hausse du cours du titre. Toutefois, les protagonistes ne perçoivent pas la nature mimétique du mouvement de hausse. Ils croient fermement à l'autonomie de l'Autre-modèle. Ils considèrent que l'Autre-modèle jouit d'informations privilégiées ou d'un savoir-faire particulier. Ils extériorisent la hausse du cours. Ils estiment qu'ils ne se sont pas trompés par rapport à leur appréciation de départ. En fait, les individus ne se rendent pas compte qu'ils ont produit une réalité, celle qu'ils avaient imaginée au départ (prophétie autoréalisatrice). Selon nous, le théoricien économique, à l'image de l'acteur financier, ne perçoit pas qu'il participe à la production de la réalité qu'il représente. Il en déduit donc qu'il ne se trompe pas. En fait, la théorie économique est elle-même une prophétie autoréalisatrice, elle se trouve en couplage structurel avec les phénomènes qu'elle prétend expliquer.

Pour une théorie qui est censée expliquer la réalité économique, nous voyons là une insuffisance scientifique notoire. A partir du moment où on perçoit que les individus interprètent de façon erronée la réalité (méconnaissance du mimétisme), une théorie qui soutient leur point de vue (croyance à l'autonomie du désir) ne peut que reproduire cette méconnaissance et fournir une approche faussée de la réalité. Selon nous, c'est pour cette raison que l'hypothèse de l'autonomie du comportement individuel explique moins bien la réalité économique que l'hypothèse mimétique. Elle a une valeur opératoire plus faible. Elle est incapable de prendre en compte ce qui constitue une des caractéristiques essentielles de la complexité dans le domaine des rapports humains : la méconnaissance. La critique que nous adressons à la théorie libérale pourrait également s'appliquer aux théories économiques des théologiens, lesquelles postulent une forme de déterminisme (prophétie autoréalisatrice et méconnaissance du mimétisme).

Pour illustrer ce qu'apportent l'hypothèse mimétique et l'hypothèse sacrificielle tant à l'interprétation des phénomènes religieux par les mythes qu'à l'explication des phénomènes économiques par les théories, nous allons établir un parallèle avec l'explication du principe de combustion dans le domaine de la chimie. Avant Priestley et Lavoisier, comme le souligne René Girard, pour expliquer le phénomène de combustion on disposait de la fameuse théorie du phlogistique. Selon cette théorie, le phlogistique c'est l'élément combustible dans la combustion. Les corps capables de brûler étaient ainsi perçus comme un mélange de phlogistique inflammable et de cendre ininflammable. On peut estimer que cette théorie permettait, sous certains rapports, une description assez exacte du phénomène réel de la combustion. Pourtant, pas plus que le mythe propre au religieux primitif, la théorie du phlogistique ne propose une explication satisfaisante du phénomène dont elle rend compte.

Pour nous, l'hypothèse mimétique est aux théories économiques et aux mythes religieux ce qu'est au phlogistique la théorie de la combustion fondée sur la découverte de l'oxygène. L'oxygène qui alimente les rapports humains et qui n'est pas explicitement pris en compte dans les théories économiques et dans les mythes, c'est l'imitation conflictuelle. Les théories économiques et les mythes sont en quelque sorte d'extraordinaires phlogistiques qui parviennent à gérer la violence mimétique (fonction cathartique) en méconnaissant la nature mimétique de cette violence et de son processus de gestion (mécanisme sacrificiel). A l'image des mythes religieux, les théories économiques proposent une interprétation erronée de la réalité. Mais cette méconnaissance est source d'ordre, elle constitue une condition de l'efficacité du mécanisme sacrificiel.

L'hypothèse mimétique et l'hypothèse sacrificielle suggèrent que la connaissance est, dans le domaine des rapports humains (représentations), imprégnée de méconnaissance. D'un point de vue scientifique, on peut assimiler cette méconnaissance à une forme de "bruit" dans la mesure où elle empêche d'accéder à une compréhension plus complète des phénomènes. Mais il faut bien admettre que ce "bruit" est source d'ordre dans la mesure où il conditionne l'efficacité du système sacrificiel. C'est parce que la totalité sociale n'est ni totalement transparente (méconnaissance), ni totalement opaque (connaissance), qu'un mécanisme sacrificiel, de nature mimétique, parvient à gérer la violence. Cela débouche sur le paradoxe apparent suivant. De par leur déformation même de ce qu'est le réel et de par leur contribution à le faire accepter sous ce visage transfiguré, les théories économiques sont, à l'image des mythes religieux, un des éléments essentiels de la stabilité du réel, tel qu'il est et non tel qu'elles le représentent. Et cela parce qu'elles le représentent de la sorte, c'est à dire de façon transfigurée. On retrouve ici une des caractéristiques des systèmes complexes : leur capacité à produire de l'ordre avec du "bruit", avec de la méconnaissance.

En définitive, nous estimons qu'il faut juger l'hypothèse mimétique et l'hypothèse sacrificielle à leurs fruits. Elles ont une valeur opératoire plus grande, une capacité à décrypter le réel plus forte que les hypothèses retenues dans les théories économiques des théologiens et des libéraux. Selon nous, cette fécondité provient du fait qu'elles sont capables de rendre compte, au moins partiellement, du mode de fonctionnement du système auto-organisateur qui gouverne le social et ses représentations. Nous avons relevé notamment deux indices témoignant de cette capacité à rendre compte de la complexité.

Premier indice. En postulant qu'il existe des universaux qui transcendent la diversité culturelle et historique, en l'occurence le caractère mimétique des comportements humains (source de désordre) et la présence d'un mécanisme sacrificiel (gestionnaire du désordre, producteur d'ordre), ces deux hypothèses sont aptes à concilier le principe de l'universalité des lois (scientificité) et la question de la diversité socio-historique. Elles se montrent capables d'unifier le réel, c'est à dire de relier à partir de principes théoriques simples des phénomènes ou des comportements en apparence divergents, antinomiques ou ambivalents. Elles permettent de ramener le multiple au simple, processus perpétuellement en route, objectif toujours inachevé de la science (8). Cette capacité à unifier le réel caractérise notamment l'hypothèse mimétique. En postulant que le mimétisme est capable de provoquer le désordre (nature mimétique du conflit) et d'y apporter une solution (nature mimétique du mécanisme sacrificiel), l'hypothèse mimétique intègre en quelque sorte l'hypothèse sacrificielle. Elle assimile le sacrificiel à une figure mimétique (tous contre un).

Deuxième indice. L'hypothèse mimétique et l'hypothèse sacrificielle mettent en évidence le rôle essentiel que joue la méconnaissance, le "bruit", dans les comportements humains et dans les représentations (9). A l'image de ce qui se produit dans les systèmes complexes, elles révèlent que cette méconnaissance (bruit) est source d'ordre. Une représentation qui se prétend scientifique doit être capable de décrypter le réel, c'est à dire d'appréhender le rôle que joue la méconnaissance dans son émergence. Elle doit être capable de dissocier la question du

---

(8) La science opère en quelque sorte à l'inverse de l'art. L'art combine des moyens simples, par exemple sept notes pour la musique et trois couleurs pour la peinture, pour aboutir à une capacité de diversités qui confond l'imagination. Chaque oeuvre, digne de ce nom, est achèvement et complétude. L'art part du simple pour aller au multiple. La science cherche à unifier le réel : elle essaie de ramener le multiple au simple.

(9) Il y a dans l'illusion, dans l'imaginaire et dans le faux même, un mélange de connaissance et de méconnaissance, une part d'objectivité et de subjectivité, lesquels concourent à l'émergence d'une certaine réalité. Dans cette perspective, la mémoire recrée le passé plus qu'elle ne le rappelle. La conception mimétique du désir aurait sans doute beaucoup à nous apprendre sur le rôle de cette capacité de la mémoire à travestir le passé.

réel, qu'elle a pour mission d'expliquer de façon objective, et la question de la perception du réel par les individus, empreinte de subjectivité et d'imaginaire, synonyme de méconnaissance. Selon nous, l'hypothèse mimétique et l'hypothèse sacrificielle parviennent à effectuer cette dissociation. Elles révèlent ainsi le rôle essentiel que joue la méconnaissance dans les théories économiques.

2.
La non-reconnaissance des deux hypothèses : erreurs d'orientation et mythe scientifique

Nous sommes au début du XVIIe siècle. Galilée, la figure fondatrice de la mécanique, comparait devant les tribunaux de l'Eglise. Tout le monde entend la vérité savante éclater face à l'absurdité. Mais la pensée religieuse, celle qui dit le droit, ne pouvait admettre d'être contestée. La pensée religieuse l'emportait autrefois sur la science. Galilée s'en tire mal devant ses juges. Il voit ses thèses condamnées par l'Eglise romaine en 1633. Pourtant il dit la vérité : la Terre tourne bel et bien autour du soleil. Elle n'est pas un point fixe au centre du Monde. La condamnation de Galilée marque la naissance de la physique moderne qui s'affranchira désormais de la métaphysique et de la religion.

La science, désormais, gagne sur la pensée religieuse ou mythique, sur le droit. Qui doute aujourd'hui qu'il existe un partage net entre la lumière (pensée scientifique) et les ténèbres (pensée mythique, magique ou religieuse) ? Mais qui se doute qu'en pratiquant un verdict aussi tranché, opposé à celui des anciennes instances, il prend place au jury d'un nouveau tribunal, loin de défendre comme il en est persuadé la cause d'une victime ? Les cardinaux condamnaient la pensée scientifique. Nous condamnons ou ignorons à notre tour la pensée religieuse ou magique. Qu'y a-t-il de changé dans la forme ? Un tribunal, réel ou virtuel, siège en permanence. Le procès n'en finit pas. La vérité ne peut-elle aller sans jugement ? La pensée religieuse rejetait la pensée scientifique. En vertu de quel savoir ? La pensée scientifique rejette ou ignore désormais la pensée mythique ou religieuse. Elle proclame où est la vérité, le droit. De quel droit ? En fait, il n'y a toujours eu qu'un seul procès d'une seule sorcière. Et par cette action judiciaire s'est réalisée l'histoire de nos connaissances et ses bifurcations. Nous allons voir que ce point de vue permet d'éclairer l'antinomie que nous avons relevée entre les conceptions des théologiens et des libéraux, ainsi que le traitement que ces derniers réservent à tous ceux qui souhaiteraient introduire des hypothèses nouvelles dans le champ de la discipline.

L'approche économique des théologiens renvoie à une pensée religieuse, c'est à dire à un système qui proclame où est le droit (la loi) et quel doit-être le comportement de l'homme. Ce système postule la présence d'une volonté transcendante à laquelle l'homme doit se soumettre. La pensée économique moderne condamne ce système de pensée au nom de la science, au nom de la connaissance. Elle postule l'absence de volonté transcendante, la liberté de l'homme. Cette conception "scientifique" de l'économie est largement dominante aujourd'hui. Comme nous l'avons vu, elle fonde précisément sa légitimité sur sa scientificité, sa prétendue capacité à rendre compte de la réalité économique. Mais son tribunal virtuel siège en permanence. Il excommunie ceux qui veulent introduire des postulats ou des principes qui, selon ses propres critères, sont étrangers au champ de la discipline, ceux qui rejettent un ou plusieurs de ses postulats fondateurs (utilitarisme, naturalisme, autonomie). L'orthodoxie délimite ainsi, de façon autoritaire, le champ au sein duquel on peut débattre sans cesser de rester économiste. Ceux qui sortent de ce champ sont rejetés de l'économie respectable, ils sont excommuniés. De quel droit ? La vérité économique ne peut-elle aller sans jugement, sans exclusion ? L'exclusion ne constituerait-elle pas plutôt le fondement de la culture et de la connaissance économique ?

Pour critiquer la théorie économique dominante, nous avons choisi de nous situer sur son propre terrain, celui de la science. Pour juger la "qualité scientifique" d'une hypothèse, nous avons retenu comme critère sa capacité à expliquer le réel. Selon nous, c'est le seul critère qui ait donné des résultats vraiment positifs et durables. Nous avons essayé de montrer que l'hypothèse mimétique et que l'hypothèse sacrificielle avaient une valeur opératoire plus forte, qu'elles faisaient preuve d'une plus grande capacité à expliquer la réalité économique que les hypothèses retenues dans les théories économiques. Dès lors, pourquoi leur capacité à expliquer le réel n'est-elle pas reconnue par la théorie dominante ? Pourquoi ces deux hypothèses font-elles partie de ces principes jugés étrangers au champ de la discipline ? Nous allons essayer de montrer que le rejet de ces deux hypothèses renvoie au fait que la théorie économique dominante commet deux erreurs d'orientation essentielles. Il est possible de relier ces deux erreurs d'orientation dans la mesure où elles entretiennent un rapport avec la question de l'autonomie.

Premièrement, comment expliquer la non-reconnaissance de l'hypothèse mimétique ? L'hypothèse mimétique remet en cause le postulat de l'autonomie du désir, le credo individualiste. Pour la théorie économique dominante, les comportements économiques ne sauraient trouver leur raison d'être dans les rapports humains, les influences interpersonnelles, les comportements d'imitation. L'*homo oeconomicus* est censé être autonome et rationnel. D'où la non-reconnaissance et le rejet de l'hypothèse mimétique par la théorie économique dominante. Selon nous, ce rejet manifeste une première erreur d'orientation.

La science économique, en se séparant des sciences politiques et morales au XVIIIe siècle, disons des sciences humaines, pour rejoindre la physique, a perdu de vue la complexité spécifique de son objet d'études. Elle a assimilé les comportements économiques à des phénomènes comparables à ceux qui concernent la matière et elle leur a appliqué le même type de traitement. A partir de postulats comme l'autonomie du comportement individuel et comme la poursuite naturelle de l'intérêt personnel, elle a cru découvrir les lois de la gravitation universelle des marchandises au sein de l'univers social. En se focalisant sur la relation individu-objet, en l'autonomisant, elle a négligé la question des relations entre les hommes, des rapports humains. Or, cette question devrait constituer l'interrogation centrale de la science économique. Les comportements économiques ne sont pas autonomes, ils sont mimétiques. L'hypothèse mimétique apporte un point de vue éclairant sur la question de l'origine de la conflictualité des rapports humains.

La science économique dominante propose une toute autre interprétation. Selon elle, la rareté est à l'origine d'une violence potentielle pour le partage des biens. Elle perçoit l'économique, disons la poursuite de l'intérêt individuel et l'accumulation individuelle des biens, comme le moyen de réduire la rareté, de gérer cette violence potentielle (augmentation de la production). Dans la perspective mimétique, la violence n'est pas liée à un problème de quantité insuffisante de biens. Comme l'illustre l'exemple de ces enfants qui ne peuvent se partager, sans conflits, des jouets identiques en quantité suffisante, la violence a une origine mimétique. C'est un problème de rapports humains et non de rareté des biens qui est à l'origine de la violence. Ce n'est pas la convergence de désirs autonomes vers des biens en quantité limitée (rareté) qui est à l'origine de la violence. Cette rareté est produite par la convergence mimétique des désirs vers les mêmes biens. L'augmentation de la production permet de gérer la violence mimétique en rendant possible l'acquisition du même objet que celui possédé par le modèle. Elle détourne le désir du sujet de l'objet même vers le même objet. Mais l'illusion fonctionne pleinement. Chacun croit à l'autonomie du désir, à son propre narcissisme ou à celui des Autres. Si le sujet imite d'Autres-modèle en acquérant des biens identiques aux leurs, c'est bien parce qu'il est convaincu de leur autonomie. Il estime qu'il est possible de sortir de l'indifférenciation, d'accéder à ce "paradis" où les Autres sont autonomes.

Mais cette croyance à l'autonomie est un leurre. Elle renvoie à un rapport de doubles. Dans cette perspective, un phénomène comme l'hypnose est particulièrement intéressant à étudier car il confirme le caractère erroné d'une telle croyance. En effet, l'hypnose c'est le cas clinique, scientifiquement vérifiable, reproductible, où la relation mimétique sujet-modèle est facilement repérable par l'observateur extérieur. Ce dernier peut constater que le désir du modèle (hypnotiseur) génère le désir de l'hypnotisé, lequel obéit à ses injonctions. Le désir de l'hypnotiseur, du modèle, entraîne en quelque sorte la naissance d'un nouveau Moi chez l'hypnotisé. Or, la psychanalyse nous apprend que la reconnaissance ultérieure par l'hypnotisé de l'antériorité et de la priorité du désir de l'autre sur son propre désir, de l'émergence de son nouveau Moi à partir du mouvement du désir de l'autre, peut avoir une vertu thérapeutique, un effet curatif. Cela nous conduit à penser que la croyance, bien réelle chez certains individus, à l'autonomie de leur désir, à leur propre narcissisme, c'est à dire l'affirmation de l'antériorité et de la prééminence de leur propre désir sur le désir des autres, est une revendication de nature pathologique (10).

---

(10) Selon Jean-Michel Ougourlian, psychiatre, toutes les figures de la pathologie psychologique, qu'elles soient névrotiques ou psychotiques, ne sont que des formes particulières de cette revendication "narcissique". Pour une présentation plus approfondie de cette position, cf. René Girard, *Des choses cachées depuis la fondation du monde*, Livre 3, Chapitre 2, p. 323-340.

Un des postulats essentiels de la théorie économique dominante, l'autonomie du désir utilitariste, renverrait ainsi à un comportement psychopathologique notoire. Cette interprétation s'accorde bien avec le point de vue de Frédéric Lordon, exposé précédemment. Selon ce dernier, la théorie économique libérale, en véhiculant l'hypothèse d'une autonomie du désir, propose une interprétation erronée, parfois même délirante, des phénomènes qu'elle est censée expliquer. Selon nous, le postulat de l'autonomie du comportement individuel constitue une erreur d'orientation, laquelle empêche la théorie libérale de percevoir le rôle essentiel des influences interpersonnelles et du mimétisme.

Deuxièmement, comment expliquer le rejet de l'hypothèse sacrificielle ? Pourquoi n'est-elle pas reconnue par la théorie économique dominante ? Selon nous, ce rejet est lié au fait que l'hypothèse sacrificielle remet en cause le postulat de l'autonomie de l'ordre économique. Les libéraux postulent l'absence de liens entre l'ordre économique et les ordres qui l'ont précédé. L'ordre économique est censé émerger de façon spontanée. Pour eux, il constitue un pur commencement (approche ordinaliste). Dans la perspective "sacrificielle", ce postulat de l'autonomie de l'ordre économique repose sur une méconnaissance. Il occulte le fait que l'économique entretient un rapport avec le religieux (le sacré) en tant que système fondateur. Dans cette optique, l'ordre économique découle du religieux : il n'est pas autonome (11). Cette interprétation postule la présence d'un mécanisme sacrificiel (gestion de la violence par la violence) au sein de l'ordre économique. Cela suppose une extériorisation de la violence "sacrificielle" (poursuite naturelle de l'intérêt individuel)

(11) Les théologiens du Moyen Age, contrairement aux libéraux, reconnaissent la présence d'un lien entre le politique et le religieux. En effet, ils extériorisent la loi (volonté divine) et la totalité sociale (ordre imposé). Ils considèrent que le fonction du politique est de réaliser un ordre transcendant voulu par Dieu. Toutefois, le fait qu'ils établissent ce lien ne signifie pas qu'ils croient à la présence d'un mécanisme sacrificiel synonyme de méconnaissance et d'arbitraire. Au contraire, la nature du lien qu'ils établissent entre le politique et le religieux (origine transcendante du politique, délégation divine) les conduit à légitimer la violence de la loi et à justifier son extériorisation. La conception holiste postule que la violence, synonyme de comportements non tournés vers le bien commun, est gérée par une violence pure. Les théologiens croient au caractère transcendant de la loi (volonté divine). Ils réfutent la présence d'un mécanisme sacrificiel qui serait fondé sur la méconnaissance et sur l'arbitraire (phénomène collectif). Dieu dit la loi, le droit, et l'homme n'a qu'une seule chose à faire : obéir.

ainsi que de la totalité sociale, du marché (ordre spontané, main invisible). Les libéraux méconnaissent la présence de ce mécanisme sacrificiel. Ils ne perçoivent pas sa fonction cathartique, sa capacité à gérer la violence mimétique.

Selon nous, l'hypothèse sacrificielle permet d'élaborer une interprétation plus pertinente, que celle des libéraux, en ce qui concerne la notion d'ordre spontané. Cette interprétation concerne la question de l'extériorité du marché. Pour les libéraux, le marché est "extérieur" par rapport aux individus, il jouit d'une "autonomie" par rapport à ces derniers (ordre spontané). Comme le suggère Jean-Pierre Dupuy (12), grâce à la problématique de von Neumann, les deux propositions suivantes deviennent compatibles. Première proposition : les hommes produisent par leurs comportements la totalité sociale. Deuxième proposition : la totalité sociale leur échappe car elle est infiniment plus complexe qu'eux. On ne peut pas réduire la société ou l'économie aux comportements des hommes qui l' "agissent". La société est un "automate complexe", elle jouit d'une autonomie par rapport aux hommes qui la constituent. Les libéraux adhèrent à cette conception d'une autonomie du social, du marché. Lorsqu'ils affirment que le marché correspond à un ordre spontané, ils se situent bien dans cette perspective. Selon eux, une multitude d'actes "égoïstes" autonomes (poursuite de l'intérêt individuel) produisent un ordre que personne n'avait prévu ou voulu. Le marché est extérieur aux individus qui l' "agissent". Il correspond à un ordre spontané.

Nous avons pu constater que ce principe d'une extériorisation du "social" ou du "collectif" était présent dans pratiquement toutes les représentations, qu'elles soient d'ordre philosophique, sociologique ou économique. Il y a comme une impossibilité à extirper l'extériorité du politique (Léviathan de Hobbes, Volonté générale de Rousseau) ou de l'économique (ordre imposé des théologiens, ordre spontané des libéraux). A partir de ce constat, la principale difficulté consiste à interpréter correctement la nature de cette extériorité. L'hypothèse sacrificielle postule que l'économique entretient un rapport avec le religieux, lequel serait en quelque sorte "une machine à produire de l'extériorité". Dans le religieux primitif, cette extériorité se manifeste par la croyance aux pouvoirs magiques

---

(12) Cf. Jean-Pierre Dupuy, *Sciences sociales et sciences cognitives*, p. 137.

de la victime du sacrifice (sacralisation). Cette dernière est perçue comme un dieu, malveillant puis bienveillant, responsable du désordre puis du retour à l'ordre. En réalité, c'est un phénomène collectif (mimétique), s'appuyant sur une interprétation erronée des individus (croyance unanime aux pouvoirs magiques de la victime), qui explique l'efficacité du sacrifice, sa capacité à ramener l'ordre.

L'hypothèse sacrificielle postule, à partir de la même logique, que l'extériorité de l'économique ou du marché repose sur une interprétation erronée des individus. Les individus ne se rendent pas compte que ce sont eux qui produisent la totalité, le marché, parce qu'ils ne perçoivent pas le caractère mimétique de leurs comportements. La notion de prophétie autoréalisatrice rend compte de ce phénomène étonnant d'auto-extériorisation du marché, d'auto-production de la réalité. Les individus produisent, sans le savoir, la réalité qu'ils se sont représentée. Et cela fonctionne ainsi parce qu'ils extériorisent la réalité, le marché. Grâce à l'hypothèse sacrificielle, on peut donc penser cette figure paradoxale de la mise en extériorité du collectif par rapport à l'individuel, c'est à dire de soi par rapport à soi, en termes de mécanisme (production endogène d'une extériorité).

Nous considérons que l'extériorisation du marché est le produit d'une interprétation erronée des individus. Mais cette croyance erronée à l'extériorité (méconnaissance) est source d'ordre. Son pouvoir cathartique provient du fait que l'économique est enraciné dans le religieux, lequel en tant que système fondateur gère la violence mimétique en extériorisant la violence. L'extériorité du marché, de l'économique, entretient un rapport avec l'extériorité du religieux. Elles reposent toutes deux sur une croyance, sur une interprétation erronée des individus. La croyance au pouvoir magique de la victime-dieu peut être mise en parallèle avec la croyance à l'extériorité du marché. Cette dernière aussi, manifeste l'existence d'une croyance à un espèce de pouvoir "magique", c'est à dire à un pouvoir échappant à la volonté des hommes (ordre spontané, main invisible), capable de gérer la violence potentielle (rareté des biens). C'est bien la loi du marché, et non les hommes, qui est censée déterminer les prix, les revenus et la répartition des biens en fonction des mérites de chacun. La loi du marché est synonyme de justice économique. Si les hommes se soumettent à cette loi, c'est précisément parce qu'ils croient qu'elle est extérieure à leur volonté, à leur pouvoir et à leurs actions.

La notion d'ordre spontané défendue par les libéraux, c'est à dire l'idée selon laquelle le marché jouit d'une extériorité (autonomie) par rapport aux individus, nous semble donc tout à fait pertinente. Elle rejoint la conception de von Neumann au sujet de la complexité. Ce que nous remettons en cause, c'est l'interprétation libérale de la nature ou de l'origine de cette extériorité. Selon les libéraux, pour parvenir à cette situation d'ordre spontané, il faut que les individus soient autonomes, qu'ils ne se laissent pas influencer par les autres. Les individus ne doivent ni croiser leurs regards ni se comparer. Ils doivent croire à l'extériorité du marché, c'est à dire à son "autonomie". Sans ces points de repère "extérieurs" fournis par le marché (notamment les prix), les individus ne pourraient pas exercer leur autonomie, ils ne pourraient pas faire des choix rationnels. Ainsi, pour les libéraux, l'autonomie du marché et l'autonomie des individus sont en quelque sorte deux "caractéristiques" interdépendantes. Les individus ont besoin de l'autonomie du marché (ordre spontané, extériorité) pour être autonomes (choix rationnels). Parallèlement, le marché doit être le produit d'actes individuels autonomes (pas d'influences interpersonnelles) pour pouvoir être considéré comme autonome (ordre spontané, extériorité). Finalement, les libéraux considèrent que l'extériorité est une qualité naturelle propre au marché. Selon eux, la confrontation d'une multitude de comportements libres, utilitaristes et autonomes, débouche naturellement sur un ordre spontané.

Pour nous, l'extériorité du marché est le produit d'une interprétation erronée des individus. Ces derniers ne se rendent pas compte qu'ils auto-produisent cette extériorité. L'extériorité n'est pas une qualité naturelle propre au marché, elle est auto-produite par les individus. Ils imaginent une certaine réalité qu'ils considèrent comme extérieure et ils ne se rendent pas compte qu'ils auto-produisent cette réalité. Contrairement à ce qu'affirment les libéraux, l'extériorité du marché n'est pas le résultat de comportements individuels autonomes. Elle est le produit de comportements mimétiques qui "extériorisent" de façon erronée les évènements qui se produisent sur le marché, de la même façon que le sujet extériorise de façon erronée les actions du modèle (croyance à son autonomie).

Nous adhérons ainsi à l'idée d'un déterminisme "social" qui serait à l'origine de l'extériorité du marché. Toutefois, cette conception ne doit pas déboucher sur une interprétation holiste. Selon la conception holiste, défendue notamment par les sociologues, l'ordre est préexistant car il est déterminé de l'extérieur. Il s'impose aux individus. L'extériorité du social, son autonomie, est synonyme d'absence de pouvoir de choix pour les individus (déterminisme). Les individus sont poussés à agir comme ils le font. Ils sont le jouet de phénomènes structurels, ils obéissent à des normes sociales qui les dépassent (habitudes, coutumes, mentalités, morale). En postulant la présence d'une volonté divine gouvernant la totalité sociale et les comportements des individus (ordre imposé, déterminisme), la position des théologiens du Moyen Age rejoint la conception holiste des sociologues, bien que ces derniers réfutent la présence d'une volonté transcendante.

En définitive, nous estimons que les individus sont le jouet d'un certain déterminisme "social" (extériorité du marché, ordre spontané) et qu'ils jouissent en même temps d'un certain pouvoir de choix. Cette conception essaie de concilier déterminisme et autonomie. Dans la perspective mimétique, le pouvoir de choix de l'individu est bien réel puisqu'il peut prendre telle ou telle décision et puisqu'il peut choisir ses modèles (libre arbitre). Mais ce pouvoir de choix est limité car l'individu n'est pas autonome. Il est influencé par les Autres-modèle. La notion de prophétie autoréalisatrice illustre bien ce que peut produire cette conjonction étonnante entre déterminisme et autonomie. Les hommes produisent la réalité qu'ils se sont représentée. Il ne faut donc pas verser du déterminisme vers le fatalisme, comme aurait tendance à le faire l'approche holiste. Une autre représentation, issue d'un état différent des croyances ou des connaissances, ferait émerger une autre réalité. Toutefois, il ne faut pas non plus accorder au pouvoir d'action des hommes une importance exagérée. Ce pouvoir est limité. La conception de von Neumann nous semble ici éclairante. La société est un automate complexe. Elle intègre un système auto-organisateur qui gouverne l'ensemble. Ce sont bien les hommes qui "agissent" la société, la produisent, mais la société est beaucoup plus complexe que la somme de ses composantes. Elle est beaucoup plus qu'une simple agrégation de comportements individuels. Le système auto-organisateur qui gouverne la totalité obéit à des règles immuables qu'il est impossible de bouleverser par une action volontariste.

Sur ce dernier point, la position libérale nous semble beaucoup plus pertinente que certaines "déclarations humanistes" contemporaines selon lesquelles il serait possible de gouverner le social ou l'économique, de faire échec à la violence essentielle, de construire un monde sans violence (13). La violence étant de nature mimétique, c'est à dire humaine, on ne peut que la gérer, certainement pas la supprimer. Pour la gérer, il faudra forcément avoir recours à un mécanisme sacrificiel, c'est à dire à une autre violence. Et pour que cette dernière soit efficace, il faudra qu'elle soit perçue comme extérieure, comme "sacrée" (violence pure). L'ordre nécessite la présence d'un mécanisme sacrificiel et l'efficacité de ce dernier est conditionnée par la présence d'une interprétation erronée des individus.

Les phénomènes économiques comme les phénomènes sociaux sont de nature sacrificielle et mimétique. Les hommes ne se rendent pas compte qu'ils auto-produisent l'extériorité qui leur est nécessaire pour parvenir à vivre ensemble. Nécessaire, car elle leur fait croire qu'il existe des règles sociales ou une loi du marché "transcendantes", extérieures. Selon nous, s'il apparaît impossible d'extirper cette extériorité du politique ou de l'économique, c'est parce que ces derniers découlent du religieux, figure emblématique de cette extériorité. Le religieux, en tant que système fondateur, gère la violence mimétique par le sacrifice, c'est à dire par une violence extériorisée, sacralisée. Il constitue une formidable machine à gérer le désordre, à produire de l'ordre, parce qu'il parvient à extérioriser la violence sacrificielle, à faire croire à sa "transcendance". L'économique découle du religieux. La poursuite de l'intérêt individuel est une violence sacrificielle, extériorisée. C'est pour cela qu'elle fait preuve d'une certaine capacité à gérer la violence mimétique.

---

(13) Nous considérons qu'il existe aujourd'hui, notamment dans la classe politique, une trop forte tendance à croire qu'il serait possible par une action cohérente de maîtriser le social ou l'économique, de les gouverner. Cette idée est dangereuse, voire effrayante. Le totalitarisme n'a-t-il pas essayé de la mettre en pratique ? Il a utilisé l'arme du politique pour imposer sa conception de l'ordre. Pour cela, il a provoqué de façon consciente des phénomènes collectifs d'exclusion. La croyance à la culpabilité des victimes, fondée sur une méconnaissance, l'a conduit à considérer ces phénomènes d'exclusion comme naturels, comme normaux. La culpabilité des juifs pour le régime nazi ne faisait aucun doute, leur "exclusion" était donc considérée comme normale. Chez un auteur comme Platon, dans *Les lois*, on retrouve cette idée d'une utilisation très consciente du politique à des fins cathartiques. Le grand politique, chez Platon, c'est celui qui sait quand il faut donner une victime en pâture à la foule afin de l'assouvir et de retrouver la paix. Certes, les hommes politiques contemporains sont sans doute animés de bonnes intentions, mais le fond du problème n'est pas là. Il est utopique de croire que l'on puisse gouverner et maîtriser le social ou l'économique. La société est un automate complexe.

En définitive, la conception holiste des théologiens et la conception individualiste des libéraux constituent deux façons différentes d'affirmer que l'ordre est "extérieur" à la volonté des individus (ordre imposé ou ordre spontané). La conception des libéraux nous semble toutefois plus pertinente que celle des théologiens pour comprendre le rapport qui existe entre l'individuel et le collectif. La notion d'ordre spontané peut facilement s'intégrer à la perspective de la complexité au sens de von Neumann. En effet, l'individualisme méthodologique des économistes libéraux appréhende le marché (le collectif) comme le produit de l'action des hommes mais non de leur volonté (ordre spontané). Cette conception suggère la présence d'un système auto-organisateur, c'est à dire d'un système capable d'organiser (ordonner) les actions des individus.

Selon Jean-Pierre Dupuy, cette conception doit toutefois surmonter deux écueils. Premièrement, elle doit éviter la tentation réductionniste. Cette conception réduit la question du collectif à un calcul utilitariste. Elle privilégie le niveau individuel par rapport au niveau collectif. Pour les tenants de la "nouvelle économie institutionnelle" (Arrow, Williamson, Schotter), les individus passent librement des contrats et le collectif n'est rien d'autre que le produit de ces relations contractuelles autonomes. Cela les conduit à étendre le postulat de l'individualisme contractuel au domaine des institutions. Les normes, les règles, les conventions permettant de contracter sont elles-mêmes assimilées à des sortes de contrats, à des outils d'optimisation permettant de maximiser l'utilité individuelle et le bien-être social. Selon Dupuy, cette perspective n'est pas compatible avec la notion de complexité car précisément elle ramène l'individualisme méthodologique à ce à quoi il se limite le plus souvent : un réductionnisme.

Deuxièmement, une fois ce premier écueil surmonté, il ne faut pas que ce rejet d'un individualisme trop marqué (réductionnisme) débouche sur une interprétation holiste. En effet, la tentation pourrait être alors de privilégier le niveau collectif par rapport au niveau individuel (conception holiste). Selon la conception holiste, défendue par les théologiens et les sociologues, l'individu est déterminé de l'extérieur (ordre imposé). Il doit réaliser une totalité sociale préexistante, imposée de l'extérieur par une volonté divine (théologiens) ou par des normes sociales (sociologues). Comme le suggère Jean-Pierre Dupuy, il est possible de rejeter le réductionnisme sans adhérer pour autant au holisme (14). Il faut pour cela concevoir ce qu'il appelle un "individualisme méthodologique complexe". Dans cette perspective, il faut considérer que les individus "agissent" le marché mais que le marché reste autonome (extérieur) par rapport à eux. Le marché est plus complexe que les individus qui l'agissent. Cela conduit à postuler la présence d'un système auto-organisateur producteur d'ordre, jouissant d'une autonomie.

En conclusion, nous estimons que la non-reconnaissance de l'hypothèse mimétique et de l'hypothèse sacrificielle par la théorie économique dominante provient du fait qu'elles rejettent deux de ses postulats essentiels : l'autonomie du comportement individuel et l'autonomie de l'ordre économique. Le postulat de l'autonomie du comportement individuel réduit l'individu à un *homo oeconomicus*, c'est à dire un atome social solipiste et indépendant. Cette conception empêche les libéraux de saisir la véritable nature des comportements individuels. Les individus ne sont pas autonomes. Ils imitent des modèle dont ils croient à l'autonomie. La tendance à accumuler de biens a un pouvoir cathartique, non pas parce qu'elle réduit la rareté (augmentation de la production), mais parce qu'elle apporte une solution au caractère mimétique du désir et de la violence.

Quant au postulat de l'autonomie de l'ordre économique, il signifie que l'ordre économique n'entretient aucun rapport avec les ordres qui l'ont précédé. Selon nous, les libéraux ne perçoivent pas que le "secret" de l'efficacité de l'économique, sa puissance cathartique, se situe par-delà lui-même. Cette efficacité découle du religieux, elle s'explique par la présence d'un mécanisme sacrificiel qui gère la violence mimétique à partir d'une violence extériorisée (poursuite de l'intérêt individuel). C'est parce que l'ordre économique intègre un mécanisme sacrificiel qu'il est efficace, et que le marché jouit d'une extériorité par rapport aux individus (ordre spontané, autonomie). Mais cette extériorité, synonyme d'autonomie, est auto-produite par les individus. Elle résulte d'une interprétation erronée.

Les individus, comme les économistes, méconnaissent l'existence de ce mécanisme sacrificiel. Cette méconnaissance fonde leur croyance à la fonction cathartique de la poursuite de

---

(14) Jean-Pierre Dupuy, *Aux origines des sciences cognitives*, éditions La Découverte, 1994, p. 170-172.

l'intérêt individuel (stimulation de la production, lutte contre la rareté). Ils croient à la fois à l'extériorité de la violence essentielle (rareté naturelle des biens), à celle de la poursuite de l'intérêt individuel (nature humaine, violence pure), et à celle du marché (main invisible, ordre spontané). L'efficacité du mécanisme sacrificiel repose donc sur la présence d'une interprétation erronée des individus. Le système auto-organisateur (système sacrificiel) a en quelque sorte besoin de cette méconnaissance pour gérer efficacement le caractère mimétique de la violence.

Cette perspective implique de remettre en cause le postulat de l'autonomie de l'individu et le postulat de l'autonomie de l'ordre économique. Selon nous, ces postulats correspondent à deux erreurs d'orientation. Cette cécité particulière doit être reliée à la faiblesse de l'anthropologie. Selon Edgar Morin, la Science de l'homme n'est pas encore née (15). Ce jugement est sans doute trop sévère si on pense à des travaux comme ceux de Freud, Hocart ou Durkheim, qui placent précisément la question des rapports humains et du sacré au centre de leur problématique. Toutefois, nous reconnaissons que ces travaux relèvent de l'exception. Ne pouvant s'appuyer sur une véritable Science de l'homme, les économistes sont devenus des hommes de science, mais d'une science inadaptée à la complexité spécifique de leur objet d'étude. La science économique, réduite à une physique sociale, s'est révélée incapable de placer au centre de sa problématique la question des rapports humains, des relations entre les hommes, des influences interpersonnelles. Elle a vu dans la rareté des biens (conflit objectal) et non dans les rapports humains (conflit mimétique), la principale cause de la violence. Dès lors, elle ne pouvait percevoir que l'ordre économique, fondé sur la poursuite de l'intérêt individuel, était un mode de gestion de la violence mimétique (violence essentielle), et qu'il entretenait de ce fait un rapport avec les ordres antérieurs (le religieux, le politique).

Parallèlement, il faut bien admettre que ces deux erreurs d'orientation, synonymes de méconnaissance, assurent l'efficacité de la science économique libérale et de l'ordre économique, en tant que mode de gestion de la violence. En effet, l'hypothèse de la nature mimétique de la violence, tant de la violence essentielle que de la violence sacrificielle, conduit à postuler qu'un

---

(15) Edgar Morin, *Le paradigme perdu : la nature humaine,* Essais, Seuil, 1979.

mécanisme sacrificiel n'est finalement rien d'autre qu'une façon de gérer la nature humaine de la violence (conflits mimétiques) en imposant une autre violence, elle-même de nature humaine (mimétique). Pour fonctionner, ce mécanisme a donc besoin de méconnaissance. Il faut que les individus croient à la présence d'une bonne et d'une mauvaise violence ; d'une violence pure, cathartique, extérieure aux hommes, et d'une violence impure, destructrice, qu'il convient de gérer, d'éliminer. L'approche libérale postule que la violence est liée à la rareté des biens (violence impure, conflit objectal) et que la poursuite autonome de l'intérêt individuel (violence pure) s'avère efficace pour gérer cette violence car elle favorise l'accroissement de la production. Ainsi, la conception libérale extériorise la violence. Elle ne perçoit pas la nature humaine (mimétique) tant de la violence essentielle (conflit mimétique) que de sa résolution sacrificielle (imitation de modèles supposés autonomes, imitation réciproque, prophétie autoréalisatrice). La présence de cette interprétation erronée, synonyme de méconnaissance, conditionne l'efficacité du mécanisme sacrificiel.

En définitive, nous soutenons que la théorie économique, à l'image des mythes religieux, propose une version transfigurée de la réalité (erreurs d'orientation, méconnaissance). Ainsi, elle alimente et elle reproduit le point de vue erroné des individus. Cette interprétation suscite deux interrogations. Tout d'abord, l'hypothèse mimétique et l'hypothèse sacrificielle ne pourraient-elles pas servir de fondements à l'élaboration d'un nouveau paradigme économique ? Deuxièmement, compte-tenu du fait que l'efficacité de la théorie économique (fonction cathartique de la poursuite de l'intérêt individuel, gestion de la violence) est conditionnée par la présence d'une interprétation erronée, d'une méconnaissance, une telle entreprise paraît-elle souhaitable ?

3.
Plaidoyer pour l'élaboration d'un nouveau paradigme économique

La raison des choses est rarement évidente car elle n'est pas apparente. Sous l'état visible du monde sont à l'ouvrage les multiples réseaux qui en rendent compte. Les grands savants sont ceux qui ont le don ou l'intuition d'atteindre les endroits stratégiques où se situent les orientations fondamentales permettant de comprendre cet état visible du monde que nous appelons la réalité. Il y a peu de savants de cette envergure. René Girard en fait partie. Comme tous les grands penseurs, il est inclassable. Les hypothèse qu'il met au jour, l'hypothèse mimétique et l'hypothèse sacrificielle, peuvent aussi bien s'appliquer à la science économique qu'à la littérature, à l'ethnologie qu'à la psychologie, aux mythes religieux qu'à la science. A partir de la notion de désir mimétique, il propose une hypothèse visant à expliquer l'incapacité des hommes à s'entendre, la conflictualité des rapports humains. L'hypothèse sacrificielle, quant à elle, révèle le mécanisme de gestion de cette violence mimétique. René Girard montre ainsi comment s'articulent les deux hypothèses, comment le sacrificiel en quelque sorte apporte une solution au conflit mimétique, à la violence. Il postule la fonction cathartique de la violence sacrificielle, sa capacité à gérer la violence mimétique.

La problématique de René Girard nous conduit à considérer que c'est le rapport du "social" (le politique, l'économique) au religieux (système fondateur) qui devrait constituer la question fondamentale des sciences de l'homme. Or, comme le fait remarquer Jean-Pierre Dupuy, depuis la mort de Freud et de Hocart, en 1939, elle n'est plus vraiment au centre de leurs préoccupations. Ainsi, l'anthropologie n'aurait pas échoué, elle serait restée échouée. Etant donné le peu d'intérêt que les sciences sociales ont accordé ces dernières décennies à toute problématique d'ordre religieux ou sacrificiel, René Girard fait partie de ces quelques exceptions qui confirment la règle.

La fécondité des hypothèses girardiennes nous conduit à appréhender la science économique comme une science à reconstruire sur d'autres bases. Pour cela, il faut que la science économique réintègre le giron des sciences sociales qu'elle n'aurait jamais dû quitter. Elle doit abandonner son complexe de supériorité scientifique pour intégrer la question des rapports humains. L'influence que les individus exercent les uns sur les autres devrait être la question centrale des sciences sociales, donc de la science économique. Cela nécessite de ne pas chosifier les rapports humains. La réalité sociale s'est façonnée à partir d'un seul et même matériau, le matériau humain, mais ce matériau unique a produit une grande diversité architecturale. L'objectif des sciences sociales devrait être d'unifier cette réalité plurielle, de mettre au jour son caractère singulier. Toute la difficulté consiste donc à ramener le multiple au simple. Cela nous semble possible car la réalité sociale est profondément une. Le matériau humain obéit à des principes et à des règles immuables. Nous pensons qu'il existe une "nature humaine" dans le sens où l'humain serait marqué par des caractéristiques spécifiques universelles. La mise au jour et la prise en compte de ces caractéristiques devrait permettre de résoudre nombre d'énigmes que la diversité et la complexité du réel nous posent. Pour avancer sur ce chemin de la connaissance, confronter les points de vue des diverses sciences sociales peut se révéler très utile.

C'est la démarche que nous avons tenté de mettre en oeuvre dans ce travail consacré aux théories économiques. Nous avons essayé de réunir et de confronter des travaux qui mettaient en évidence la présence de thèmes communs entre la science économique et les sciences sociales. Par exemple, certains travaux permettent d'établir un parallèle entre la conception de la foule de Freud, la conception de l'identité collective de Rousseau, et la conception du marché propre aux libéraux. En effet, ces travaux montrent que ces différents auteurs abordent la même question : qu'est-ce qui fait l'unité d'une entité collective ? En confrontant les arguments de chacun, ces travaux mettent en évidence que la position la plus pertinente, celle qui semble le plus apte à traiter le thème abordé, vient fréquemment contredire le point de vue des économistes. C'est ce que révèlent, parmi d'autres, les analyses de Dupuy relatives à la théorie de la foule-contagion de Freud (imitation d'un modèle supposé autonome) et à la façon dont Weber aborde la question de la rationalité chez l'individu (remise en cause de la théorie causale de la décision), les analyses d'Orléan relatives au récit de de Coppet sur la circulation des biens et des objets précieux dans les sociétés primitives (absence d'accumulation), ou encore, celles de Scubla relatives à la conception de Rousseau postulant la nature relationnelle et conflictuelle de l'identité collective (remise en cause de la conception substantielle et autonome de l'identité). Ces analyses montrent qu'il est utile de prendre en compte des points de vue issus de diverses sciences sociales. Cela permet de porter un regard critique sur la conception des économistes.

A partir de là, nous avons pu constater que l'hypothèse mimétique et que l'hypothèse sacrificielle faisaient preuve d'une étonnante capacité à unifier le point de vue économique et les points de vue sociologique, ethnologique, philosophique ou psychologique. La capacité de ces deux hypothèses à unifier les diverses représentations illustre bien ce que peut apporter le recours à l'interdisciplinarité. Ces deux hypothèses constituent elles-mêmes l'aboutissement d'une démarche interdisciplinaire. L'hypothèse mimétique, hypothèse "psychologique", a été élaborée à partir d'un travail critique sur la littérature (analyse de romans) et l'hypothèse sacrificielle, hypothèse "sociologique", est issue d'un travail anthropologique sur des textes religieux (mythes). Aussi étonnant que cela puisse paraître, des disciplines comme la littérature, la psychologie, la sociologie ou l'ethnologie peuvent se révéler plus efficaces que la science économique pour interpréter certains phénomènes économiques. Selon nous, la forte capacité explicative de l'hypothèse mimétique et de l'hypothèse sacrificielle est liée au fait qu'elles mettent en évidence des principes universels propres à expliquer la nature violente des comportements humains et à rendre compte de la façon dont le "social" gère cette violence.

La confrontation avec les autres sciences sociales devrait donc constituer une source d'enrichissement et de progrès pour la science économique. Malheureusement, ces dernières décennies, les sciences sociales se sont épuisées dans d'interminables controverses. Elles apparaissent aujourd'hui isolées et divisées. Il faudrait qu'elles s'unifient. Cette unification des sciences sociales nécessiterait qu'elles adoptent des positions épistémologiques communes. Il ne s'agit pas de se rallier à telle ou telle position épistémologique existante, par exemple celle de la sociologie ou celle de la science économique, mais d'élaborer une épistémologie générale applicable à toutes les sciences sociales. Une véritable interdisciplinarité suppose l'adoption préalable de positions épistémologiques communes ou tout au moins compatibles.

C'est bien un des enseignements que nous apporte ce travail. Tant qu'on confronte certaines hypothèses propres à la science économique avec des hypothèses propres à d'autres sciences sociales, on en est réduit le plus souvent à se limiter à un simple constat des divergences relevées. On peut tout au plus formuler des remarques quant au pouvoir explicatif et à la pertinence de telle ou telle hypothèse. Même constat en ce qui concerne la confrontation des théories économiques des théologiens et des libéraux effectuée lors de la première partie. C'est l'introduction d'un point de vue nouveau, étranger à la position des uns et des autres, qui permet d'aboutir à une unification des différentes conceptions. Selon nous, cette capacité à unifier la réalité sociale et les représentations qui sont censées en rendre compte (sciences sociales), révèle la valeur scientifique de l'hypothèse mimétique et de l'hypothèse sacrificielle. En conséquence, nous pensons que ces deux hypothèses pourraient, tout au moins dans une première phase, servir de fondements à l'élaboration de cette épistémologie générale nécessaire à une unification des sciences sociales (16). En ce qui concerne plus particulièrement la science économique, ces deux hypothèses pourraient constituer les fondations nécessaires à la construction d'un nouveau paradigme économique.

Il existe cependant plusieurs obstacles à la réalisation d'un tel scénario. Un premier obstacle tient à la place trop limitée de la réflexion épistémologique dans le monde scientifique. Parmi les paradoxes humains, un des plus étonnants est sans doute celui consistant à parler le plus légèrement des choses les plus graves.

---

(16) En fait, l'adoption de positions épistémologiques communes ne devrait pas concerner uniquement les sciences sociales. Elle pourrait aussi intégrer à terme les sciences du vivant et les sciences de la matière. Par exemple, nous avons constaté que le développement récent des sciences cognitives, notamment l'émergence du concept de complexité, pouvait fournir un cadre d'étude pertinent aux sciences sociales. Ainsi, nous savons aujourd'hui qu'il y a seulement des éléments physico-chimiques, de la matière, à l'origine de la vie, mais que ces éléments sont organisés d'une certaine façon, qu'ils sont auto-organisés. Une société humaine, vue sous l'angle de la complexité, présente les mêmes caractéristiques qu'un organisme vivant. Ce sont les individus qui "agissent" la société, mais la société leur échappe car elle est plus complexe qu'eux (automate complexe), elle intègre un système auto-organisateur. L'ordre est spontané. La notion de complexité pourrait permettre ainsi d'établir un rapport entre le vivant et le social. Il n'est donc pas absurde, au contraire, d'envisager à terme la construction d'une "Science unique" qui rassemblerait toutes les disciplines grâce à l'adoption d'une position épistémologique commune. Utopie ? Que signifie notre tendance actuelle à diviser et à répartir les sciences en trois grandes catégories, les sciences de la matière, celles du vivant, et les sciences sociales, et à doter chaque catégorie, voire chaque discipline, d'une position épistémologique spécifique ? Cette tendance ne révèle-t-elle pas une incapacité à percevoir de façon beaucoup plus précise ce qui unit la matière au vivant, d'une part, et le vivant au social, d'autre part ? L'idée selon laquelle il existerait un degré de complexité croissant lorsqu'on passe d'un niveau à l'autre permettrait peut-être d'éclairer la nature de ce lien. La notion de complexité rendrait ainsi possible un premier pas dans ce sens à condition que les scientifiques concernés acceptent de remettre en cause leur position. La notion de complexité pourrait conduire les biologistes à refuser réductionnisme et substantialisme car elle serait capable de les unifier. Elle pourrait également permettre aux économistes d'associer de façon plus satisfaisante l'individualisme méthodologique qui est une forme de réductionnisme (les individus produisent la société) à l'idée d'auto-organisation du social ou du collectif (ordre spontané, autonomie du marché) sans tomber pour autant dans une interprétation holiste.

Comme le souligne Jean Gadisseur (17), du point de vue des progrès de la science rien ne devrait être plus important que l'épistémologie. En tant que science des sciences, c'est vers elle que devrait se tourner les scientifiques de toutes disciplines. Or, force est de reconnaître que la réflexion épistémologique se mène le plus souvent comme une activité de salon. Les scientifiques discutent de la philosophie des sciences comme pour se distraire de leurs recherches présentes. Ils dissertent alors sur les notions d'hypothèse, d'expérience ou de causalité, mais peu importe que le débat les laisse en accord ou en opposition. Cela est moins important à leurs yeux que leurs recherches en cours. Lorsque l'épistémologie est invoquée comme justification dans les querelles scientifiques, elle se taille le plus souvent aux mesures de ceux qui s'en réclament. Chacun s'en fabrique une du modèle qui lui plaît et qui, loin de lui montrer les directions qu'il devrait suivre, démontre qu'il suit les meilleures ou les seules possibles. On assiste ainsi à ce phénomène étonnant de prêtres qui s'inventent une religion afin de justifier leurs pratiques, plutôt que de les soumettre aux enseignements divins. La réflexion épistémologique doit se développer et retrouver la place essentielle qui lui revient.

Un deuxième obstacle tient au fait qu'il existe un paradigme épistémologique dominant, disons le paradigme physico-mathématique, véritable mythe scientifique. Il relègue les sciences humaines, les sciences non exactes (inexactes ?), à un rang inférieur. La science économique dominante, assimilée à une physique sociale, jouit d'un statut beaucoup plus prestigieux que les autres sciences sociales. Paradoxalement, nous estimons qu'elle doit ce prestige à des erreurs d'orientation, lesquelles l'ont conduite à perdre de vue la spécificité et la complexité de son objet d'étude. Ce qui est vrai d'un corps physique ne peut l'être d'un homme, sauf à réduire ce dernier à un *homo oeconomicus*, c'est à dire à un calculateur rationnel, égoïste et autonome. Pour nous, cette réduction ne constitue pas une "simplification" au sens scientifique du terme. Au contraire, cette réduction conduit à dépouiller l'*homo oeconomicus* et le "social" de deux caractéristiques essentielles qui caractérisent l'humain, à savoir les influences interpersonnelles (mimétisme) et les mouvements collectifs (tendance du marché) que ces influences génèrent.

---

(17) Cf. Jean Gadisseur, "Histoire, structures scientifiques et théories économiques", colloque d'Economie Historique, décembre 1994, Paris, p. 3.

La puissance du mythe économique dominant et le pouvoir des économistes orthodoxes sont tels qu'ils font obstacle à la reconnaissance de telles caractéristiques. La puissance du mythe économique dominant ne tient pas seulement à son ralliement à la physique. Nous pensons que cette puissance est liée également à l'incapacité de l'homme à se comprendre lui-même. Cette incapacité renvoie à l'interférence ou à la crainte de l'interférence que pareille connaissance pourrait avoir avec le fonctionnement de la société. La méconnaissance du mimétisme, à laquelle la théorie économique contribue en postulant l'autonomie de l'individu, a une fonction cathartique. Cette méconnaissance est nécessaire pour gérer la violence mimétique (croyance à l'autonomie des Autres-modèle, acquisition de biens identiques aux leurs). Elle constitue une condition de l'efficacité du mécanisme sacrificiel. Toute représentation postulant le caractère mimétique des comportements, c'est à dire le caractère humain de la violence, doit donc s'attendre à rencontrer une résistance "culturelle" (18). Quant au pouvoir des économistes, il est bien évident qu'il se trouve renforcé par l'adhésion à des postulats comme l'autonomie de l'individu ou comme l'autonomie de la sphère économique. Ces postulats assurent en quelque sorte l' "autonomie des économistes" en tant que spécialistes jugés aptes à analyser les phénomènes économiques.

En résumé, il existe des obstacles à la fois culturels (place trop limitée de la réflexion épistémologique, remise en cause du mythe scientifique dominant, incapacité de l'homme à se comprendre) et technocratiques (contestation du pouvoir des économistes) à ce que l'hypothèse mimétique et l'hypothèse sacrificielle soient reconnues. Toutefois, ces obstacles ne sont pas insurmontables. On peut espérer que l'esprit critique propre à la démarche scientifique, la puissance explicative des hypothèses proposées, ainsi que la multiplication récente de travaux intégrant ces hypothèses, conduisent à leur reconnaissance et à l'élaboration d'un nouveau paradigme économique.

---

(18) Paradoxalement, nous voyons dans le rejet de l'hypothèse mimétique une manifestation de sa pertinence. Selon nous, ce rejet est lié au fait qu'elle dévoile une de ces *choses cachées depuis la fondation du monde*. Elle révèle que la culture (l'ordre) est fondée sur le meurtre (sacrifice), sur l'exclusion, et que l'économique entretient un rapport avec le sacré, avec les phénomènes sacrificiels (gestion de la violence par la violence, extériorisation-sacralisation de la poursuite de l'intérêt individuel et du marché, phénomènes mimétiques, interprétation erronée des individus).

Il ne s'agit pas de rejeter en bloc tous les postulats de l'approche libérale, de faire table rase de tout le savoir qu'elle a accumulé. Une notion comme celle d'ordre spontané, par exemple, est remarquable. Si les économistes libéraux avaient consenti à s'intéresser à des concepts développés dans d'autres sciences sociales, sans doute auraient-ils pu tirer encore plus de profit d'une telle notion. L'hypothèse sacrificielle et l'hypothèse mimétique nous semblent détenir une plus grande puissance explicative que les hypothèses retenues par les libéraux. Toutefois, ceux qui font travailler ces hypothèses doivent faire preuve de doute raisonné et de modestie, lesquels constituent des vertus indispensables au progrès de la connaissance. La tâche est immense car nous savons finalement encore assez peu de choses sur les comportements mimétiques et sur les mécanismes sacrificiels. La capacité de ces hypothèses à améliorer la compréhension des phénomènes économiques et sociaux nous semble importante, mais cette capacité productive est encore largement sous-utilisée. La pleine conscience de l'importance du travail à accomplir et de la difficulté de l'effort de persuasion à mettre en oeuvre ne doit pas être source de découragement. Il est tonique de troquer la sécurité intellectuelle pour le risque : on y gagne la chance.

A partir du double constat de l'insuffisance de la théorie économique dominante (méconnaissance) et de son efficacité "sociale" (fonction cathartique), certains penseront sans doute qu'il est préférable d'avoir une théorie imparfaite, mais utile, plutôt qu'une réflexion qui en reste aux prémisses de ce qui pourrait constituer une nécessaire refondation. Telle n'est pas notre conviction. Que le mythe, l'arbitraire et la méconnaissance soient nécessaires à l'émergence et au fonctionnement de tout ordre social, à l'existence de toute vie en société, ne saurait justifier que le scientifique s'y rallie.

BIBLIOGRAPHIE

Aglietta (Michel), "Régimes monétaires, monnaie supranationale, monnaie commune. Une mise en perspective des problèmes monétaires européens", CEPII, *Document de travail n° 88-04*, 1988.

Aglietta (Michel) et Orléan (André), *La violence de la monnaie, Paris,* PUF, 1982.

Anspach (Mark), "L'économie comme processus rituel", Revue du Mauss, n° 15-16.

Aquin (Thomas d'), *Du Gouvernement Royal*, traduction Claude Roguet, Collection Les maîtres de la politique chrétienne, Paris, Librairie du Dauphin, 1931.

Aquin (Thomas d'), *La Somme théologique*, traduction Abbé Drioux, Paris, Edition Belin, 1855.

Aquin (Thomas d'), *Commentaris in octo libros politicorum Aristotelis (Commentaires de la Politique)*, Lyon, Stephan Mickael, 1581.

Aquin (Thomas d'), *Commentaris in decem libros ethicorum Aristotelis (Commentaires de l'Ethique)*, Paris, Mundis, 1644.

Artaud (Antonin), *Le théâtre et son double*, Paris, Gallimard, Collection Idées, 1964.

Attali (Jacques), *Les trois mondes*, Paris, Fayard, 1981.

Augustin, *La cité de Dieu*, Traduction Gustave Combes, Paris, édition Bardy, 1981.

Baechler (Jean), *Démocraties*, Paris, Calmann-Lévy, 1985.

Barraud (Cécile), De Coppet (Daniel), Itéanu (André), Jamous (Raymond), "Des relations et des morts : quatre sociétés vues sous l'angle des échanges", *in* Jean-Claude Galey (éd.), *Différence, valeurs, hiérarchie*, Paris, éditions de l'Ecole des hautes études en sciences sociales, p. 421-520, 1984.

Brants (Victor), *Esquisse des théories économiques professées par les écrivains des XIIIe et XIVe siècles*, Louvain, édition Peeters, 1895.

Caillé (Alain), "Embedded ou Disembedded? Contextualité et indépendance des ordres", *La Revue du MAUSS*, n° 3, 1er trim. 1989.

Casajus (Dominique), "L'énigme de la troisième personne", *in* Jean-Claude Galey (éd.), *Différence, valeurs, hiérarchie*, Paris, éditions de l'Ecole des hautes études en sciences sociales, p. 65-78, 1984.

Constant (Benjamin), *Principes de politique, in De la liberté chez les Modernes,* édition Marcel Gauchet, Pluriel, 1980.

De Coppet (Daniel), "Pour une étude des échanges cérémoniels en Mélanésie", *L'homme*, 4, 1968.

De Coppet (Daniel), "Cycles de meurtres et cycles funéraires, esquisse de deux structures d'échange", *in Echanges et communications : mélanges offerts à Claude Lévi-Strauss pour son soixantième anniversaire*, La Haye, Mouton, 1970.

Denis (Henri), *Histoire de la pensée économique*, Paris, PUF, Paris, 1966.

Desmonde (W. H.), *Magic, Myth an Money*, New York, Free Press, 1962.

Devereux (Georges), "L'identité ethnique : ses bases logiques et ses dysfonctions", *in Ethnopsychanalyse complémentariste*, Paris, Flammarion, 1972.

Devictor (Xavier), "Sacramentum : une étude du serment", *Les Cahiers du CREA*, *épistémologie et anthropologie*, CREA/Ecole Polytechnique, 1993.

Duby (Georges), *Les trois ordres ou l'imaginaire du féodalisme*, Paris, Gallimard, NRF, 1978.

Duby (Georges), *Hommes et structures du Moyen Age*, Paris, Gallimard, 1974.

Dumont (Louis), *Essais sur l'individualisme*, Paris, Seuil, 1983.

Dumont (Louis), *Homo aequalis*, Paris, Gallimard, 1977.

Dumouchel (Paul) et Dupuy (Jean-Pierre), *L'enfer des choses*, Paris, Seuil, 1979.

Dupuy (Claude), *La monnaie médiévale - Une lecture des faits et de la pensée*, Thèse de doctorat, Université Lyon 2, 1988.

Dupuy (Jean-Pierre), *Introduction aux sciences sociales*, Paris, Ellipses, 1992.

Dupuy (Jean-Pierre), *Le sacrifice et l'envie,* Calmann-Lévy, Paris, 1992.

Dupuy (Jean-Pierre), *Aux origines des sciences cognitives*, La Découverte, 1994.

Dupuy (Jean-Pierre), *Sciences sociales et sciences cognitives. Limites de la rationalité et nature du lien social*, Ecole Polytechnique, Cours.

Durkheim (Emile), *De la division du travail social,* Paris, PUF, 1960.

Elster (Jon), *The Cement of Society*, Cambridge University Press, 1989.

Evans-Pritchard (E.E.), *Les Nuer*, trad. Louis Evrard, Paris, Gallimard, 1968.

Freud (Sigmund), *Essais de psychanalyse*, traduction de S. Jankélévitch, Paris, Petite Bibliothèque Payot, 1963.

Freund (Julien), "L'ennemi et le tiers dans l'Etat", *Archives de philosophie du droit*, tome 21, Paris, Sirey, 1976.

Furet (François), *Penser la Révolution française*, Paris, Gallimard, 1978.

Gadisseur (Jean), "Histoire, structures scientifiques et théories économiques", colloque d' Economie Historique (Bilan et perspectives), Paris, décembre 1994.

Gauchet (Marcel), *Le Désenchantement du monde*, Paris, Gallimard, 1985.

Gernet (Louis), *Anthropologie de la Grèce antique*, Paris, Flammarion, 1982.

Girard (René), *La violence et le sacré*, Paris, Grasset, 1972.

Girard (René), *Des choses cachées depuis la fondation du monde*, avec Jean-Michel Oughourlian et Guy Lefort, Paris, Grasset, 1978.

Girard (René), *Le Bouc émissaire* , Paris, Grasset, 1982.

Guillaume (Marc), *Eloge du désordre*, Paris, Gallimard, 1978.

Halevy (Elie), *La formation du radicalisme philosophique*, Paris, Félix Alcan, 1900-1903.

Hirschman (A.O.), *Bonheur privé, action publique*, trad. française, Paris, Fayard, 1983.

Hocart (Arthur Maurice), *Les Progrès de l'homme,* trad. française, Paris, Payot, 1935.

Hocart (Arthur Maurice), *The Northern States of Fiji*, Londres, Royal Anthropological Society, 1952.

Jamous (Raymond), *Honneur et Baraka. Les structures sociales traditionnelles dans le Rif*, Cambridge et Paris, Cambridge University Press-Maison des Sciences de l'Homme, 1981.

Keynes (John Maynard), *Théorie générale de l'emploi, de l'intérêt et de la monnaie*, 1936, trad. française, Paris, Petite Bibliothèque Payot, 1971.

Lagarde (André) et Michard (Louis), *Le Moyen Age*, La Chanson de Roland, Paris, Bordas, 1962.

Lallement (Jérôme), "L'économie politique et la morale : l'héritage de Mandeville", *in Ethique des affaires et civilisation européenne*, Propos d'étape n° 2, Groupe E.S.C. Lyon, juin 1992.

Latouche (Serge), "Histoire et Economie : d'un mariage raté à un divorce impossible. Les malentendus d'une cohabitation conflictuelle", colloque d'Economie Historique (Bilan et perspectives), Paris, décembre 1994.

Levinas (Emmanuel), *Quatre lectures talmudiques*, Paris, Minuit, 1968.

Lévi-Strauss (Claude), *Le Totémisme aujourd'hui*, Paris, PUF, 1962.

Lévi-Strauss (Claude), *Les structures élémentaires de la parenté*, Paris, PUF, 1949.

Lordon (Frédéric), "Marchés financiers, crédibilité et souveraineté", *Revue de l' OFCE, Observations et diagnostics économiques*, n° 50, p. 105-124, juillet 1994.

Mandeville (Bernard de), *The Fable of Bees,* Oxford University Press, 1966.

Manent (Pierre), *Naissances de la politique moderne. Machiavel, Hobbes, Rousseau*, Paris, Payot, 1977.

Manin (Bernard), "Les deux libéralismes : marché ou contre-pouvoirs", *Intervention*, n° 9, mai-juin-juillet 1984.

Morin (Edgar), *Le paradigme perdu : la nature humaine*, Paris, Essais, Seuil, 1979.

Moscovici (Serge), *L'Age des foules*, Paris, Fayard, 1981.

Moscovici (Serge), *La Société contre nature*, Union générale d'éditions, 1972.

Orléan (André), "Mimétisme et anticipations rationnelles", *Recherches économiques de Louvain,* vol. 52, n° 1, 1986.

Orléan (André), "L'origine de la monnaie (2ème partie). La monnaie dans les sociétés holistes", *Revue du Mauss*, N° 15-16, p. 111-125.

Orsini (Christine), *La pensée de René Girard*, Paris, Retz, 1986.

Polanyi (Karl), *La Grande Transformation. Aux origines politiques et économiques de notre temps*, 1944, trad. Catherine Malamoud et Maurice Angeno, Paris, Gallimard, 1983.

Polanyi (Karl), *Primitive, Archaic and Modern Economies*, Georges Dalton (ed.), Doubleday, Garden City, New York, 1968.

Popper (Karl R.), *Conjonctures et réfutations*, Paris, Payot, 1985.

Postel (Jacques), "Paranoïa", *Encyclopoedia Universalis*, Paris.

Quattrone (G.A.) and Tversky (A.), "Self-Deception and the Voter's illusion", *in* J. Elster (ed), *The Multiple Self*, Cambridge University Press, 1987.

Rolland (Patrice), "Equivoques du libéralisme. A propos de Benjamin Constant", *Commentaires*, n° 15-16, Paris, Julliard, automne 1981 et hiver 1982.

Rousseau (Jean-Jacques), *Oeuvres complètes*, Paris, Gallimard, 1964.

Servet (Jean-Michel), *Nomismata*, Presses Universitaires de Lyon, 1984.

Smith (Adam), *Recherche sur la nature et les causes de la richesse des nations*, Paris, Guillaumin, 1859.

Tocqueville (Alexis de), *De la démocratie en Amérique*, Paris, Garnier-Flammarion, 1981.

Scubla (Lucien), "Identité, appartenance et altérité", *Les Cahiers du CREA*, *Epistémologie et anthropologie*, CREA, Ecole Polytechnique, décembre 1993.

Steiner (P.), "L'insaisissable Etat minimal", *Cahiers Français*, *Les libéralismes économiques*, n° 228, oct-déc 1986.

Verdier (Raymond), "Le système vindicatoire", in Verdier (éd), *La Vengeance. Etudes d'ethnologie, d'histoire et de philosophie*, Paris, Cujas, 1980.

Villey (Michel), *La formation de la pensée juridique moderne*, Paris, Monchrétien, 1975.

Walras (Léon), *Eléments d'économie politique pure ou théorie de la richesse sociale*, Paris, Pichon et Durand, Auzias, 1926.

Weber (Max), *L'Ethique protestante et l'esprit du capitalisme*, tradution française, Paris, Plon, 1964.

TABLE DES MATIERES

Deuxième Partie
THEORIES ECONOMIQUES ET HYPOTHESE SACRIFICIELLE

Troisième Partie
THEORIES ECONOMIQUES ET HYPOTHESE MIMETIQUE : L'IDENTITE DES CONTRAIRES

Achevé d'imprimer sur les presses de Lavauzelle Graphic
sous le n° 8056085 en juin 1998